高等职业教育“十三五”规划教材

成本会计（第二版）

主　编　王　琼　周　敏
副主编　张　帆　李彩芳　周　丹

中国轻工业出版社

图书在版编目（CIP）数据

成本会计/王琼，周敏主编．—2版．—北京：中国轻工业出版社，2017.7

高等职业教育“十三五”规划教材

ISBN 978-7-5184-1492-5

Ⅰ.①成…　Ⅱ.①王…　②周…　Ⅲ.①成本会计—高等职业教育—教材　Ⅳ.①F234.2

中国版本图书馆CIP数据核字（2017）第158735号

责任编辑：张文佳　　责任终审：劳国强　　封面设计：锋尚设计
版式设计：王超男　　责任监印：张　可

出版发行：中国轻工业出版社（北京东长安街6号，邮编：100740）
印　　刷：北京君升印刷有限公司
经　　销：各地新华书店
版　　次：2017年7月第2版第1次印刷
开　　本：787×1092　1/16　　印张：13.5
字　　数：320千字
书　　号：ISBN 978-7-5184-1492-5　　定价：36.00元
邮购电话：010-65241695　传真：65128352
发行电话：010-85119835　85119793　传真：85113293
网　　址：http://www.chlip.com.cn
Email：club@chlip.com.cn

如发现图书残缺请直接与我社邮购联系调换

170600J2X201ZBW

第二版前言

PREFACE

《成本会计》（第一版）自出版以来，一直受到广大师生的欢迎。为了更好地满足学生学习的需要，根据我国成本会计教学研究及实务的发展，以及本教材在使用中我们收集的信息反馈，结合近几年出台和修订的会计准则，在保留原书特色的基础上，对教材进行了全面的修订。

本次修订在内容和编写人员安排上均进行了调整，在内容上力求进一步体现《企业会计准则》的最新精神，优化教材体系，反映成本会计岗位所需知识和能力要求；丰富教材内容，提高学生的学习兴趣；修订第一版中存在的错误和疏漏，力求准确、规范，进一步提高教材质量。

在编写人员安排上，本书亦有所变动。变动后的分工为：其中第一、二、三、四、五章由周敏修订；第六章由张帆修订；第十三章由李彩芳修订；第十一章由周丹修订；第七、八、九、十、十二章由王琼修订，全书最后由王琼定稿。修订后的教材内容比以前更加具有可操作性。

本教材在修订过程中得到了修订人员所在学校的大力支持，同时也得到了合作企业和相关会计师事务所的协助，在此，向所有关心和支持本书出版的各位同仁表示衷心的感谢！

由于编者水平有限，书中难免存在不妥和错谬之处，请广大读者批评指正。

编　者

2017 年 6 月

第一版前言

PREFACE

随着经济的发展及企业经营管理要求的不断提高，成本会计正发挥着越来越重要的作用。成本会计是会计学科的重要组成部分，同时也是会计专业核心课程之一。本书的编写吸收了我国会计工作和会计教学的实践经验以及同类教材的优点，主要阐述了企业成本核算与分析的理论和方法。本书主要特点是：

（1）内容全面。本书以生产经营过程最为典型的工业企业为例，对成本核算的理论和各种基本方法进行了全面、系统的阐述；同时，本书的内容按照企业成本管理的逻辑结构进行安排，层层推进，深入浅出。

（2）与时俱进。本书适应会计改革进程，体现政府最新改革措施。财政部新颁布的会计准则及其应用指南以及对税法和其他经济法规所进行的修订都在本书中得到具体反映。

（3）重点突出。本书作为高职学生成本会计教材，针对高职学生就业特点，重点强调成本核算的基本方法及操作技能的掌握与运用，成本计算方法的内容占全书篇幅的90%。

（4）指导性强。本书力求做到好教易学，每章开头都有学习目标，每章结尾都附有要点总结、复习思考题等，便于读者把握重点和难点，具有指导意义。

本书可作为高职高专院校会计专业及其他相关专业教材，也可作为财会人员及有关人员的培训和自学用书。

本书由王琼、付从荣担任主编；周敏、钱璐担任副主编。其中第一、二章由周敏编写；第六、十、十一、十二、十三章由付从荣编写；第三、四、七、八、九章由王琼编写；第五章由钱璐编写。付从荣参加了编写大纲的讨论，全书由王琼修改定稿。

由于编者水平有限，书中难免有不足和错误之处，诚盼读者批评指正。

编　者

2013 年 10 月

目　　录
CONTENTS

第一章 总 论

学习目标

通过本章的学习，学生应掌握成本的内涵；了解成本会计的产生和发展历程；正确区分成本与费用；掌握成本会计的对象、内容；熟悉成本会计的职能和任务；明确成本会计工作的组织内容。

第一节 成本及成本会计的含义和作用

一、成本及成本会计的含义

（一）成本的含义

成本是资源的一种耗费。成本作为资源的耗费在现实生活中无处不在。为完成一定的任务，达到特定的目的，不仅要购买大量各种各样的物品，还会发生其他各种各样的支出，这些人力、物力和财力的耗费，用货币形式来表现即为成本。

在传统经济学中，成本的内涵反映出成本作为商品价值一部分所具有的内在的、本质的内容。长期以来，我们主要是以马克思的劳动价值理论来分析成本的含义。根据马克思的观点，商品价值主要由三部分组成，即生产中消耗的生产资料的价值（C），劳动者为自己的劳动所创造的价值（V）以及劳动者为社会创造的价值（M），其中$C+V$就是产品成本的经济内容，这一成本概念被称为“理论成本”。理论成本体现了成本较为纯粹的经济实质，即表现为生产经营过程中所耗费的生产资料的转移价值和劳动者为自己所创造的价值，具体量化为生产资料的消耗（C）和必要活劳动的消耗（V）两个方面。

在现实中对于成本的理解和把握与理论成本是有一定差异的。生产部门生产产品的过程，同时也是生产的耗费过程。生产耗费包括生产资料中的劳动手段（如机器设备）和劳动对象（如原材料）的耗费以及劳动力（人工）等方面的耗费。企业在一定时期内发生的、用货币表现的生产耗费，即为生产费用。企业为了生产一定种类、一定数量的产品所支出的各种生产费用之和，即为产品的成本。它是按一定的对象归集的生产费用，它是对象化了的费用。

但在实际工作中，成本的开支范围是由国家通过有关法规制度来加以界定的。例如，为了促使企业加强经济核算，节约资源耗费，减少生产损失，对于并不形成产品价值的废品损失和停工损失等也计入产品成本，可见成本的开支范围与理论成本有一定的出入。企业在生产经营过程所发生的耗费是全部计入产品成本，还是将其按一定的标准分类，部分计入产品成本，部分计入期间费用，则取决于成本核算制度。我国现行会计制度规定，企业应采用制造成本法计算产品成本，即将企业生产经营过程中发生的全部耗费分为产品制造成本和期间费用两大部分，前者包括直接材料费用、直接人工费用和制造费用，后者包括管理费用、销售费用和财务费用。

要深刻理解成本的概念，就必须对成本与费用之间的关系有明确的认识。成本是指生产某种产品、完成某个项目或者说做成某件事情的代价，也即发生的耗费的总和，是对象化的费用。费用是指企业在获取当期收入的过程中，对企业所拥有或控制的资产的耗费，是会计期间与收入相配比的成本。成本代表经济资源的牺牲，而费用则是会计期间为获得收益而发生的成本。成本与费用的主要区别是，企业生产费用通常与一定期间相联系，而产品成本与特定产品相联系。生产费用是形成产品成本的基础，产品成本则是生产费用的对象化。

（二）成本会计的含义

成本会计是会计学科体系的重要分支，是主要运用于生产企业的一种专业会计。成本会计是运用会计的基本原理和一般原则，采用一定的技术方法，对企业生产经营过程中的各项耗费和产品（劳务）成本进行连续、系统、全面、综合地核算和监督的一种管理活动。成本会计具有广义与狭义之分。狭义的成本会计是指进行成本核算与分析的成本会计；广义的成本会计则是指进行成本预测、决策、计划、控制、核算、分析及考评的成本会计，即成本管理。

二、成本的作用

成本的经济内涵决定了成本在经济管理工作中具有十分重要的作用，主要表现在以下四个方面。

（一）成本是弥补生产耗费的尺度

为了保证企业再生产的不断进行，必须对生产耗费进行补偿。企业是自负盈亏的商品生产者和经营者，其生产耗费是用自身的生产经营成果，即营业收入来补偿，而成本是衡量这一补偿份额的尺度。企业在取得营业收入后，必须把相当于成本的数额划分出来，用以补偿生产经营中的资金耗费，这样才能维持原有的资金周转；否则就会造成资金短缺，无法维系生产经营。可见，成本作为弥补生产耗费的尺度，对企业生产经营有着重要的作用。

（二）成本是制定产品价格的基础

在商品经济中，产品价格是产品价值的货币表现。企业在制定产品价格时应遵循价值规律的基本要求。但在实际工作中，我们无法直接计算产品的价值，而只能计算产品的成本，通过成本间接地掌握产品的价值。因此，成本是制定产品价格的一项重要基础。

（三）成本是企业进行经营决策的重要依据

企业要在市场中保持竞争力，应掌握本企业产品成本的第一手资料，研究产品的个别成本与社会成本的差异，了解企业成本、产量、市场占有率处于同行业何种水平，找出企业在材料消耗、企业管理水平方面存在的问题，为提高企业管理水平，提高竞争力做出新的决策。因此，成本是企业进行经营决策的重要依据。

（四）成本是综合考核企业工作质量的重要指标

成本是一项综合经济指标，企业经营管理工作情况可以通过成本反映出来。例如，原材料消耗的节约与浪费，生产效率的高低，管理方法是否落后，生产技术是否落后等情况都可以直接或间接地在成本上部分地反映出来。因此，成本是综合反映企业工作质量的重要指标。

三、成本会计的产生和发展

成本会计的产生和发展是与商品经济的发展相联系的，是基于企业生产发展的需要而逐步形成和发展起来的，其产生和发展主要经历了以下几个阶段。

（一）早期成本会计阶段（1880—1920 年）

随着英国产业革命的完成，机器生产代替了手工劳动，工厂制代替了手工工场；企业规模逐渐扩大，出现了竞争，生产成本得到普遍重视。会计人员为了满足企业管理上的需要，对成本计算进行研究，起初是在会计账簿之外，用统计方法来计算成本。为了提高成本计算的精确性，适应外部审计人员的要求，成本计算由统计核算逐步纳入复式账簿系统，将成本计算与会计核算结合起来，使成本记录与会计账簿一体化，从而形成了成本会计。这个时期是成本会计的初创阶段。由于当时的成本会计仅限于对生产过程中的生产消耗进行系统的汇集和计算，用来确定产品成本和销售成本，所以，也称为记录型成本会计。

在早期成本会计阶段，成本会计主要取得了以下进展：

（1）建立材料核算和管理办法，记录工时和人工成本的办法。

（2）确立了间接制造费用的分配方法。

（3）制造业根据生产特点，采用分批法和分步法计算产品成本。

（4）建立了成本会计组织。在 1919 年，美国成立了全国成本会计师联合会，英国成立了成本和管理会计师协会。这些组织成立后，开展了一系列的成本会计研究工作，奠定了成本会计理论和方法的基础。

（5）在理论研究方面，成本会计著作纷纷出版：被称为第一本成本会计著作的是 1885 年出版的由 H. 梅特卡夫（H . Metcalfe）所著的《制造成本》一书，成本会计发展也正是在它的基础上发生了深刻的转变；英国电力工程师 E. 加克（E. Garcke）和会计师 J. M. 费尔斯（J. M . Fells）合著的《工业会计》于 1887 年问世。这本书对于成本会计的建立，具有极为重要的意义，被认为是 19 世纪最著名、最有影响的成本会计著作。

（二）近代成本会计阶段（1921—1945 年）

20 世纪初在制造业中发展起来的以泰勒为代表的科学管理，对成本会计的发展产生了深刻的影响。于是美国会计学家提出了标准成本制度，为生产过程成本控制提供了条件。标准成本法的出现使成本计算方法和成本管理方法发生了巨大的变化，成本会计进入了一个新的发展阶段。

在近代成本会计阶段，成本会计主要取得了以下进展：

（1）标准成本制度的产生。泰勒的科学管理制度可以提高生产效率，可以为资本家谋取高额利润，所以得到资本家的普遍重视，在美国得到广泛推行，后传到世界各地的工业发达国家。泰勒的科学管理方法也给成本会计提供了启示，于是美国会计学家提出了标准成本制度。实施标准成本制度后，成本会计不只是事后计算产品的生产成本和销售成本，还要事前制定标准成本，并据以控制日常的生产耗费和定期分析成本。这样，成本会计的职能扩大了，发展成为管理成本和降低成本的手段，使成本会计的理论和方法有了进一步的完善和发展，形成了成本管理的雏形。它标志着成本会计已经进入一个新的阶段。

（2）预算控制方法的完善。预算控制是作为科学管理制度的另一方面被引进成本会计体系中的。它与标准成本制度是成本控制的两大支柱。1928 年，美国一些会计师和工程师根据成本和产量的关系，提出分别制定固定预算和弹性预算方法。所谓弹性预算是根据计划期内可以预见某一业务量（如产量）的各种水平来确定相应的预算标准，使间接费用实际数同计划数更具有可比基础。这样，企业预算可以合理地控制不同属性的费用支出，有助于正确考核经营者的工作成绩。所以，弹性预算是 20 世纪 30 年代成本会计中的最大进步之一。

（3）成本会计应用范围更加广泛和深入，并形成了完全独立的成本会计学科。在这一时期，成本会计的应用范围也从原来的工业企业扩大到各种行业，并深入应用到一个企业内部的各个主要部门，特别是应用到企业经营的销售方面。在这一阶段的后期，出版了不少成本会计名著：美国尼科尔森（J. L. Nicholson）和罗尔巴克（F. D. Rohrback）合著的《成本会计》以及陀耳（J. L. Dohr）著的《成本会计原理和实务》等，使成本会计理论和方法得到进一步的完善和发展，形成了独立的学科。

（三）现代成本会计阶段（1946—1980 年）

20 世纪 50 年代起，西方国家的社会经济进入了新的发展时期。随着科学技术迅速发展，跨国公司大量出现，企业规模日益扩大，生产经营日趋多元化，市场竞争日趋激烈。在激烈的市场竞争中，企业为了适应社会化大生产的客观要求，管理也要现代化。随着管理现代化。运筹学、系统工程和电子计算机等各种科学技术在成本会计中得到广泛应用，从而使成本会计发展的重点由如何对成本进行事中控制、事后计算和分析转移到如何预测、决策和规划成本，形成了新型的以管理为主的现代成本会计。

在现代成本会计阶段，成本会计主要取得了以下进展：

（1）开展成本的预测和决策。为了主动控制成本，现代成本会计逐步转向把成本的预测和决策放在重要地位。运用预测理论和方法，建立起数量化的管理技术，对未来成本发展趋势作出科学的估计和测算；运用决策理论和方法，依据各种成本数据，按照成本最优化的要求，研究各种方案的可行性，选取最优方案，谋取企业的最佳效益，从而使成本会计向预防性管理方向发展。

（2）实行目标成本计算。随着美国管理学家德鲁克（P. Drucker）在 20 世纪 50 年代所提出的目标管理理论的应用，成本会计有了新的发展。在产品设计之前，按照客户能接受的价格确定产品售价和目标利润，然后确定目标成本；用目标成本控制产品设计，使产品设计方案达到技术适用、经济合理的要求。这样，成本会计扩展到技术领域，从经济着眼，从技术入手，把技术与经济结合起来，有效地促使成本降低。

（3）实施责任成本核算。随着企业规模日益扩大和管理日趋复杂，管理集权制转为分权制。为了加强企业内部各级单位的业绩考核，1952年美国会计学家希琴斯（J. A. Higgings）倡导了责任会计，将成本目标进一步分解为各级责任单位的责任成本，进行责任成本核算，使成本控制更为有效。

（4）实行变动成本计算法。这种成本计算模式只把变动成本计入产品成本，而把当期固定费用从销售收入中扣除，免去固定成本的分配计算程序。变动成本计算法是在1936年由美国注册会计师乔纳森·N. 哈里斯（Harris）提出的。虽然变动成本计算法存在一定的缺陷，但是，企业在对外提供财务会计报告时将变动法的存货调整为全部成本法的成本即可认为是遵守了会计原则要求。实务中这种方法在实际成本制度和标准成本制度条件下都可采用。它不仅是一种可以减少计算工作量的成本核算方法，同时还为企业进行预测和决策创造了有利条件。

（5）推行质量成本核算。所谓质量成本是指为了保证和提高产品质量而支出的一些费用以及因未达到质量要求而发生的损失成本。质量成本包括预防成本、鉴定成本、内部损失成本和外部损失成本，有些企业还增加了外部质量保证成本。质量成本核算是按产品形成直到消费的全过程，对发生的各种质量成本进行的货币形态计量的核算。它是质量成本管理的基础，扩大了成本会计的研究领域。

（四）战略成本管理阶段（1981年以后）

20世纪80年代以来，随着信息技术的进步，生产方式的改变，成本管理的目标不再由利润最大化这一直接动因决定，而定位在更具广度和深度的“用户满意”层面上。“用户满意”包括依赖性、质量、交货期和售后服务等方面，其中包含了价值型定量目标，这一目标已远远超越了传统以利润或资产等价值量为唯一准绳的目标观。因此，从本质上说，新经济环境下的成本管理应该是“以市场为导向”的成本管理，是一种以用户满意为目标而进行的价值控制和实体控制并重的管理。

成本会计信息在确定企业战略方向方面发挥着重要的作用，战略相关性成本管理信息已成为成本管理系统不可缺少的一部分。从战略角度来研究成本形成与控制的战略成本管理是成本管理与战略管理有机结合的产物，是传统成本管理对竞争环境变化所做出的一种适应性变革。战略成本管理是以战略的眼光从成本的源头识别成本驱动因素，对价值链进行成本管理，即运用成本数据和信息，为战略管理的每一个关键步骤提供战略性成本信息，以利于企业竞争优势的形成和核心竞争力的创造。

总的来说，成本会计的变革与经济发展相互依赖、互为联动。现代经济的飞速发展，使得传统的企业成本管理已经越来越不适应经济全球化、新技术革命的需要。实施现代企业的战略成本管理已成为成本会计发展的新趋势。

第二节 成本会计的职能及对象

一、成本会计的职能

成本会计的职能是指成本会计在经济管理中所具有的内在功能。成本会计的职能既包括对生产经营业务成本和有关的期间费用进行成本核算和分析，也包括对生产经营业务成本、期间费用和专项成本进行预测、决策、计划、控制和考核。成本会计作为会计的一个重要分支，其基本职能同会计基本职能一样，也具有核算和监督两种基本职能，然而随着生产和经营管理的日趋复杂，成本会计的职能也在不断扩展。一般认为，成本会计的职能包括成本预测、成本决策、成本计划、成本控制、成本核算、成本分析、成本考核等主要职能。

（一）成本预测职能

成本预测是依据成本与各种技术经济因素的依存关系，结合发展前景及采取的各项措施，并利用一定的科学方法，对未来期间成本水平及其变化趋势做出科学的推测和估计。成本预测是成本会计工作的起点。通过成本预测，可以减少生产经营的盲目性，有利于选择最优方案。

（二）成本决策职能

成本决策是根据成本预测提供的数据和其他有关资料，在若干个与生产经营和成本有关的方案中，选择最优方案，确定目标成本。通过成本决策确定了目标成本，为编制成本计划提供了依据，从而实现了成本的事前控制。

（三）成本计划职能

成本计划是根据成本决策所确定的方案，计划期的生产任务，降低成本的要求以及有关资料，通过一定的程序，运用一定的方法，以货币形式规定计划期产品生产耗费和各种商品产品的成本水平，并提出保证成本计划顺利实现所应采取的措施。

（四）成本控制职能

成本控制是指预先制定成本标准作为各项费用消耗的限额，在生产经营过程中，对实际发生的费用严格控制在限额标准之内，并要随时揭示和及时反馈实际费用与标准之间的差异；系统分析成本差异原因，进而采取措施，消除生产中的损失、浪费。通过成本控制，有利于实现预期的成本目标，不断降低成本。

（五）成本核算职能

成本核算是指企业根据确定的成本计算对象，将生产经营过程中发生的各项耗费，进行记录、归集和分配，从而计算出各种产品的总成本和单位成本，并向企业领导层提供成本信息。通过成本核算，可以反映成本计划的执行情况和成本控制的最终结果，并为进行成本预测、编制下期成本计划提供可靠的资料，同时也为以后的成本分析和成本考核提供必要的依据。因此，成本核算是成本会计的基础内容。

（六）成本分析职能

成本分析是根据成本核算提供的成本数据和其他有关资料，与本期计划成本、上年同期实际成本、本企业历史先进的成本水平以及国内外先进企业的成本等进行比较，确定成本差异，并且分析差异的原因，查明成本超支的责任，以便采取措施，改进生产经营管理，降低成本、费用，提高经济效益。

（七）成本考核职能

成本考核是定期对成本计划及其有关指标实际完成情况进行总结和评价，意在鼓励先进，鞭策后进，以监督和促使企业加强成本管理责任制，履行经济责任，提高成本管理水平。

成本会计的各项职能是相互联系、相互依存的。成本预测是成本决策的前提，成本决策是成本预测的结果，成本计划是成本决策所确定目标的具体化，成本控制是对成本计划实施进行的监督，成本核算是对成本计划执行情况和成本控制结果的反映，成本分析是对计划完成与否的原因进行的检查，成本考核是实现成本计划的重要手段。

二、成本会计的对象

（一）成本会计的对象

成本会计的对象是指成本会计反映和监督的内容，即企业在生产经营过程中发生的各项费用以及产品生产成本的形成。不同企业成本会计核算和监督的内容基本相同，所以，成本会计的对象可以概括为：各行业企业生产经营业务的成本和有关期间费用，简称成本、费用。因此，成本会计实际上是成本、费用会计。

（二）工业企业成本会计对象的具体内容

工业企业在生产和经营管理过程中，会发生各种各样的耗费，这些耗费用货币额表示就是工业企业的生产经营费用。其主要包括：①用于产品生产的费用，称为生产费用；②用于产品销售的费用，称为销售费用；③用于组织和管理生产经营活动的费用，称为管理费用；④用于筹集生产经营资金的费用，称为财务费用。工业企业为生产一定种类、一定数量的产品所支出的各种生产费用之和，就是这些产品的生产成本，亦称产品的制造成本，简称产品成本。工业企业的销售费用、管理费用和财务费用，总称期间费用。因此，工业企业成本会计的对象可概括为：工业企业生产经营过程中发生的产品成本和期间费用。

商品流通企业、交通运输企业、施工企业、农业企业、旅游饮食服务企业等其他行业企业在生产经营过程中所发生的各种费用，部分地形成各该行业企业的生产经营业务成本，部分地作为期间费用直接计入当期损益。

随着经济的发展与科技进步，企业经营管理要求的提高，成本的概念和内容也在不断发展、变化。随着成本概念的发展、变化，成本会计的对象也相应地发展、变化。现代成本会计的对象，应该包括各行业企业生产经营业务成本、有关的期间费用和各种专项成本。

第三节 成本会计的任务

成本会计的任务是由企业经营管理的要求和成本会计对象职能所决定和制约的，成本管理的基本要求是促使企业降低成本、费用，改进企业生产经营管理，提高企业经济效益。成本会计作为成本管理工作的重要内容和手段，其主要任务体现在以下几个方面。

一、进行成本预测，参与经营决策，编制成本计划，为企业有计划地进行成本管理提供基本依据

企业的成本管理工作是一项综合性很强、涉及面很广的管理工作，仅靠财会部门和成本会计工作是难以完成的。但成本会计作为一项综合性很强的价值管理工作，应充分

发挥自己的特点，在成本的计划管理中，发挥主导作用。为了使企业成本管理工作有计划地进行和对费用开支有效地进行控制，成本会计工作应在企业各有关方面的配合下，根据历史成本资料、市场调查情况以及其他有关方面（如生产、技术、财务等）的资料，采用科学的方法来预测成本水平及其发展趋势，拟定各种降低成本的方案，进而进行成本决策，选出最优方案，确定目标成本；然后再根据目标成本编制成本计划，制定成本费用的控制标准以及降低成本应采取的主要措施，以作为对成本实行计划管理，建立成本管理责任制，开展经济核算和控制费用支出的基础。

二、严格审核和控制各项费用支出，努力节约开支，不断降低成本

企业作为自主经营、自负盈亏的商品生产者和经营者，应贯彻增产节约的原则，加强经济核算，不断提高自己的经济效益。这是社会主义市场经济对企业的客观要求。在此方面成本会计担负着极为重要的任务。为此，成本会计必须以国家有关成本费用开支范围和开支标准以及企业的有关计划、预算、规定、定额等为依据，严格控制各项费用的开支，监督企业内部各单位严格按照计划、预算和规定办事，并积极探求节约开支、降低成本的途径和方法，以促进企业经济效益的不断提高。

三、及时、正确地进行成本核算，为企业的经营管理提供有用的信息

按照国家有关法规、制度的要求和企业经营管理的需要，及时、正确地进行成本核算，提供真实、有用的成本信息，是成本会计的基本任务。这是因为，成本核算所提供的信息，不仅是企业正确地进行存货计价、确定利润和制定产品价格的依据，同时也是企业进行成本管理的基本依据。在成本管理中，对各项费用的监督与控制主要是在成本核算过程中，利用有关核算资料来进行的；成本预测、决策、计划、考核、分析等也是以成本核算所提供的成本信息为基本依据的。

四、定期进行成本分析，考核企业的经营成果，为企业经营决策提供依据

在企业的经营管理中，成本是一个极为重要的经济指标，它可以综合反映企业以及企业内部有关单位的工作业绩。因此，成本会计必须按照成本计划等的要求，进行成本考核，肯定成绩，找出差距，鼓励先进，鞭策落后。成本是综合性很强的指标，其计划的完成情况是诸多因素共同作用的结果。因此，在成本管理工作中，还必须认真、全面地开展成本分析工作。通过成本分析，揭示影响成本升降的各种因素及其影响程度，以便正确评价企业以及企业内部各有关单位在成本管理工作中的业绩和揭示企业成本管理工作中的问题，从而促进成本管理工作的改善，提高企业的经济效益。

第四节　成本会计的工作组织

为了充分发挥成本会计在经营管理中的作用，企业应当合理地组织其成本会计工作。企业应根据本单位生产经营业务特点、生产规模大小、企业机构设置和成本管理的要求等具体情况与条件来组织成本会计工作。成本会计的组织工作主要包括：设置成本会计

机构；配备必需的成本会计人员；制定成本会计制度；确定成本会计工作的组织原则和组织形式。

一、成本会计的机构设置

成本会计机构是指在企业中直接从事成本会计工作的职能单位。它根据企业规模和成本管理要求来考虑，可在专设的会计机构中单独设置成本会计科、组或室，或是只配备成本核算人员来专门处理成本会计工作。

成本会计机构的分工包括成本会计机构内部的组织分工和企业内部各级成本会计机构之间的组织分工。成本会计机构内部的组织分工既可以按成本会计的职能分工，又可以按成本会计的对象分工。各级成本会计机构之间的组织分工有集中工作和分散工作两种方式。集中工作方式是指各项成本会计工作主要由总部成本会计机构集中完成。分厂、车间等生产单位一般不设置专门的成本会计机构，只配备专职或兼职的成本核算人员，负责有关原始凭证的填写、审核、整理和汇总，为总部成本会计工作提供资料。分散工作方式是指分厂、车间成本核算员负责成本的计划、核算和分析工作，总部成本会计机构主要负责成本数据的汇总和监督及业务上的指导，各项成本会计工作由总部和内部生产单位（分厂、车间）的成本会计机构共同完成。企业应根据规模的大小和管理的水平等条件来确定合适的组织分工形式。

二、成本会计的人员配备

在企业的成本会计机构中，配备足够数量、能够胜任工作的成本会计人员，是做好成本会计工作的关键。成本会计人员应该认真履行自己的职责、遵守职业道德，坚持原则，遵纪守法，正确行使自己的职权。成本会计的人员配备应当考虑企业规模大小、业务的繁简程度以及管理机构的需要等因素。

三、成本会计的制度规定

成本会计的法规和制度是组织和从事成本会计工作必须遵守的规范，是会计法规和制度的重要组成部分。成本会计法规和制度的制定，应该按照统一领导、分级管理的原则。成本会计法规和制度按适用范围和制定权限划分，可分为全国性成本会计法规制度和特定会计主体的成本会计制度。

全国性成本会计法规制度是由政府相关部门统一制定的，主要包括三个层次，即《中华人民共和国会计法》《企业财务通则》《企业会计准则》以及国家统一的《企业会计制度》。以上的财会法规制度，是企业进行财会工作的基本要求，同时也是规范成本会计工作的重要依据，企业在成本会计工作中必须严格执行。

此外，每一个企业应根据国家的有关规定，结合本企业生产经营的特点和管理要求，具体制定本企业的成本会计制度、规程和办法。具体包括：关于成本预测、决策制度；关于计划（或标准成本）成本编制的制度；关于成本核算制度；关于成本控制制度；关于成本分析、考核制度等。

四、确定成本会计工作的组织原则和组织形式

成本会计工作的组织原则主要有以下几个方面：

（1）成本核算必须与成本管理相结合。

（2）成本会计工作必须与技术相结合。

（3）成本会计工作必须与经济责任制相结合。

成本会计工作的组织形式，主要是方便成本核算工作的开展和及时准确地提供成本信息的需要，把成本要素划分为材料成本、人工成本和间接费用成本组织核算。

（1）材料组。一般由企业厂部成本会计人员与仓库材料管理人员共同负责，主管材料物资和低值易耗品的采购、入库、领用、结存的明细分类核算，定期盘点清查，计算材料成本费用，并对全过程进行控制和监督。

（2）工资组。主管应付职工的工资、奖金的计算与分配的明细分类核算，并对全过程进行严格的控制和监督。

（3）间接费用组。间接费用的核算一般是由厂部成本会计人员负责进行，这部分费用可按成本习性分为变动费用和固定费用，而变动费用以弹性预算进行控制，固定费用则用固定预算进行控制。

要点总结

本章主要阐述了成本是商品经济的价值范畴，是商品价值的组成部分。成本的内涵包括理论成本和现实成本。成本与费用有联系又相互区别。成本是对象化的费用。成本会计先后经历了早期成本会计、近代成本会计、现代成本会计和战略成本会计四个阶段，随着经济的发展而不断完善。

成本会计的职能包括成本预测、成本决策、成本计划、成本控制、成本核算、成本分析、成本考核。成本会计的任务是成本会计职能的具体表现和要求。成本会计的各项工作组织是进行成本核算和管理的基本条件和保障，具体包括：设置成本会计机构；配备必需的成本会计人员；制定成本会计制度；确定成本会计工作的组织原则和组织形式。

复习思考题

1. 试说明理论成本与现实成本的主要区别。
2. 结合工业企业的特点，说明成本会计的对象。
3. 简述成本会计的职能。
4. 简述成本会计的任务。
5. 简述成本会计的作用。
6. 简述成本会计工作组织应遵循的原则。

第二章 成本核算的要求和程序

学习目标

通过本章学习，学生应该掌握产品成本核算的原则和要求，特别是各种费用界限的划分；明确工业企业费用要素的内容以及产品成本的构成项目，掌握产品成本核算的一般程序以及产品成本核算所设置基本账户的结构和用途。

第一节 成本核算的原则

成本核算的原则是会计人员在成本核算过程中所应遵循的基本原则，是对企业成本会计工作具有指导和规范作用的成本会计准则。为了使产品成本信息资料符合规定，达到正确、及时、真实的要求，成本会计核算必须遵循下列成本核算原则。

一、实际成本核算原则

实际成本核算原则，也称历史成本原则。尽管会计计量的属性有历史成本、重置成本、可变现净值、现值和公允价值等，但是根据《企业会计准则——基本准则》的要求，财务会计是以历史成本作为主要计量属性的，而成本会计为了准确地反映产品成本，必须以实际发生的经济资源耗费为依据。它包含三个方面的含义：第一，对生产所耗用的原材料、燃料和动力等费用按实际成本计价；第二，对固定资产折旧必须按其原始价值和规定的使用年限计算；第三，对完工产品要按实际成本计价。应当注意的是，按实际成本计价并不排除原材料、产成品等存货按计划成本或定额成本进行日常核算，但是必须合理计算成本差异，月终编制成本报表时，将计划成本或定额成本调整为实际成本。只有实际成本核算，才能减少成本计算的随意性，使成本信息保持其客观性和可验证性。

二、重要性原则

在进行成本核算时，所采用的成本计算步骤、费用分配方法、成本计算方法等，都是根据每一个企业的具体情况进行选择的。从成本核算效益考虑，按照成本核算重要性原则的要求，在成本核算过程中就不应对每一成本构成要素的核算都要求十分准确。对于一些主要产品、主要费用，应采用比较复杂、详细的方法进行分配和计算。而对于一些次要的产品、费用，则可采用简化的方法，进行合并计算和分配，而不能不分主次。按照重要性原则进行成本核算，既减轻了成本计算的工作量，也加快了成本核算的速度。

三、合法性原则

合法性原则是指计入成本的费用，必须符合国家法律、法令和制度等规定，不符合规定的费用就不能计入成本。一是要明确哪些支出或费用不能列入成本，如目前会计制度规定：购建和建造固定资产的支出、购入无形资产的支出、对外投资的支出、被没收的财物、各项罚款性质的支出、捐赠和赞助性质的支出等就不能列入成本开支范围；二是要正确划分各种费用的界限，如防止乱摊和少计生产经营费用、防止混淆产品成本和期间费用的界限，防止在盈利产品和亏损产品之间任意增减费用、防止在完工产品和月末在产品之间人为地调节成本等。

四、可靠性原则

为了使产品成本信息真实，对其核算提出了可靠性原则的要求。可靠性原则包括真实性和可核实性两个方面的内容。真实性是指核算出的成本数据与客观的经济事项相一致，没有任何掺假或人为提高、降低成本的成分；可核实性则是指同一成本核算资料按一定原则由不同成本会计人员计算，得出的结果应该相同。按照可靠性原则进行核算，能够有效地减少虚假核算。

五、一致性原则

企业在进行成本计算时，一般应根据企业生产的特点和管理的要求，选择不同的成本计算方法进行成本计算。一致性原则要求企业在成本核算中所涉及的成本核算对象、成本项目、成本计算方法以及会计处理方法应该保持前后期一致，不得随意变更，以保证前后期成本信息的可比性，提高成本信息的利用程度。如果因情况特殊确需改变原有的成本计算方法，应在有关的会计报告中就改变的原因以及对企业财务状况和经营成果的影响情况等加以说明。

六、权责发生制原则

在成本核算过程中，很多费用的发生期间与应归属的期间往往不相一致。为了按月分析和考核成本费用，正确计算各月损益，企业在进行成本核算时，应遵循权责发生制原则，正确计算成本。权责发生制要求，应由本期成本负担的费用，不论是否已经支付，都要计入本期成本；不应由本期成本负担的费用（即已计入以前各期的成本，或应由以后各期成本负担的费用），虽然在本期支付，也不应计入本期成本，以便正确提供各项成本信息。在成本核算中运用权责发生制原则，主要是为了正确处理待摊费用、递延资产和预提费用。

第二节　成本核算的要求

成本核算是企业成本会计的一个重要环节，是对企业生产经营过程中实际发生的产品成本和期间费用进行计算与账务处理。为提高成本核算质量，正确及时地为企业成本管理提供有用的成本信息，在成本核算过程中，除了遵循核算原则以外，还应遵循以下各项要求。

一、成本核算与成本管理相结合

企业组织成本核算工作一定要从成本管理的要求出发，围绕成本管理的需要，提供满足企业经营管理需要的成本信息，真正做到算管结合、算为管用。为此，成本核算必须以国家有关法规、制度以及企业的规章、计划、定额为依据，对各项费用支出进行事前、事中的审核和控制，并及时进行反馈。也就是说，对企业发生的各项费用要进行审核，审核各项费用该不该支出，已经支出的该不该计入产品成本，是否符合成本开支范围的规定等。

成本核算的过程就是对成本费用进行管理的过程，必须充分考虑企业成本管理的要求。成本核算又是成本管理的重要组成部分，成本核算的结果是成本管理的重要依据，它是为管理服务的。同时，在成本计算中，既要防止脱离成本管理实际需要的做法，也要防止片面追求简化以致不能为管理提供所需数据资料的做法。在满足管理需要的前提下，应做到分清主次、区别对待、主要从细、次要从简、简而有理、细而有用。

二、正确划分各种费用界限

为了保证成本与费用核算的正确性、合法性和合理性，必须正确划分以下五个方面的费用界限。

（一）正确划分生产经营管理费用和非生产经营管理费用的界限

企业在其经济活动中会发生多种性质的支出，只有用于产品的生产和销售、用于组织和管理生产经营活动以及用于筹集生产经营所需资金的各种费用，即收益性支出，才应计入生产经营管理费用。而对于资本性支出，如企业购建固定资产、无形资产或其他资产的支出、对外进行投资等以及企业的营业外支出，如固定资产盘亏或清理损失、非正常原因的停工损失或自然灾害损失、支付的各种滞纳金、赔款、捐赠或赞助支出等都不应该计入生产经营管理费用。

企业应按照国家的有关规定，严格费用、成本的开支范围，确保企业成本、费用核算的正确性。企业不应该任意扩大或缩小成本、费用开支范围，乱挤生产经营管理费用，会导致企业成本费用虚增，减少企业利润和国家财政税收收入。反之，如果少计生产经营管理费用，则容易虚增企业利润，造成超额分配，使企业生产经营管理耗费得不到补偿，影响企业再生产的顺利进行，从而不利于企业的经营管理。

（二）正确划分生产费用和期间费用的界限

对于企业发生的计入本期的生产经营管理费用，还要进一步区分生产费用与期间费用的界限。企业的生产费用主要是指用于产品生产的材料费用、人工费用和制造费用等，生产费用应计入产品的生产成本，产品成本要在产品完工并销售以后才计入企业的损益；而当月投产的产品当月不一定完工并销售，当月完工销售的产品也不一定是当月投产的，因而，本月发生的生产费用不计入当期损益。而企业的期间费用是用于产品销售、组织和管理生产经营活动以及为筹集生产经营所需借入资金而发生的费用，期间费用不计入生产成本，而是直接计入当期损益，从利润中扣除。

在成本核算中，企业必须正确划分生产费用和期间费用的界限，要防止混淆界限乱挤成本，借以调节各会计期间成本、费用的错误做法。

（三）正确划分各个会计期间的费用界限

为了正确计算各期产品成本和损益，企业应当根据权责发生制原则，正确划分各个会计期间的费用界限。划分的基本要求是：本期发生的应由本期承担的成本费用都应在本期入账，计入本期的产品成本和期间费用；本期支付，但属于本期和以后各期受益的费用，应作为长期待摊费用，分摊计入本期及以后各期；本月虽未支付，但本月已受益的成本、费用，应作为预提费用，预提计入本月的成本、费用。企业应正确划清各期的费用界限，防止利用费用人为调节各个期间的产品成本和期间费用以操纵利润的错误做法。

（四）正确划分各种产品应负担的费用界限

对于生产多种产品的企业，当月发生的应计入成本的各项生产费用，还应按照受益原则将所发生的生产费用在各种产品之间进行划分。凡在发生时能分清应由某种产品负担的生产费用，应根据有关会计凭证直接计入该种产品的成本；对于几种产品同时发生，不能分清由哪种产品成本负担的费用，应选择适当的标准和分配方法分配计入这几种产品的成本。要如实地反映各种产品的耗费，防止利用更改分配标准或其他手段，任意调整各种产品之间的成本，特别是在亏损产品和盈利产品之间、可比产品与不可比产品之间任意转移生产费用，防止以降补超、掩盖超支，或虚报产品成本、掩盖利润的错误做法。

（五）正确划分完工产品和在产品成本的界限

通过以上费用界限的划分，我们已经计算出了每一种产品的总成本。如果这种产品已经全部完工，则其成本全部为产成品成本；如果这种产品全部未完工，则其成本全部为在产品成本。如果该种产品既有完工产品又有未完工的在产品，那么计入这种产品的生产费用还要在完工产品和在产品之间选用合理的分配标准，采用适当的方法进行分配，以分别计算完工产品成本和月末在产品成本。正确划分完工产品和在产品的费用界限，防止任意提高或降低月末在产品成本，人为地调节完工产品成本的情况。

以上五个方面费用界限的划分，都应贯彻受益原则，即何者受益何者负担费用，何时受益何时负担费用；负担费用多少应与受益程度大小成正比。这五个方面界限的划分过程，也是产品成本的计算过程。

三、正确确定财产物资的计价和价值结转的方法

企业在生产经营过程中所消耗的生产资料，其价值随着生产经营的耗用，会转移到产品成本和期间费用中去。因此，为确保成本费用计算的客观真实，必须正确地确定这些财产物资的计价与价值结转方法。企业财产物资的计价和价值结转方法主要包括：固定资产原值的计算方法、折旧方法、折旧率的种类和高低、固定资产后续支出费用化抑或资本化；固定资产与低值易耗品的划分标准；材料成本的组成内容、材料按实际成本计价核算时发出材料单位成本的计算方法；材料按计划成本计价进行核算时材料成本差

异率的种类；低值易耗品的摊销方法、摊销期限长短、摊销率高低等。为了正确计算产品成本，对各种财产物资的计价和价值结转，应采用既合理又简便的方法。国家有统一规定的，应采用国家统一规定的方法。国家没有统一规定的，企业要根据财产物资的特点，结合管理要求合理选用，各种方法一经确定，应保持相对稳定，不能随意改变。

四、做好各项基础工作

成本会计的基础工作是进行成本核算与管理的基本条件和保障，为了进行成本控制和考核，正确计算产品成本和期间费用，必须做好以下各项基础工作。

（一）做好定额的制定和修订工作

定额是企业生产经营过程中对各项消耗所规定的标准，是编制成本计划、分析和考核成本水平的依据，也是审核、控制和评价耗费的标准。定额按其反映的内容不同，主要分为工时定额、产量定额、材料消耗定额、费用定额等；按其制定的标准不同，主要分为计划定额和现行定额等。定额的制定既要先进又要切实可行，并应随着企业生产技术条件变化和管理水平的提高而定期修订，以保证定额作用的有效发挥。

（二）建立健全材料物资的计量、收发、领退和盘点制度

建立健全企业生产经营过程中材料物资的收发、领退、结存的计量工作和盘点制度，是正确计算成本的必要条件。材料物资的收发、领退、在产品和半成品的内部转移、产成品的入库等，均应按照规定的审批手续，并进行计量、验收和交接，防止任意领发和转移。库存的材料、半成品和产成品以及车间正在加工的在产品等材料物资还应按照规定进行清查盘点，防止丢失、积压、毁损、变质或被贪污盗窃。只有这样，才能保证账实相符，保证成本计算的正确性。

（三）建立健全原始记录工作

各项原始记录是直接反映生产经营活动的原始资料，是成本核算的原始依据。企业应建立健全原始记录制度，对生产记录、考勤记录、设备利用记录及材料物资收发记录等各种原始记录做好传递和归档的管理工作。企业原始记录的范围、内容凭据的格式取决于各企业的生产特点和成本管理要求。因此，企业应制定既满足各方面管理要求又符合成本核算要求，既科学合理又讲求实效的原始记录制度，并组织有关人员认真贯彻执行，以便正确、及时地为成本核算和其他有关方面的管理提供所需原始资料。

（四）做好厂内计划价格的制定和修订工作

为了明确企业内部各有关单位的经济责任，对财产物资的内部流转和相互提供劳务等，可以采用厂内计划价格，作为内部结算和考核的依据。各部门之间材料领用、半成品转移以及相互提供劳务，都应先按计划价格结算，月末再采用一定方法计算和调整价格差异，计算实际成本和费用。这样可简化和加速成本、费用的核算工作，便于考核企业内部各单位成本计划的完成情况。企业在每年年末编制下年度计划时，应对厂内计划价格重新修订，确保厂内计划价格的先进性、实用性、可行性，以便厂内计划价格更接近实际。

五、适应生产特点和管理要求，采用适当的成本计算方法

由于企业生产工艺、生产组织和管理要求的不同，因而，各个企业在进行成本核算时，会选用不同的成本核算方法进行成本的核算与管理。但是，每个企业必须根据生产特点和管理要求选择适合本企业的成本核算方法，以保证成本核算信息的正确性。

第三节　费用的分类

生产经营管理费用的分类是正确计算产品成本的重要条件。为了正确进行成本核算，满足企业成本管理的要求，应对各项生产经营管理费用按照一定的标准进行分类。

一、费用按经济内容分类

产品的生产过程，也是物化劳动（包括劳动对象和劳动手段）和活劳动的耗费过程。因而生产过程中发生的生产费用，按其经济内容分类，可划归为劳动对象方面的费用、劳动手段方面的费用和活劳动方面的费用三大类。生产费用按照经济内容分类，就是在这一划分的基础上，将生产费用划分为若干要素费用。

（1）外购材料，是指企业为进行生产经营管理活动而耗用的一切从外部购入的材料，包括原料与主要材料、外购半成品、辅助材料、周转材料、修理用配件等。

（2）外购燃料，是指企业为进行产品生产从外部购进的各种燃料，包括固体、液体、气体燃料。外购燃料与外购材料从性质上看是相同的，可归为一类，但由于燃料是重要能源，在成本中所占的比重较大，因而单独作为一个要素进行核算。

（3）外购动力，是指企业耗用的从外部购进的各种动力，如生产经营活动中耗费的电力、热力等动力资源。

（4）职工薪酬，是指企业为获得职工提供的服务而给予各种形式的报酬以及其他相关支出，主要包括职工工资、奖金、津贴和补贴，职工福利费、社会保险费、住房公积金、非货币性福利、工会经费和职工教育经费等。

（5）折旧费，是指企业根据有关规定，按照一定方法计算提取的固定资产的折旧费用。

（6）修理费，是指企业为修理固定资产而发生的支出。

（7）利息，是指企业的借款或其他带息债务而发生的利息费用，通常而言，是借款利息减去利息收入后的净额。

（8）税金，是指企业应缴纳并计入管理费用的各种税金，如房产税、印花税、土地使用税及车船使用税等。

（9）其他支出，是指不属于上述各要素的费用支出，如邮电费、差旅费、租赁费、保险费及诉讼费等。

生产经营管理费用按照经济内容分类，可以反映企业在一定时期内总共发生了哪些费用，数额各为多少，据以分析企业在一定时期内各种费用的结构和水平，计算工业净产值和国民收入，核定储备资金定额，考核储备资金周转速度，编制劳动工资计划和材

料采购资金计划。但是，这种分类只能反映各费用要素的支出形态，不能说明其经济用途，也不能说明费用的发生与成本之间的关系，不利于成本分析和考核，因此，对于生产经营管理费用还必须按照其经济用途进行分类。

二、费用按经济用途分类

工业企业在生产经营中发生的费用，按照经济用途可以分为计入产品成本的生产费用和直接计入当期损益的期间费用两类。

（一）生产成本按经济用途进行分类

计入产品成本的生产费用按其用途不用，可进一步划分为若干项目，这些项目作为产品成本的构成内容，通常称为成本项目。企业根据生产特点和管理要求，一般设置以下三个成本项目：

（1）直接材料。直接材料是指企业生产经营过程中直接耗用的、构成产品实体的原料及主要材料、辅助材料等。

（2）直接人工。直接人工是指直接从事产品生产人员的工资薪酬。

（3）制造费用。制造费用是指企业内部各生产单位为组织和管理生产所发生的各项费用，如车间折旧费、保险费、机物料消耗、车间管理人员工资薪酬、水电费、办公费、劳动保护费等。

企业可根据生产特点和管理要求对上述成本项目做适当调整。对于管理上需要单独反映、控制和考核的费用以及产品成本中比重较大的费用，应专设成本项目，如“燃料和动力”“废品损失”等；否则，为了简化核算，不必专设成本项目。

（二）期间费用按经济用途进行分类

工业企业的期间费用按经济用途分类，主要包括销售费用、管理费用和财务费用。

（1）销售费用。销售费用是指企业在销售产品，提供劳务过程中发生的各项费用，包括企业销售商品过程中发生的运输费、装卸费、包装费、保险费、展览费和广告费以及为销售本企业商品而专设的销售机构的职工薪酬、业务费、折旧费等经营费用。

（2）管理费用。管理费用是指企业为组织和管理生产经营所发生的费用，包括企业在筹建期间发生的开办费、董事会和行政管理部门在企业的经营管理中发生的或者应当由企业统一负担的公司经费、工会经费、董事会费、咨询费、诉讼费、业务招待费、房产税、车船税、土地使用税、印花税、技术转让费、研究费用和排污费等。

（3）财务费用。财务费用是指企业为筹集生产经营所需资金等而发生的筹资费用，包括利息支出（减利息收入）、汇兑损失以及相关的手续费、企业发生的现金折扣或收到的现金折扣等。

企业发生的期间费用不计入产品成本，只需按一定的期间进行汇总，然后直接计入当期损益。

费用按照经济用途分类，是制造成本法的基础，它能清楚地反映产品成本的构成，有利于成本的考核和分析。

三、生产费用按计入产品成本的方法分类

生产费用按其计入产品成本的方法，可分为直接计入费用和间接计入费用。直接计入费用是指费用发生时，能分清是哪种产品耗用的，能直接计入该种产品成本的费用。例如，生产 A 产品领用 5 万元甲材料，这时的 5 万元甲材料费用即为直接计入费用。

间接计入费用，是指费用发生时不能分清由哪种产品耗用的、不能直接计入某种产品成本而必须按照一定标准分配计入各成本计算对象的费用。例如，生产 A、B 两种产品共同领用 5 万元甲材料，这时的 5 万元甲材料费用即为间接计入费用；再例如，制造费用应先按车间归集，然后采用一定标准分配给车间生产的各种产品负担。

四、生产费用按其与生产工艺的关系分类

生产费用按其与生产工艺过程的关系，可以分为直接生产费用和间接生产费用。直接生产费用，是指由生产工艺本身引起的、直接用于产品生产的费用，如原材料费用、生产工人薪酬等。

间接生产费用，是指与生产工艺没有直接关系、间接用于产品生产的费用，如机物料消耗、辅助生产工人工资薪酬、车间厂房的折旧费用。

五、生产费用按与产品产量的关系分类

生产费用按与产品产量的关系，可分为变动成本和固定成本。变动成本，是指其总额随着业务量成正比例变动的那部分成本。直接用于产品生产的原材料、生产工人的计件工资等都属于变动成本，但单位产品成本中的变动成本是固定不变的。所以，要想降低变动成本，主要应加强技术革新和技术改造，降低单位产品的消耗。

固定成本是指其总额在一定时期和一定业务量范围内不随业务量发生任何变动的那部分成本。属于固定成本的主要有折旧费、车间管理人员的薪酬等。应当指出的是，固定成本总额只是在一定时期和业务量的一定范围（通常称为相关范围）内保持不变。所以，要想降低固定成本，就得增加产品产量，可以降低单位产品的固定成本，这也是规模生产带来的好处。

第四节　成本核算的一般程序及主要会计账户设置

一、产品成本核算的一般程序

成本核算的一般程序是指对企业在生产经营过程中发生的各项生产费用和期间费用，按照成本核算的要求，逐步进行归集和分配，最后计算出各种产品的生产成本和各项期间费用的基本过程。尽管制造企业的生产特点各不相同，产品成本计算方法也不同，但存在着产品成本核算的一般程序。

（一）确定成本计算对象

成本计算对象是生产费用的归集对象和生产耗费的承担者，是设置产品成本计算单

和计算产品成本的前提。对制造企业而言，产品成本计算的对象，包括产品品种、产品批别和产品的生产步骤三种。企业应根据自身的生产特点和管理要求，选择合适的产品成本计算对象。

（二）确定成本项目

成本项目是指生产费用按照经济用途划分成的若干项目。企业为了满足成本管理的需要，可在直接材料、直接人工、制造费用三个成本项目的基础上进行必要的调整，如增设废品损失、停工损失等成本项目。

（三）确定成本计算期

成本计算期是指成本计算的间隔期，即多长时间计算一次成本。产品成本计算期的确定，主要取决于企业生产组织的特点。通常在大量、大批生产的情况下，产品成本的计算期间与会计期间相一致。在单件、小批生产的情况下，产品成本的计算期间则与产品的生产周期相一致。

（四）生产费用的审核

根据成本开支范围的规定，对各项生产经营管理费用支出进行严格审核。确定应计入产品成本的生产费用和不应计入产品成本的期间费用。

（五）生产费用的归集和分配

生产费用的归集和分配是将应计入本月产品成本的各种要素费用在各有关产品之间，按照成本项目进行归集和分配。一般为产品生产直接发生的生产费用直接作为产品成本的构成内容，直接计入该产品成本。对于那些为产品生产服务发生的间接费用，可先按发生地点和用途进行归集汇总，然后分配计入各受益产品。产品成本计算的过程也就是生产费用的分配和汇总过程。

（六）计算完工产品成本和期末在产品成本

经过上述步骤，各成本对象应负担的生产费用已全部计入有关的产品成本明细账。如果当月产品全部完工，所归集的生产费用即为完工产品成本。如果全部未完工，则为期末在产品成本。如果只有部分完工，则需要采取一定的方法在完工产品和期末在产品之间进行分配，从而计算出完工产品成本和期末在产品成本。

二、核算应设置的主要会计账户

为了核算产品成本，要设置“生产成本”一级账户。为了分别核算基本生产成本和辅助生产成本，还应在该一级账户下，分别设置“基本生产成本”和“辅助生产成本”两个二级账户进行明细核算。企业根据需要，也可以将“生产成本”账户分设为“基本生产成本”和“辅助生产成本”两个一级账户。

（1）“基本生产成本”账户。该账户的性质为成本类账户。该账户是核算企业为完成主要生产目的而进行的商品、产品生产所发生的各种生产费用。其借方登记成本费用的增加数，即用于归集和分配生产费用，贷方登记完工产品成本的结转数，余额在借方，表示在产品成本。该账户可以按成本核算的对象设置明细账进行明细分类核算。

（2）“辅助生产成本”账户。该账户的性质为成本类账户，该账户用来核算企业为基本生产服务而进行的产品生产和劳务供应所发生的各项费用。借方用于归集辅助生产车间发生的费用数，贷方用于分配和结转辅助生产车间的费用数，期末余额在借方，表示辅助生产的在产品的成本数。该账户可以按辅助生产车间的成本核算对象或辅助生产车间设置明细账进行明细分类核算。

（3）“制造费用”账户。该账户的性质是成本类账户，该账户核算企业为组织车间产品生产和提供劳务而发生的各项间接费用。借方登记制造费用的增加数，即用于归集本月生产车间发生不能直接计入产品成本的费用数，贷方用于分配和结转计入产品成本的费用数，期末一般没有余额。该账户可以按照制造费用的明细项目设置明细账进行明细分类核算，也可以按生产车间设置明细账进行明细分类核算。

（4）其他账户。为了归集和结转产品销售费用、管理费用和财务费用，应分别设立“销售费用”“管理费用”和“财务费用”总账账户；为了归集和分配长期待摊费用，还应设立“长期待摊费用”总账账户。企业如果单独核算废品损失和停工损失，还可以增设“废品损失”和“停工损失”总账账户。

要点总结

本章主要阐述了产品成本核算应遵循的实际成本核算原则、可靠性原则、重要性原则、一致性原则、权责发生制原则、合法性原则。产品成本核算除了要遵循各项原则外，还应符合成本核算与成本管理相结合、划分各种费用界限、正确确定财产物资的计价和价值结转的方法、选用适当的成本计算方法、做好成本核算的基础工作的各项要求。

为了正确进行成本核算，满足企业成本管理的要求，应对各项生产经营管理费用按照一定的标准进行分类。费用可以按照经济内容、经济用途、生产工艺关系、计入产品成本的方法、产品产量的关系等分类。尽管制造企业的生产特点各不相同，产品成本计算方法也不同，但存在着产品成本核算的一般程序。为了进行成本核算，企业一般应设置“基本生产成本”“辅助生产成本”“制造费用”等账户进行核算。

复习思考题

1. 简述企业成本核算的一般要求。
2. 简述成本核算中一般应划分的几个费用界限。
3. 费用按经济性质分类可分为几大类？
4. 费用按经济用途分类可分为几大类？
5. 什么是成本项目？成本项目一般可分为几大类？
6. 简述成本核算的一般程序。
7. 工业企业成本核算主要设置哪些账户？

第三章 要素费用的核算

学习目标

本章介绍生产费用归集和分配的基本程序和方法。通过本章学习，要求学生掌握各种要素费用归集和分配的方法；掌握材料费用的核算；工资费用的核算；外购动力费用的核算；折旧的计算和折旧费用分配的核算；利息费用、税金和其他费用的核算。

第一节 材料费用的核算

一、材料费用的组成

产品的制造过程也是材料的耗用过程，材料费用是构成产品成本的主要生产费用，它在产品成本中占有较大的比重，一般占70%左右，材料费用的组成比较复杂，主要包括企业生产经营过程中实际消耗的各种原料及主要材料、辅助材料、备品配件、外购半成品、燃料及动力、包装物和低值易耗品等。

（1）原料及主要材料。原料及主要材料是指经过加工后构成产品实体或主要成分的各种原料和材料。其中，原料一般指直接取自于自然界的天然状态的农产品与矿产品等劳动对象，如在加工企业中炼铁用的铁矿石、纺纱用的原棉、炼油用的原油等。材料一般指来自加工企业的已被加工过的劳动对象，如织布用的棉纱、机器制造用的钢材等。

（2）辅助材料。直接用于生产，有助于产品形成或为产品生产创造正常劳动条件，但不构成产品主要实体的各种材料。其中有的同原料及主要材料相结合，有助于产品的形成，如各种添加剂、催化剂、染料、油漆等。

（3）外购半成品。指企业从外部购入需进一步加工或装配于本企业产品的主要实体的半成品及零配件，如织布厂外购的棉纱，酿酒企业外购的粮食酒，电冰箱厂外购的压缩机等。

（4）备品配件。指用于本企业机器设备和运输设备所专用的各种零件和配件，如轴承、齿轮、阀门、轮胎等。

（5）燃料。指在生产过程中用来燃烧、发热，或为创造正常劳动条件耗用的各种燃料，包括固体燃料、气体燃料和液体燃料，如煤炭、各种油料、煤气等。

（6）包装物。指为包装本企业产品、商品，并准备随同产品、商品一起出售的，或者在销售过程中租赁给购货单位使用的各种包装用的物品，如桶、箱、坛、袋、瓶等。

（7）低值易耗品。指不作为固定资产核算的各种工具、管理用具、玻璃器皿以及在经营过程中周转使用的包装容器等各种用具物品。

二、材料费用的归集

（一）材料费用发出的原始凭证

1. 领料单

领料单是一种一次性使用的领发料凭证。它适用于不经常使用、没有消耗定额的材料领发业务。车间和部门按计划向仓库领料时，要填写领料单。为了便于汇总，填制领料单时一般采用一单一料的办法，对于应计入制造费用的辅助材料，可采用一单多料的办法填制。领料单一般一式三份，其中一份留存领料单位备查，一份留存发料仓库，据以登记材料明细账，另一份由仓库在月末汇总后，随同材料消耗汇总表交会计部门据以进行材料收发和材料费的核算。

2. 限额领料单

限额领料单是一种在规定时期和规定限额内可多次使用的领发料单累计凭证，它适用于经常并已制定消耗定额的材料领发业务。限额领料单通常一式两份：一份由领料单位据以领料；一份由仓库据以发料。对于超过限额或变更规定材料的领料，应区别情况予以处理。如果是增加产量而超额领料须经有关部门审批核准后，办理追加限额手续；如果是生产操作不当超过限额的领料，应另填领单料，说明原因和责任，经有关部门审批核准后才能据以领料；如果是用另一种材料代替原来的材料，也须经有关部门审批核准后另填领料单据以领料，并说明使用代用材料的原因和数量，相应减少限额余额。

企业在实际操作中要根据生产管理的需要和不同材料领发的不同特点，分别采用不同的领发料凭证进行材料费用的核算。

3. 退料单

退料单是一种已领用材料多余退库的凭证。退料单一般一式三联：一联留存领料部门；一联留存发料仓库；一联送交会计部门据以进行材料的发出和费用的核算。

（二）材料发出成本的计算

材料发出成本的计算，就是要正确计算产品生产过程中材料消耗的数量和价格。

1. 材料发出数量的计算

材料发出数量的计算方法主要有两种：一种是实地盘存制，另一种是永续盘存制。

（1）实地盘存制。“实地盘存制”又称“定期盘存制”，是指企业平时只在账簿中登记材料的增加数，不记减少数，期末根据清点所得的实存数，倒挤计算本期材料的减少数。材料发出数量的计算公式为：

本期消耗材料数量 = 期初结存材料数量 + 本期收入材料数量 − 期末结存材料数量

（2）永续盘点制。“永续盘存制”又称“账面盘点制”，是指企业设置各种有数量有金额的存货明细账，根据有关出入库凭证，逐日逐笔登记材料、产品、商品等的收发领退数量和金额，随时结出账面结存数量和金额。采用永续盘存制，可以随时掌握各种存货的收发、结存情况，有利于存货的各项管理。

为了核对存货账面记录，永续盘存制也要求进行存货的实物盘点。盘点可定期或不定期进行，通常在生产经营活动的间隙盘点。会计年度终了，应进行一次全面的盘点清查，并编制盘点表，保证账物相符，如有不符应及时查明原因并及时处理。

在我国实际中，存货的核算一般采用永续盘存制。但不论采用何种方法，前后期应保持一致。

2. 材料发出成本的计算

材料在日常核算中可以采用实际成本进行也可以采用计划成本进行。

（1）按实际成本计价结转材料成本。按实际成本计价是指每一种材料的收发结存都按其在采购或委托加工、自制过程中所发生的实际成本进行计价。材料的核算按实际成本计价时由于受市场价格波动的影响和取得材料来源的地点和时间不同，即使是同一种材料，其实际单位成本也不一样，必须采用一定的方法确定发出材料的单价。在企业会计准则中规定企业这时可以选择使用先进先出法、加权平均法、移动平均法等方法，对不同的材料可以采用不同的计价方法，但计价方法一经确定不能随意变更。

采用实际成本计价结转材料成本可以比较准确地核算产品成本中的材料费用和材料资金的实际占用额。但由于材料实际成本发生变动时必须根据这种变动相应地调整库存材料和发出材料的实际单位成本，这样就使材料日常收发的核算工作量增大，从而影响核算的及时性。因此这种方法通常适用于材料品种较少，每月收发次数不多的企业。

（2）按计划成本计价结转材料成本。按计划成本计价是指每一种材料的收发结存都按预先确定的计划成本计价，但是消耗材料仍应当是其实际成本。材料实际成本等于消耗材料的计划成本加上应分摊的材料成本差异。在企业对材料采用计划成本计价的情况下，原材料账户按照计划成本反映，材料的实际成本与计划成本之间的差额则通过材料成本差异账户归集和分配，所以生产过程中耗用材料的实际成本包括材料的计划成本和应分摊的材料成本差异两部分。当分摊的材料成本差异为超支差异时（实际成本大于计划成本），与计划成本相加；当分摊的材料成本差异为节约差异时（实际成本小于计划成本），与计划成本抵减（即加上一个负数）。企业应当正确计算消耗材料应分摊的材料成本差异，将消耗材料的计划成本调整为实际成本。

$$\text{材料成本差异}=\text{实际成本}-\text{计划成本}$$

$$\text{材料成本差异率}=\frac{\text{月初结存材料成本差异}+\text{本月收入材料成本差异}}{\text{月初结存材料计划成本}+\text{本月收入材料计划成本}}$$

$$\text{发出材料应负担的材料成本差异}=\text{发出材料的计划成本}\times\text{材料成本差异率}$$

在按计划成本计价的条件下每种材料的实际成本不全是直接计算出来的，如发出材料的实际成本是以其计划成本为基础，将计划成本与应由其负担的材料成本差异重新结合而求得的，而材料成本差异又是按各类材料甚至全部材料综合计算的。这就使得计算出来的产品成本中的材料费用和各类资金的实际占用额不完全相等。这种方法通常适用于材料品种规格繁多、收发频繁的大中型企业，可以简化材料日常收发核算的工作量。

三、材料费用的分配

（一）材料费用的分配

对于直接用于产品生产、构成产品实体的原料和主要材料，通常分产品的品种领用，这时所耗用的材料属于直接费用，可根据领料凭证直接计入该种产品“基本生产成本”明细账的“直接材料”成本项目。

对于由几种产品共同耗用的原料，难以确定成本计算对象归属的，应采用适当的分配方法，分配计入各有关产品成本的“直接材料”成本项目。原料及主要材料费用的分配标准一般是按产品的重量比例、体积比例、产量比例分配。如果难于确定适当的分配方法，或者作为分配标准的资料不易取得，而原料或主要材料的消耗定额比较准确，可以按照材料的定额消耗量或定额费用比例分配。

直接用于产品生产的辅助材料，也同样直接或分配后计入某种产品的“直接材料”成本项目。分配方法有：

（1）对于耗用在原料及主要材料上的辅助材料，应按原料及主要材料耗用量的比例分配。

（2）对于与产品产量直接有联系的辅助材料，可按产品产量比例分配。

（3）在辅助材料消耗定额比较准确的情况下，可按照产品定额消耗量或定额费用的比例分配辅助材料费用。

直接用于辅助生产的原材料费用，应计入“辅助生产成本”总账及其所属明细账借方的相应成本项目。

用于基本生产车间组织和管理车间的生产活动方面的原材料费用，应计入“制造费用（基本生产车间）”账户的借方。

用于行政管理部门组织和管理生产经营活动等方面的原材料费用，应计入“管理费用”账户的借方。

用于产品销售的原材料费用，应计入“销售费用”账户的借方。

（二）原材料费用分配方法

（1）重量（体积、产量、面积）比例分配法。重量（体积、产量、面积）比例分配法是以各种产品的重量（体积、产量、面积）为标准来分配原材料费用的方法。计算公式如下：

$$原材料费用分配率=\frac{待分配的原材料费用总额}{各种产品的总重量之和}$$

某产品应分配原材料费用 = 该产品总重量 × 原材料费用分配率

【例 3－1】天佑工厂生产甲、乙两种产品，2018 年 1 月甲、乙两种产品共同耗用 A 材料 120 000 元；根据产量记录，本月两种产品的投产量分别为 500 件、100 件，单件产品净重分别为 20 千克、50 千克。对所耗 A 材料费用按重量比例分配法分配计算如下：

1）分别计算各种产品总重量

甲产品总重量 = 500 × 20 = 10 000（千克）

乙产品总重量 = 100 × 50 = 5 000（千克）

2）计算原材料费用分配率

$$A材料费用分配率=\frac{120\ 000}{10\ 000+5\ 000}=8（元/千克）$$

3）在各种产品之间分配原材料费用

甲产品应分配 A 材料费用 = 10 000 × 8 = 80 000（元）

乙产品应分配 A 材料费用 = 5 000 × 8 = 40 000（元）

在实务中，一般通过编制原材料费用分配表进行分配。A 材料费用分配表如表 3－1 所示。

表 3－1　　原材料费用分配表

材料名称：A 材料　　2018 年 1 月　　单位：元

产品名称	产品重量/千克	分配率/(元/千克)	分配金额
甲产品	500 × 20 = 10 000	120 000/15 000 = 8	80 000
乙产品	100 × 50 = 5 000		40 000
合　计	15 000	8	120 000

这种方法要求各产品产量、重量的计量单位必须一致，如果不一致，必须换算一致，以便加总计算分配率。它适用于直接材料的耗用量与产品产量、重量有一定比例关系的产品。

（2）定额消耗量（定额费用或成本）比例分配法。消耗定额是单位产品可以消耗的数量限额。定额消耗量是指一定产量下按照消耗定额计算的可以消耗的数量。费用定额和定额费用是消耗定额和定额消耗量的货币表现。定额消耗量（定额费用或成本）比例分配法是以各种产品的定额消耗量（定额费用或成本）为标准来分配原材料费用的方法。

按材料定额消耗量比例分配材料费用的计算公式如下：

某种产品材料定额消耗量 = 该种产品实际产量 × 单位产品材料消耗定额

$$材料消耗量分配率 = \frac{材料实际总消耗量}{材料定额消耗量之和}$$

某种产品应分配的材料数量 = 该种产品的材料定额消耗量 × 材料消耗量分配率

某种产品应分配的材料费用 = 该种产品应分配的材料数量 × 材料单价

【例 3－2】天佑工厂 2018 年 1 月生产 A、B、C 三种产品。三种产品共同耗用甲种原材料 1 000 千克，单价 12 元/千克。其中 A 产品生产 20 件，单位消耗定额 30 千克；B 产品生产 40 件，单位消耗定额 20 千克；C 产品生产 60 件，单位消耗定额 10 千克。

根据以上资料编制直接材料费用分配表（表 3－2）。

表 3－2　　原材料费用分配表

材料名称：甲材料　　2018 年 1 月

产品名称	实际产量/件	单位消耗定额/千克	材料消耗量总定额/千克	分配率	分配金额/元
A 产品	20	30	20 × 30 = 600	1 000/2 000 = 0．5	3 600
B 产品	40	20	40 × 20 = 800		4 800
C 产品	60	10	60 × 10 = 600		3 600
合计			2 000		12 000

这种计算程序是先按材料定额消耗量分配计算各种产品的材料实际消耗量，再乘以

材料单价，计算各该产品的实际材料费用，这样分配可以考核材料消耗定额的执行情况，有利于进行材料消耗的实物管理，但分配计算的工作量较大，为了简化分配计算工作，也可以按材料定额费用的比例直接分配材料费用。

按各种材料的定额费用的比例分配材料实际费用的计算公式如下：

某种产品某种材料定额费用 = 该种产品实际产量 × 单位产品该种材料费用定额

= 该种产品实际产量 × 单位产品该种材料消耗定额 × 该种材料计划单价

$$材料费用分配率 = \frac{各种材料实际费用总额}{各种产品各种材料定额费用之和}$$

某种产品分配负担的材料费用 = 该种产品各种材料定额费用之和 × 材料费用分配率

【例 3 -3】天佑工厂 2018 年 1 月生产 A、B 两种产品，A、B 产品共同耗用甲种材料费 17 600 元。其中 A 产品产量 100 件，材料单位消耗定额为 10 千克；B 产品产量 30 件，材料单位消耗定额为 20 千克。材料的计划单价为 5 元。

根据以上资料编制直接材料费用分配表（表 3 -3）：

表 3 -3　　原材料费用分配表

材料名称：甲材料　　2018 年 1 月

产品名称	实际产量/件	单位消耗定额/千克	材料消耗定额费用/元	分配率	分配金额/元
A 产品	100	10	100 × 10 × 5 = 5 000	17 600/8 000 = 2. 2	11 000
B 产品	30	20	30 × 20 × 5 = 3 000		6 600
合计			8 000		17 600

（三）原材料费用分配的账务处理

原材料费用的分配通过原材料费用分配表进行，原材料费用分配表应根据领退料凭证和有关资料编制。

【例 3 -4】天佑工厂 2018 年 1 月原材料费用汇总表如下（表 3 -4），账务处理为：

表 3 -4　　原材料耗用汇总表

2018 年 1 月　　金额单位：元

领用部门及用途	A 材料	B 材料	C 材料	D 材料	合计
1. 基本生产车间					75 000
（1）产品生产小计	30 000	18 000	25 000		73 000
其中：甲产品	20 000	10 000	10 000		40 000
乙产品	10 000		7 000		17 000
丙产品		8 000	8 000		16 000
（2）车间一般耗用				2 000	2 000
2. 企业管理部门				1 500	1 500
3. 专设销售机构				2 500	2 500

续表

领用部门及用途	A材料	B材料	C材料	D材料	合计
4. 固定资产建造工程		2 000		4 000	6 000
5. 供电车间				2 000	2 000
合　计	30 000	20 000	25 000	12 000	87 000

借：基本生产成本——甲产品　40 000
　　　　　　　——乙产品　17 000
　　　　　　　——丙产品　16 000
　　辅助生产成本——供电车间　2 000
　　制造费用　2 000
　　管理费用　1 500
　　销售费用　2 500
　　在建工程　6 000
　贷：原材料——A材料　30 000
　　　　　——B材料　20 000
　　　　　——C材料　25 000
　　　　　——D材料　12 000

（四）燃料费用分配的核算

1. 燃料费用核算概述

燃料费用实际上也属于原材料费用范畴，燃料费用应按用途和使用部门进行归集和分配：

（1）在燃料费用比重较大时，可以与动力费用一起专设“燃料及动力”成本项目，同时应增设“燃料”一级账户，并将燃料费用单独进行分配。

单独设置“燃料”账户核算燃料费用时，其分配的程序和方法与原材料费用的分配的程序和方法相同。其账务处理为：直接用于产品生产的燃料费用，应计入“基本生产成本”总账和所属明细账借方的“燃料及动力”成本项目。车间管理消耗的燃料费用、辅助生产消耗的燃料费用、厂部进行生产经营管理消耗的燃料费用、进行产品销售消耗的燃料费用等，应分别计入“制造费用（基本生产车间）”“辅助生产成本”或“制造费用（辅助生产车间）”“管理费用”“销售费用”等账户的借方。已领用的燃料费用总额，应计入“燃料”账户的贷方。

（2）在燃料费用比重较小时或管理上不要求单独设置“燃料”账户核算燃料费用时，应将燃料费用直接计入“直接材料”成本项目，不单独设置“燃料及动力”成本项目，同时“燃料”作为“原材料”账户的二级账户进行核算，其账务处理与单独设置“燃料及动力”成本项目时相同。

2. 燃料费用的分配方法

燃料费用的分配标准可以是产品的重量、体积，可以是所耗原材料的数量或费用，也可以是燃料的定额消耗量或定额费用。

【例3-5】天佑工厂生产甲、乙、丙三种产品，2018年1月三种产品共同耗用E燃料32 000元。根据产量记录，本月三种产品的投产量分别为200件、100件、500件，单件产品的燃料消耗定额分别为20千克、15千克、5千克。对所耗燃料费用按定额消耗量比例分配如表3-5所示。基本生产车间一般耗用F燃料1 000元，厂部耗用F燃料800元。

表3-5 燃料费用分配表

燃料名称：E材料　　2018年1月　　金额单位：元

产品名称	燃料消耗量总定额/千克	分配率/（元/千克）	分配金额
甲产品	200×20=4 000	32 000/8 000=4	16 000
乙产品	100×15=1 500		6 000
丙产品	500×5=2 500		10 000
合　计	8 000	4	32 000

3. 燃料费用分配汇总表及账务处理

对应燃料费用核算的两种核算，【例3-5】的账务处理分别为：

（1）在燃料费用比重较大时，可以与动力费用一起专设“燃料及动力”成本项目，同时应增设“燃料”一级账户，并将燃料费用单独进行分配。

借：基本生产成本——甲产品　　16 000
　　　　　　　　——乙产品　　6 000
　　　　　　　　——丙产品　　10 000
　　制造费用——基本生产车间　　1 000
　　管理费用　　800
　　贷：燃料——E燃料　　32 000
　　　　　　——F燃料　　1 800

（2）在燃料费用比重较小时或管理上不要求单独设置“燃料”账户核算燃料费用时，应将燃料费用直接计入“直接材料”成本项目，不单独设置“燃料及动力”成本项目，同时“燃料”作为“原材料”账户的二级账户进行核算。

借：基本生产成本——甲产品　　16 000
　　　　　　　　——乙产品　　6 000
　　　　　　　　——丙产品　　10 000
　　制造费用——基本生产车间　　1 000
　　管理费用　　800
　　贷：原材料——燃料——E燃料　　32 000
　　　　　　　　　　——F燃料　　1 800

（五）周转材料的核算

周转材料是指企业能够多次使用、逐渐转移其价值但仍保持原有形态、不确认为固定资产的材料，包括包装物和低值易耗品以及企业（建筑承包商）的钢模板、木模板、脚手架等。低值易耗品是指不作为固定资产核算的各种工具、管理用具、玻璃器皿以及在经营过程中周转使用的包装容器等各种用具物品。包装物是指为包装本企业产品、商品，并准备随同产品、商品一起出售的，或者在销售过程中租赁给购货单位使用的各种包装用的物品，如桶、箱、坛、袋、瓶等。

根据存货的经济属性，可以把存货分为两类：一类为劳动对象，如原材料、在产品、委托加工物资、库存商品等，它们是企业生产和劳动价值的载体，也是企业资金运动的载体；而另一类为劳动手段，以低值易耗品为代表，低值易耗品作为劳动工具与固定资产一起为企业生产提供劳动条件，从物质上它本身并不形成产品实体，只是通过摊销方式将自身价值逐渐转移到劳动对象——“产品”中去。周转材料在领用以后，其价值应该摊销计入成本、费用。用于基本生产车间组织和管理生产的周转材料摊销应计入“制造费用”（基本生产车间）；用于厂部组织和管理生产经营活动的周转材料，则应计入“管理费用”。辅助生产的周转材料摊销应计入“辅助生产成本”或“制造费用（辅助生产车间）”、用于产品销售的周转材料摊销应计入“销售费用”账户。

周转材料的摊销方法有三种：一次转销法、分次摊销法和五五摊销法。

1. 一次转销法

采用这种方法，在领用周转材料时，就将其全部价值一次计入当月成本、费用，借记“制造费用”“销售费用”和“管理费用”等账户，贷记“周转材料”“低值易耗品”等账户。在周转材料报废时，应将报废的残料价值，冲减有关的成本、费用，借记“原材料”等账户，贷记“制造费用”或“管理费用”等账户。

在按计划成本计价进行周转材料日常核算的情况下，领用周转材料的会计分录应按其计划成本编制，月末，还应比照材料成本差异的核算，调整领用周转材料的成本差异：借记“制造费用”和“管理费用”等账户，贷记“材料成本差异”账户（调整超支的成本差异用蓝字编制分录以补加差额，调整节约的成本差异用红字编制分录，以冲减差额）。

【例 3－6】2018 年 1 月 7 日，天佑工厂购进一批低值易耗品，价值 30 000 元，增值税税率为 17%，企业按实际成本计价，货款未支付，材料已验收入库，账务处理为：

借：周转材料——低值易耗品	30 000	
应交税费——应交增值税（进项税额）	5 100	
贷：应付账款		35 100

天佑工厂采用一次转销法核算周转材料。2018 年 1 月 18 日，该企业生产车间领用低值易耗品一批，实际成本为 20 000 元，账务处理为：

借：制造费用	20 000	
贷：周转材料——低值易耗品		20 000

3 月 12 日，企业报废一批低值易耗品，该批低值易耗品的残料价值为 2 000 元，验收入原材料仓库。账务处理为：

借：原材料	2 000	
贷：制造费用		2 000

2. 分次摊销法

分次摊销法适用于单位价值较高，使用期限较长的周转材料或者那些单位价值虽然不高，使用期限虽然不长，但一次领用的数量较多的周转材料。采用分次摊销法，各月成本、费用负担的周转材料销额合理，但核算工作量较大。分次摊销法是指根据周转材料可供使用的估计次数，将其价值按比例地分次摊销计入有关成本费用的一种方法。某期摊销额可用下列公式计算：

某期应摊销额 = 低值易耗品账面价值 ÷ 预计使用次数 × 该期实际使用次数

在该法下，应在"周转材料"总账科目下，按周转材料的种类，分"在库""在用"和"摊销"进行明细核算。周转材料领用时，按其全部价值，借记"周转材料——在用周转材料"科目，贷记"周转材料——在库周转材料"科目；根据周转材料可供使用的估计次数，将其价值按比例地分次摊销计入有关成本费用，借记"制造费用""管理费用"等科目，贷记"周转材料——周转材料摊销"科目。

周转材料报废时，按回收残料价值借记"原材料"等科目，贷记"制造费用""管理费用"等科目，同时应注销报废周转材料的价值及其累计摊销额，借记"周转材料——周转材料摊销"科目，贷记"周转材料——在用周转材料"。

【例3－7】天佑工厂采用分次摊销法进行周转材料的核算。2018 年1月1 日，生产部门领用一批低值易耗品，价值50 000 元，预计使用20 次，1 月末，该批低值易耗品已使用了3 次，则账务处理为：

领用时：

借：周转材料——在用　　　　50 000

　　贷：周转材料——在库　　　　50 000

1 月末计算摊销时：

本期应摊销额 = 低值易耗品账面价值 ÷ 预计使用次数 × 该期实际使用次数

= 50 000 ÷ 20 × 3

= 7 500（元）

借：制造费用　　　　7 500

　　贷：周转材料——摊销　　　　7 500

2018 年8 月末，该批低值易耗品使用1 次，预计使用次数完毕，申请报废，残料价值1 000 元，做账务处理为：

最后一次摊销时：

借：制造费用　　　　2 500

　　贷：周转材料——摊销　　　　2 500

借：原材料　　　　1 000

　　贷：制造费用　　　　1 000

结转周转材料摊销额：

借：周转材料——摊销　　　　50 000

　　贷：周转材料——在用　　　　50 000

3. 五五摊销法

五五摊销法是指周转材料在领用时摊销其一半价值，在报废时摊销其另一半价值的摊销方法。五五摊销法通常既适用于价值较低，使用期限较短的低值易耗品，也适用于每期领用数量和报废数量大致相等的物品。在该法下，应在“周转材料”总账科目下，按周转材料的种类，分“在库”“在用”和“摊销”进行明细核算。

周转材料领用时，按其全部价值，借记“周转材料——在用周转材料”科目，贷记“周转材料——在库周转材料”科目；同时摊销其一半价值，借记“制造费用”“管理费用”等科目，贷记“周转材料——周转材料摊销”科目。

周转材料报废时，按回收残料价值借记“原材料”等科目，按周转材料的另一半价值减去残料价值后的差额，借记“制造费用”“管理费用”等科目，贷记“周转材料——周转材料摊销”科目；同时应注销报废周转材料的价值及其累计摊销额，借记“周转材料——周转材料摊销”科目，贷记“周转材料——在用周转材料”。

【例3-8】天佑工厂采用五五摊销法进行周转材料的核算。2018年1月6日，企业领用周转材料一批，分配到管理部门使用，价值60 000元，做会计分录为：

1. 2018年1月6日领用管理用具时

借：周转材料——在用　　60 000

　　贷：周转材料——在库　　60 000

同时：摊销所领用管理用具的一半价值时

借：管理费用　　30 000

　　贷：周转材料——摊销　　30 000

2. 2018年3月3日，该批周转材料报废，收到残料价值500元，做会计分录为：

借：管理费用　　30 000

　　贷：周转材料——摊销　　30 000

借：原材料　　500

　　贷：管理费用　　500

或：借：管理费用　　29 500

　　　　原材料　　500

　　贷：周转材料——摊销　　30 000

同时：结转周转材料摊销额：

借：周转材料——摊销　　60 000

　　贷：周转材料——在用　　60 000

第二节 外购动力费用的核算

动力是指企业用于产品生产、照明或取暖等目的消耗的电力、煤气和蒸汽等，包括外购和自制两种来源。外购动力是从企业外单位（如供电公司、供气公司）购入的电力、蒸汽等动力费用，自制动力是企业辅助生产车间（如供电车间、供气车间）提供的。企业自制动力费用的核算在辅助生产费用的核算中讲述，本节主要讲述外购动力费用的核算。

外购动力费用核算时在成本项目的设置上，有三种处理办法：当动力费用在产品生产中所占比重较大时，为体现重要性原则和便于考核，一般与燃料费用一起单独设置

“燃料和动力”成本项目；动力费用在产品生产中所占比重不大时，从动力费用属于直接费用、燃料是原材料中的一类考虑，可以将其并入“直接材料”成本项目；从动力费用属于间接费用考虑，为简化手续，也可以将其并入“制造费用”成本项目。

一、外购动力费用支出的核算

外购动力费用支出的核算一般分为两种情况：

（1）每月支付动力费用的日期基本固定，而且每月付款日到月末的应付动力费用相差不多，将每月支付的动力费用作为应付动力费用，在付款时直接借记各成本、费用账户，贷记“银行存款”账户。

（2）企业外购动力应按照权责发生制原则计量和确认，也就是说，计入产品成本和有关费用中的外购动力费用，应当是按照当月有关电力、煤气和蒸汽的计量装置确认的实际耗用量乘上相应单价的金额，而不管这些款项是否已经支付。一般情况下要通过“应付账款”账户核算。即在付款时先作为暂付款处理，借记“应付账款”账户，贷记“银行存款”账户，月末按照外购动力的用途分配费用时再借记各成本、费用账户，贷记“应付账款”账户，冲销原来计入“应付账款”账户借方的暂付款。“应付账款”账户借方所记本月所付动力费用与贷方所记本月应付动力费用，往往不相等。如果是借方余额，为本月支付款大于应付款的多付动力费用，可以冲抵下月应付费用；如果是贷方余额，为本月应付款大于支付款的应付未付动力费用，可以在下月支付。

二、外购动力费用分配的核算

直接用于产品生产的动力费用应该单独计入产品成本的“燃料及动力”成本项目。外购动力费用的分配，如果产品分别装有仪表记录，应根据仪表所示耗用动力的数量以及动力的单价计算各种产品应负担的外购动力费用；如果产品没有分别装有仪表记录，可按生产工时比例、机器工时比例、定额耗电量比例分配外购动力费用。

外购动力费用的分配通过编制外购动力费用分配表进行。直接用于产品生产，设有“燃料及动力”成本项目的动力费用，应单独计入“基本生产成本”总账账户和所属有关的产品成本明细账的借方，如果生产工艺用的燃料和动力没有专门设立成本项目，直接用于产品生产的燃料费用和动力费用，可以分别计入“直接材料”成本项目或“制造费用”成本项目，作为材料费用和制造费用进行核算。直接用于辅助生产的动力费用、用于组织和管理生产经营活动的动力费用，则应分别计入“辅助生产成本”“制造费用”和“管理费用”总账账户和所属明细账的借方。外购动力费用总额应根据有关转账凭证或付款凭证计入“应付账款”或“银行存款”账户的贷方。

【例3－9】天佑工厂2018年1月5日通过银行支付上月外购电费24 000元。1月末各车间、部门电表显示耗电度数分别为：基本生产车间35 000度（生产A、B产品），其中车间照明用电5 000度；辅助生产车间9 000度，其中车间照明用电3 000度；企业行政管理部门6 000度。该月应付外购电力费共计25 000元。

（1）按所耗电度数分配电力费用，A、B产品按生产工时分配电费。A产品生产工时为36 000小时，B产品生产工时为24 000小时。

（2）编制该月份支付、分配外购电力费的会计分录。该企业基本生产成本和辅助生产成本设有燃料及动力成本项目。

解：（1）分配电力费用。

电费分配率 = 25 000 ÷（35 000 + 9 000 + 6 000） = 0.5 元/度

基本生产车间产品用电费 = 30 000 × 0.5 = 15 000（元）

基本生产车间照明用电费 = 5 000 × 0.5 = 2 500（元）

辅助生产车间产品用电费 = 6 000 × 0.5 = 3 000（元）

辅助生产车间照明用电费 = 3 000 × 0.5 = 1 500（元）

企业行政管理部门照明用电费 = 6 000 × 0.5 = 3 000（元）

（2）分配 A、B 两种产品动力费（表 3 – 6）。

分配率 = 15 000 ÷（36 000 + 24 000） = 0.25

A 产品应负担的动力费 = 36 000 × 0.25 = 9 000（元）

B 产品应负担的动力费 = 24 000 × 0.25 = 6 000（元）

表 3 – 6　　　　外购动力费用分配表

动力名称：电力　　　　2018 年 1 月　　　　单位：元

产品名称	生产总工时/小时	分配率/（元/小时）	分配金额
A 产品	36 000	15 000/60 000 = 0.25	9 000
B 产品	24 000		6 000
合　计	60 000	0.25	15 000

（3）编制 1 月份支付外购电力费的会计分录。

借：应付账款　　　　24 000

　　贷：银行存款　　　　24 000

（4）编制 1 月份分配电力费会计分录。

借：基本生产成本——A 产品　　　　9 000

　　　　　　　　——B 产品　　　　6 000

　　辅助生产成本　　　　3 000

　　制造费用——基本生产车间　　　　2 500

　　　　　　——辅助生产车间　　　　1 500

　　管理费用　　　　3 000

　　贷：应付账款　　　　25 000

第三节　职工薪酬的核算

一、职工薪酬概述

（一）职工的定义

职工，是指与企业订立劳动合同的所有人员，含全职、兼职和临时职工，也包括虽未与企业订立劳动合同但由企业正式任命的人员。具体而言，《企业会计准则》所称的职工至少应当包括：

（1）与企业订立劳动合同的所有人员，含全职、兼职和临时职工。按照我国《劳动法》和《劳动合同法》的规定，企业作为用人单位应当与劳动者订立劳动合同。本准则中的职工首先应当包括这部分人员，即与企业订立了固定期限、无固定期限或者以完成一定工作作为期限的劳动合同的所有人员。

（2）未与企业订立劳动合同但由企业正式任命的人员，如部分董事会成员、监事会成员等。

企业按照有关规定设立董事、监事，或者董事会、监事会的，如所聘请的独立董事、外部监事等，虽然没有与企业订立劳动合同，但属于由企业正式任命的人员，属于《企业会计准则》所称的职工。

（3）在企业的计划和控制下，虽未与企业订立劳动合同或未由其正式任命，但向企业所提供服务与职工所提供服务类似的人员，也属于职工的范畴，包括通过企业与劳务中介公司签订用工合同而向企业提供服务的人员，这些劳务用工人员属于《企业会计准则第 9 号——职工薪酬》准则所称的职工。

（二）职工薪酬的定义

职工薪酬是指企业为获得职工提供的服务或解除劳动关系而给予的各种形式的报酬或补偿。企业提供给职工配偶、子女、受赡养人、已故员工遗属及其他受益人等的福利，也属于职工薪酬。

根据《企业会计准则第 9 号——职工薪酬》，职工薪酬主要包括短期薪酬、离职后福利、辞退福利和其他长期职工福利。

1. 短期薪酬

短期薪酬，是指企业预期在职工提供相关服务的年度报告期间结束后十二个月内将全部予以支付的职工薪酬，因解除与职工的劳动关系给予的补偿除外。因解除与职工的劳动关系给予的补偿属于辞退福利的范畴。

短期薪酬主要包括：

（1）职工工资、奖金、津贴和补贴，是指企业按照构成工资总额的计时工资、计件工资、支付给职工的超额劳动报酬等的劳动报酬，为了补偿职工特殊或额外的劳动消耗和因其他特殊原因支付给职工的津贴，以及为了保证职工工资水平不受物价影响支付给职工的物价补贴等。其中，企业按照短期奖金计划向职工发放的奖金属于短期薪酬，按照长期奖金计划向职工发放的奖金属于其他长期职工福利。

（2）职工福利费，是指企业向职工提供的生活困难补助、丧葬补助费、抚恤费、职工异地安家费、防暑降温费等职工福利支出。

（3）医疗保险费、工伤保险费和生育保险费等社会保险费，是指企业按照国家规定的基准和比例计算，向社会保险经办机构缴存的医疗保险费、工伤保险费和生育保险费。

（4）住房公积金，是指企业按照国家规定的基准和比例计算，向住房公积金管理机构缴存的住房公积金。

（5）工会经费和职工教育经费，是指企业为了改善职工文化生活、为职工学习先进技术和提高文化水平和业务素质，用于开展工会活动和职工教育及职业技能培训等相关支出。

（6）短期带薪缺勤，是指职工虽然缺勤但企业仍向其支付报酬的安排，包括年休假、病假、婚假、产假、丧假、探亲假等。长期带薪缺勤属于其他长期职工福利。

（7）短期利润分享计划，是指因职工提供服务而与职工达成的基于利润或其他经营成果提供薪酬的协议。长期利润分享计划属于其他长期职工福利。

（8）其他短期薪酬，是指除上述薪酬以外的其他为获得职工提供的服务而给予的短期薪酬。

2. 离职后福利

离职后福利，是指企业为获得职工提供的服务而在职工退休或与企业解除劳动关系后，提供的各种形式的报酬和福利，属于短期薪酬和辞退福利的除外。

离职后福利计划，是指企业与职工就离职后福利达成的协议，或者企业为向职工提供离职后福利制定的规章或办法等。离职后福利计划按照企业承担的风险和义务情况，可以分为设定提存计划和设定受益计划。其中，设定提存计划，是指企业向独立的基金缴存固定费用后，不再承担进一步支付义务的离职后福利计划。设定受益计划，是指除设定提存计划以外的离职后福利计划。

3. 辞退福利

辞退福利，是指企业在职工劳动合同到期之前解除与职工的劳动关系，或者为鼓励职工自愿接受裁减而给予职工的补偿。

辞退福利主要包括：

（1）在职工劳动合同尚未到期前，不论职工本人是否愿意，企业决定解除与职工的劳动关系而给予的补偿。

（2）在职工劳动合同尚未到期前，为鼓励职工自愿接受裁减而给了的补偿，职工有权利选择继续在职或接受补偿离职。

辞退福利通常采取解除劳动关系时一次性支付补偿的方式，也采取在职工不再为企业带来经济利益后，将职工工资支付到辞退后未来某一期间的方式。

企业应当根据辞退福利的定义和包括的内容，区分辞退福利与正常退休的养老金。辞退福利是在职工与企业签订的劳动合同到期前，企业根据法律与职工本人或职工代表（如工会）签订的协议，或者基于商业惯例，承诺当其提前终止对职工的雇佣关系时支付的补偿，引发补偿的事项是辞退，因此，企业应当在辞退职工时进行辞退福利的确认和计量。职工在正常退休时获得的养老金，是其与企业签订的劳动合同到期时，或者职工达到了国家规定的退休年龄时获得的退休后生活补偿金额，引发补偿的事项是职工在职时提供的服务，而不是退休本身，因此，企业应当在职工提供服务的会计期间进行养老金的确认和计量。另外，职工虽然没有与企业解除劳动合同，但未来不再为企业提供服务，不能为企业带来经济利益，企业承诺提供实质上具有辞退福利性质的经济补偿的，如发生“内退”的情况，在其正式退休日期之前应当比照辞退福利处理，在其正式退休日期之后，应当按照离职后福利处理。

4. 其他长期职工福利

其他长期职工福利，是指除短期薪酬、离职后福利、辞退福利之外所有的职工薪酬，包括长期带薪缺勤、长期残疾福利、长期利润分享计划等。

为了如实反映职工薪酬的提取、分配和发放情况，企业应设置“应付职工薪酬”总账科目进行核算，并按应付职工薪酬设置“工资”“职工福利”“社会保险费”“住房公积金”“工会经费”“职工教育经费”“非货币性福利”“辞退福利”“累计带薪缺勤”“利润分享计划”“设定提存计划”“设定收益计划”等明细科目进行明细分类核算。

二、职工薪酬的归集

职工薪酬的归集是根据各种工资结算凭证进行的，不同的工资制度所依据的结算凭证不同。工业企业可根据具体情况采用各种不同的工资制度，其中最基本的工资制度是计时工资制度和计件工资制度。计时工资是根据考勤记录登记的每一职工出勤或缺勤日数，按照规定的工资标准计算的，工资标准按其计算的时间不同，有按月计算的，按日计算的或按小时计算的。计算计时工资费用，应以考勤记录中的工作时间为依据；考勤记录是反映职工出勤的原始记录，其记录形式主要有考勤簿、考勤表、考勤卡等。计件工资包括个人计件工资和集体计件工资的计算。计算计件工资费用，应以产量记录中的产品数量和质量记录为依据，产量记录是登记工人或生产小组在出勤时间内完成产品的数量、质量和生产产品所用工时的原始记录，其记录形式主要有工作通知单、工序进程单和工作班产量记录等。因此，考勤记录和产量记录是计算工资费用的主要原始记录，也是归集和分配工资费用的基础。

三、职工薪酬的计算

1. 工资费用的计算

（1）计时工资的计算。计时工资是按照每个职工的计时工资标准（包括地区生活费补贴）和工作时间支付给职工的劳动报酬。计时工资标准是指根据每一职工从事工作的技术难度、熟练程度、劳动强度确定的单位时间（如月、日或小时）内应得的工资。计时工资的计算公式为：

应付计时工资 = 计时工资标准 × 实际工作时间

职工的计时工资标准按其计算的时间单位不同，有按月计算的月工资，称月薪制；有按日计算或按小时计算的日工资、小时工资，称为日薪制或小时工资制。计时工资的具体计算过程又因采用月薪制或采用日薪制而有所不同。

1）月薪制。月薪制下，虽然职工各自的月工资标准相同，但由于各月的出勤、缺勤情况不同，各月应付给职工的计时工资并不完全相同。采用月薪制计时工资时，计时工资的计算公式为：

应付计时工资 = 月标准工资 - 日标准工资 × 缺勤天数

在月薪制下，不论各月日历天数多少，也不论各月双休日和节假日多少，只要职工全勤，其每月的标准工资相同。职工缺勤有多种情况，根据各企业的管理制度，病假、事假及旷工的扣款率各不相同。根据劳动保险条例及其他有关规定，职工在非工作期间如病假、工伤、公假、产假、探亲假、婚丧假期间，在规定的假期内按一定标准照付工资。这些工资必须按照具体规定进行计算。主要规定如下：

职工在工伤治疗期间，公假、产假、探亲、婚丧假期间，在规定的假期时间内，照标准工资金额发放。职工因病请假或非因公治疗期间，工资支付标准随时间长短不同而有区别。具体规定为：病假或治疗在6个月以内，根据劳动保险条例规定，应按工龄长短和本人的工资标准的一定比例支付，具体规定见下表：

工　龄	支付标准工资的比例
不满2年	60%
满2年不满4年	70%
满4年不满6年	80%
满6年不满8年	90%
满8年及8年以上	100%

注：具体支付标准依国家和地方政府有关规定办理。

病假或非因公治疗在6个月以上（长休病假），按工龄长短和其本人标准工资的一定比例支付。

工　龄	支付标准工资的比例
不满1年	40%
满1年不满3年	50%
满3年及3年以上	60%

注：具体支付标准依国家和地方政府有关规定办理。

因此，月薪制下计时工资的计算公式如下：

应付计时工资 = 月标准工资 -（事假天数 × 日标准工资）-（病假天数 × 日标准工资 × 病假扣款率）

上式中，日工资的计算有两种方法：一种方法是每月固定按30天计算，日工资为每月标准工资除以30天，日标准工资 = 月标准工资/30。这种方法下，双休日和节假日计发工资，但事假、病假等缺勤期间的双休日和节假日也视为缺勤，扣发工资；另一种方法是每月按20.83天（用年日历天数365天，减去104个双休日和11个法定节假日，除以全年12个月），日标准工资 = 月标准工资/20.83。这种方法下，双休日和节假日不付工资，缺勤期间的双休日和节假日不扣工资。

【例3-10】天佑工厂职工小李的月标准工资为1 874.7元。2018年1月份小李事假2天，病假3天。根据小王的工龄，病假工资按80%计算，他病假、事假期间没有双休日和节假日。按照应付计时工资的两种计算方法，分别计算如下：

A. 每月按30天计算

日标准工资 = 1 874.7/30 = 62.49（元/天）

应付计时工资 = 1 874.7 - 2 × 62.49 - 3 × 62.49 × 20% = 1 712.226（元）

B. 每月按20.83天计算

日工资 = 1 874.7/20.83 = 90（元）

$$应付计时工资 = 1\ 874.7 - 2 \times 90 - 3 \times 90 \times 20\% = 1\ 640.7（元）$$

从以上结果可以看出，每种方法计算结果都不一样。企业具体采取哪种计算方法，由企业自行确定，但确定以后，不得随意变动。

2）日薪制。日薪制下，计算应付给职工的计时工资按职工实际出勤天数计算。其计算公式如下：

$$应付计时工资 = 出勤天数 \times 日标准工资 + 病假天数 \times 日标准工资 \times (1 - 病假扣款率)$$

（2）计件工资的计算。计件工资，是根据职工完成的工作量和规定的计件单价计算的工资。计算计件工资的产品产量，包括合格产品和料废品（由于材料选用不合格造成的废品）数量，但不包括工废品（由于工人加工过失造成的废品）数量。计件工资分为个人计件工资和集体计件工资两种。

1）个人计件工资。个人计件工资是以个人为计算单位的计件工资形式，计件单价是指完成单位工作量应得的工资额。适用于个人能单独操作而且能够直接计算个人完成产品的数量的工种。其计算公式如下：

$$应付个人计件工资 = \sum[(合格品数量 + 料废品数量) \times 计件单价]$$

【例3－11】天佑工厂小张2018年1月加工甲产品160件，计件单价4元；加工乙产品200件，计件单价6元。完工验收时，发现其中甲产品料废品10件，工废品5件，乙产品料废品8件，其余都为合格品。应付小张本月的计件工资为：

$$应付计件工资 = (145 + 10) \times 4 + 200 \times 6 = 1\ 820(元)$$

2）集体计件工资。如果是由于集体生产或因为连续操作，不能够按个人计算工作量的，也可按参加工作的集体计算和支付集体计件工资。集体计件工资应在集体成员内部按照个人的劳动数量和劳动质量进行集体计件工资分配。以集体为计算单位的计件工资形式，适用于工艺过程要求集体完成，不能直接计算个人完成产品的数量的工种。计算时，应先计算应付给该集体的计件工资总额，其计算方法与个人计件工资的计算相同；再将应付给该集体的计件工资总额在该集体（如小组）成员中进行分配，计算出应付给每个人的计件工资。

【例3－12】天佑工厂某生产小组由2人组成，2018年1月该小组的计件工资总额为7 560元。小组成员小张的小时工资率为15，本月实际工作180小时，小王的小时工资率为18，本月实际工作200小时。

$$应付小张本月的计件工资 = \frac{7\ 560}{15 \times 180 + 18 \times 200} \times (15 \times 180) = 3\ 240(元)$$

$$应付小王本月的计件工资 = \frac{7\ 560}{15 \times 180 + 18 \times 200} \times (18 \times 200) = 4\ 320(元)$$

（3）工资费用的汇总。企业先应计算出每个职工的当月应付工资，再根据有关部门转来的各项扣款通知单，减去各种代扣款项后的余额，就是每个职工当月的实发工资。可用公式表示如下：

$$月应付工资 = 应付计时工资(或计件工资) + 应付奖金 + 应付津贴和补贴 + 加班加点工资 + 特殊情况下的工资$$

$$月实发工资 = 月应付工资 - 各种代扣款项$$

为了如实反映企业工资总额的构成，便于进行工资费用的核算，会计部门应根据计算出的职工工资，按照车间部门分别编制工资结算单和工资汇总表，工资结算单中填列应付每一职工的各种工资、代扣款项、应发金额、实发金额等，以作为与职工进行工资结算的依据。同时，应根据工资结算单中的应付工资按人员类别（工资用途）编制“工资结算汇总表”，汇集工资费用。“工资结算汇总表”是进行工资分配的主要依据。

【例3－13】天佑工厂基本生产车间生产工人本月工资结算单如表3－7所示。

表3－7　　　　工资结算单

部门：基本生产车间（生产工人）　　2018年1月　　单位：元

编号	姓名	标准工资	奖金	津贴	应发工资	水电费	公积金	药费	扣款合计	实发工资
1	袁绍	3 550	100	50	3 700	130	50	50	230	3 470
2	李刚	3 250	100	40	3 390	90	40		130	3 260

根据各车间、部门的“工资结算单”编制的本月“工资结算汇总表”如表3－8所示。

表3－8　　　　工资结算汇总表

2018年1月　　单位：元

车间或部门（人员类别）	应付工资					合计
	计时工资	计件工资	奖金	津贴和补贴	加班加点工资	
基本生产车间	10 000	80 000	5 000	4 000	1 000	100 000
产品生产工人		80 000	5 000	4 000	1 000	90 000
车间管理人员	10 000					10 000
辅助生产车间	30 000		3 000	1 000		34 000
生产工人	20 000		1 000	1 000		22 000
车间管理人员	10 000		2 000			12 000
企业管理部门	10 000					10 000
专设销售机构	5 000					5 000
固定资产建造人员	15 000					15 000
合　计	70 000	80 000	8 000	5 000	1 000	164 000

2. 职工福利费的计算

新会计准则规定福利费通常据实列支，但企业也可以先提后用。职工福利费是通过编制“职工福利费计提表”来计算的。

【例3－14】天佑工厂确定的职工福利费提取比例为工资总额的10%。2018年1月根据“工资结算汇总表”（表3－8）的工资总额计算编制的“职工福利费计提表”如表3－9所示。

表 3－9　　职工福利费计提表

2018 年 1 月　　单位：元

车间或部门（人员类别）	工资总额	计提比例	应计职工福利费
基本生产车间	100 000	10%	10 000
产品生产工人	90 000		9 000
车间管理人员	10 000		1 000
辅助生产车间	34 000		3 400
生产工人	22 000		2 200
车间管理人员	12 000		1 200
企业管理部门	10 000		1 000
专设销售机构	5 000		500
固定资产建造人员	15 000		1 500
合　计	164 000	10%	16 400

3. 社会保险费的计算

社会保险费包括医疗保险费、养老保险费、失业保险费、工伤保险费和生育保险费等。对社会保险费，国家和地区规定了计提基础和计提比例的，企业应按规定标准计提。具体计算同职工福利费。

【例 3－15】天佑工厂确定的社会保险费提取比例见表 3－10。2018 年 1 月根据“工资结算汇总表”（表 3－8）的工资总额计算编制的“社会保险费计提表”如表 3－10 所示。

表 3－10　　社会保险费计提表

2018 年 1 月　　单位：元

车间或部门（人员类别）	工资总额	医疗保险费（10%）	养老保险费（20%）	失业保险费（1.5%）	工伤保险费（0.5%）	生育保险费（1.0%）	社会保险合计
基本生产车间	100 000	10 000	20 000	1 500	500	1 000	33 000
产品生产工人	90 000	9 000	18 000	1 350	450	900	29 700
车间管理人员	10 000	1 000	2 000	150	50	100	3 300
辅助生产车间	34 000	3 400	6 800	510	170	340	11 220
生产工人	22 000	2 200	4 400	330	110	220	7 260
车间管理人员	12 000	1 200	2 400	180	60	120	3 960
企业管理部门	10 000	1 000	2 000	150	50	100	3 300
专设销售机构	5 000	500	1 000	75	25	50	1 650
固定资产建造人员	15 000	1 500	3 000	225	75	150	4 950
合　计	164 000	16 400	32 800	2 460	820	1 640	54 120

4. 住房公积金、工会经费和职工教育经费的计算

对住房公积金、工会经费和职工教育经费，国家和地区规定了计提基础和计提比例

的，企业应按规定标准计提。具体计算同职工福利费。

【例3－16】天佑工厂确定的住房公积金、工会经费、职工教育经费提取比例见表3－11。2018年1月根据“工资结算汇总表”（表3－8）的工资总额计算编制的“住房公积金、工会经费和职工教育经费计提表”如表3－11所示。

表3－11 住房公积金、工会经费和职工教育经费计提表

2018年1月 单位：元

车间或部门（人员类别）	工资总额	住房公积金（10%）	工会经费（2%）	职工教育经费（1.5%）	合计
基本生产车间	100 000	10 000	2 000	1 500	13 500
产品生产工人	90 000	9 000	1 800	1 350	12 150
车间管理人员	10 000	1 000	200	150	1 350
辅助生产车间	34 000	3 400	680	510	4 590
生产工人	22 000	2 200	440	330	2 970
车间管理人员	12 000	1 200	240	180	1 620
企业管理部门	10 000	1 000	200	150	1 350
专设销售机构	5 000	500	100	75	675
固定资产建造人员	15 000	1 500	300	225	2 025
合　计	164 000	16 400	3 280	2 460	22 140

四、职工薪酬的分配

职工薪酬的分配按其用途进行列支。直接进行产品生产的生产工人工资，专门设有“直接人工”成本项目。其中计件工资属于直接计入费用，应根据工资结算单直接计入某种产品成本的这一成本项目；计时工资属于间接计入费用，应按产品的生产工时比例，分配计入各有关产品成本的这一成本项目；奖金、津贴补贴以及特殊情况下支付的工资等，应按直接计入的工资比例或生产工时比例，分配计入各有关产品成本的这一成本项目。

对于生产工人工资费用的分配，应当按产品的生产工时比例分配，这样做的好处是能够将产品所分配的工资费用与劳动生产率联系起来。如果取得各种产品的实际生产工时数据比较困难，而各种产品的单件工时定额比较准确，也可以按产品的定额工时（产品数量与工时定额的乘积）比例分配工资费用。

工资费用分配率＝生产工人工资总额÷各种产品生产工时（实际或定额）之和×100%

某种产品应负担的工资费用＝工资费用分配率×该产品生产工时（实际或定额）

【例3－17】天佑工厂2018年1月基本生产车间生产工人工资共计20 000元，生产甲、乙两种产品。甲产品的单位工时定额为5小时，乙产品的单位工时定额为4小时。本月甲产品产量200件，乙产品产量1 000件。则该车间生产工人工资费用分配如下：

（1）甲产品定额工时＝200×5＝1 000（小时）

乙产品定额工时＝1 000×4＝4 000（小时）

（2）工资费用分配率 $=\dfrac{20\ 000}{1\ 000+4\ 000}=4$

（3）甲产品应分配的工资费用 $=4\times1\ 000=4\ 000$（元）

乙产品应分配的工资费用 $=4\times4\ 000=16\ 000$（元）

具体说来，职工薪酬应按用途分配计入。产品生产人员计入“基本生产成本”总账账户和所属明细账的借方，计入“直接人工”成本项目；进行辅助生产人员计入“辅助生产成本”，基本生产车间管理人员计入“制造费用”、行政管理部门计入“管理费用”、专设的销售部门计入“销售费用”、用于固定资产购建等工程计入“在建工程”。

工资费用的分配，应通过工资费用分配表进行，该表应根据工资结算单等有关资料编制。

【例 3－18】天佑工厂有一个基本生产车间，生产甲、乙、丙三种产品，2018 年 1 月生产工人工资总额为 90 000 元，车间管理人员工资总额 10 000 元，辅助生产车间工人工资总额 22 000 元，辅助生产车间管理人员工资总额 12 000 元，行政管理人员工资总额 10 000元，销售机构人员工资总额 5 000 元，固定资产建造人员工资总额 15 000 元。根据工时记录，本月三种产品的实际生产总工时分别为 20 000 小时、30 000 小时和 40 000 小时，对工资费用按生产工时比例分配法分配。辅助生产车间制造费用通过“制造费用”账户核算。天佑工厂根据“工资结算汇总表”“职工福利费计提表”“社会保险费计提表”“住房公积金、工会经费和职工教育经费计提表”编制的“职工薪酬费用汇总表”如表 3－12 所示。

表 3－12　　职工薪酬费用汇总表

2018 年 1 月　　金额单位：元

车间或部门（人员类别）	工资	职工福利费	社会保险费	住房公积金 工会经费 职工教育经费	合计
基本生产车间	100 000	10 000	33 000	13 500	156 500
产品生产工人	90 000	9 000	29 700	12 150	140 850
甲产品					31 300
乙产品					46 950
丙产品					62 600
车间管理人员	10 000	1 000	3 300	1 350	15 650
辅助生产车间	34 000	3 400	11 220	4 590	53 210
生产工人	22 000	2 200	7 260	2 970	34 430
车间管理人员	12 000	1 200	3 960	1 620	18 780
企业管理部门	10 000	1 000	3 300	1 350	15 650
专设销售机构	5 000	500	1 650	675	7 825
固定资产建造人员	15 000	1 500	4 950	2 025	23 475
合　计	164 000	16 400	54 120	22 140	256 660

其中：基本生产车间生产甲、乙、丙三种产品，根据工时记录，本月三种产品的实际生产总工时分别为20 000小时、30 000小时和40 000小时，对基本生产车间工人工资按生产工时比例分配法分配（表3－13）：

表3－13　　直接人工费用分配表

2018年1月　　单位：元

产品名称	实际生产总工时/小时	分配率/（元/小时）	分配金额
甲产品	20 000		31 300
乙产品	30 000	140 850/90 000＝1.565	46 950
丙产品	40 000		62 600
合　计	90 000	1.565	140 850

根据【例3－12】工资费用分配表，进行如下会计处理：

借：基本生产成本——甲产品　　31 300
　　　　　　　　——乙产品　　46 950
　　　　　　　　——丙产品　　62 600
　　辅助生产成本　　34 430
　　制造费用——基本生产车间　　15 650
　　　　　　——辅助生产车间　　18 780
　　管理费用　　15 650
　　销售费用　　7 825
　　在建工程　　23 475
　　贷：应付职工薪酬——工资　　164 000
　　　　　　　　　　——职工福利　　16 400
　　　　　　　　　　——社会保险费　　54 120
　　　　　　　　　　——住房公积金　　16 400
　　　　　　　　　　——工会经费　　3 280
　　　　　　　　　　——职工教育经费　　2 460

第四节　其他费用的核算

一、折旧费用的核算

折旧是指资产价值的下降。折旧费是定期地计入到成本费用中的固定资产的转移价值。固定资产经过使用后，其价值会因为固定资产磨损而逐步减少；因此，应将固定资产价值在其折旧年限内按规定逐步计入产品成本和费用，构成产品成本和期间费用的一部分，并从实现的收益中得到补偿。这部分转移到产品成本或期间费用的固定资产的价值，就是固定资产的折旧。

（一）折旧计算方法

计算折旧的方法是多种多样的，采用不同方法，可能出现计算的某一会计期间的折旧费是不相等的，从而影响到该会计期间的产品成本，同时还会影响到固定资产的账面净值，因此必须根据具体情况慎重地选择应用折旧方法。在同一个企业里，由于固定资产用途不同、性能不同，可以选用不同的折旧方法。

我国目前采用的折旧计算方法，主要有年限平均法、工作量法、双倍余额递减法与年数总和法。

1. 年限平均法

年限平均法又称直线法，是指将固定资产的应计折旧额均衡地分摊到固定资产预计使用寿命内的一种方法，采用这种方法计算的每期折旧额均相等。

年折旧额 =（原价 - 预计净残值）÷预计使用年限

= 原价 ×（1 - 预计净残值/原价）÷预计使用年限 = 原价 × 年折旧率

月折旧额 = 年折旧额/12

一般经常使用且使用程度比较均衡的固定资产适用年限平均法。

2. 工作量法

工作量法是按工作量计算折旧费的一种方法。工作量法下每年的折旧额会随资产的工作量而不断变化。一般适用于资产在不同年度工作量差别较大的，采用工作量法计提折旧，如汽车等应按照工作量法计提折旧。

单位工作量折旧额 = 固定资产原价 ×（1 - 残值率）/预计总工作量

月折旧额 = 该项固定资产当月实际工作量 × 单位工作量折旧额

特点：不是每一个会计期间的折旧额都是相等的。

3. 双倍余额递减法

双倍余额递减法是用直线法折旧率的两倍作为固定资产的折旧率乘以逐年递减的固定资产期初净值，得出各年应提折旧额的方法。

年折旧额 = 固定资产账面净值（不考虑净残值）×2/预计使用年限

注意：最后两年将固定资产账面净值扣除预计净残值后的余额按照直线法计提折旧。

4. 年数总和法

年数总和法又称折旧年限积数法或级数递减法，是固定资产加速折旧法的一种。它是将固定资产的原值减去残值后的净额乘以一个逐年递减的分数计算确定固定资产折旧额的一种方法。逐年递减分数的分子代表固定资产尚可使用的年数；分母代表使用年数的逐年数字之总和，假定使用年限为 n 年，分母即为 $1+2+3+\cdots+n=n(n+1)\div 2$，相关计算公式如下：

年折旧额 =（原价 - 预计净残值）× 年折旧率

年折旧率 = 尚可使用年限/预计使用寿命的年数总和 × 100%

应注意的是：固定资产每月折旧额按月初固定资产的原值和规定的折旧率计算。即月份内开始使用的固定资产，当月不计算折旧，从下月起计算折旧；月份内减少或停用的固定资产，当月仍计算折旧，从下月起停止计算折旧。

折旧的计提范围，未使用和不需要的固定资产以及以经营租赁方式租入的固定资产

（不是自有固定资产）不计算折旧；房屋和建筑物由于有自然损耗，不论使用与否都应计算折旧，已经计足折旧超龄使用的固定资产不再计算折旧；提前报废的固定资产，不补计折旧，其未计足折旧的净损失应计入营业外支出。

（二）折旧费用的归集和分配

折旧费用的计算过程就是折旧费用的归集过程。企业无论采用哪种方法计算折旧，都要按固定资产的使用部门归集当月的折旧费用。折旧费用的分配一般通过编制折旧费用分配表进行。折旧费用一般应按固定资产使用的车间、部门分别计入“制造费用”和“管理费用”等总账账户和所属明细账的借方（在明细账中计入“折旧费”费用项目）。折旧总额应计入“累计折旧”账户的贷方。

【例3－19】天佑工厂采用分类折旧率计提固定资产折旧，辅助生产车间折旧费用通过“制造费用”账户核算。2018 年 1 月“固定资产折旧费用计算表”如表 3－14 所示。

表 3－14　　固定资产折旧费用分配表

2018 年 1 月　　单位：元

车间、部门	固定资产类别	月初应提折旧固定资产原值	月分类折旧率（‰）	月应提折旧额
基本生产车间	房屋	1 000 000	3.0	3 000
	设备	1 000 000	8.3	8 300
		2 000 000		11 300
机修车间	房屋	500 000	3.0	1 500
	设备	300 000	8.3	2 490
		800 000		3 990
企业管理部门	房屋	2 000 000	3.0	6 000
	设备	600 000	16.6	9 960
		2 600 000		15 960
专设销售机构	房屋	600 000	3.0	1 800
	设备	100 000	16.6	1 660
		700 000		3 460
合　计				34 710

据此编制固定资产折旧的会计分录如下：

借：制造费用——基本生产车间　　11 300
　　　　　　——机修车间　　3 990
　　管理费用　　15 960
　　销售费用　　3 460
　贷：累计折旧　　34 710

二、利息费用核算

利息费用不构成产品成本，包括财务费用中的利息费用，计入固定资产成本的资本化利息。短期借款的利息一般是按月预提、按季支付；或发生支付时直接计入当期财务费用，季内各月应付的利息，应分月进行预提，借“财务费用”等账户，同时贷记“应付利息”账户。长期借款利息费用一般是每年计算一次应付利息，到期一次还本付息。长期借款利息符合资本化条件的计入资本化支出，不符合资本化条件的计入当期损益。利息费用的具体核算在《财务会计》相关章节中已有详述，在此不再赘述。

三、税金的核算

要素耗费中的税金是管理费用的组成部分，包括房产税、车船使用税、土地使用税和印花税等。印花税，可用银行存款等货币资金直接缴纳。缴纳时：借记“管理费用”，贷记“银行存款”。房产税、车船使用税和土地使用税，需要预先计算应交金额，然后缴纳，应通过“应交税费”账户核算。计算应交税金时，借记“管理费用”，贷记“应交税金”，缴纳时借记“应交税费”，贷记“银行存款”。

四、固定资产修理费的核算

《企业会计准则——固定资产》实施后，我国关于固定资产修理费用会计处理的规定发生了两方面的变化：一是作为后续支出、不符合固定资产确认条件的修理费用发生时，一次性计入当期费用，不再采用预提或待摊的方式核算；二是由于修理费用计入发生当期的管理费用或销售费用，企业生产的产品或提供的劳务成本中不再包含固定资产修理费用这一内容。

五、其他费用支出的核算

其他费用是指除了前面所述各要素以外的费用，包括邮电费、租赁费、印刷费、图书资料，报刊，办公用品订购费、试验检验费、排污费、差旅费、误餐补助费、交通费补贴、保险费、职工技术培训费等。这些费用应按照发生的车间、部门和用途，借记“制造费用”“管理费用”“销售费用”等账户，贷记“银行存款”或“现金”等账户。

【例 3－20】天佑工厂辅助生产车间制造费用通过“制造费用”账户核算，2018 年 1 月其他费用均以银行存款支付（表 3－15）。

表 3－15　　其他费用分配表

2018 年 1 月　　单位：元

车间、部门	邮电费	差旅费	印刷费	合计
基本生产车间	1 000	3 000	2 000	6 000
机修车间	500	2 000	1 000	3 500
企业管理部门	3 000	10 000	10 000	23 000

续表

车间、部门	邮电费	差旅费	印刷费	合计
专设销售机构	5 000	30 000	20 000	55 000
合 计	9 500	45 000	33 000	87 500

借：制造费用——基本生产车间　　6 000
　　　　　　——机修车间　　3 500
　　管理费用　　23 000
　　销售费用　　55 000
　　贷：银行存款　　87 500

要点总结

本章主要阐述了产品成本各构成要素的核算，主要是对几种产品（或成本核算对象）共同发生费用的分配核算。具体包括原材料费用、燃料费用、外购动力费用、职工薪酬费用等的核算。在归集和分配费用的过程中，要把握两个基本原则：谁受益谁负担；直接费用直接计入，间接费用分配计入。在本章的学习中，应进一步掌握费用要素的内容，特别是在新准则的内涵下，要掌握费用的分配原则和具体应用。

复习思考题

1. 要素费用的分配一般应遵循什么原则？
2. 间接费用的分配标准可分为哪几类？
3. 材料费用主要包括哪些内容？
4. 简述外购动力费用支出的特点。
5. 职工薪酬包括哪些内容？
6. 如何计算计时工资？

第四章 辅助生产费用的核算

学习目标

通过本章学习，使学生理解辅助生产费用的概念和特点，了解辅助生产费用的项目，掌握辅助生产费用归集的账务处理，掌握直接分配法、交互分配法、计划成本分配法、代数分配法。

第一节 辅助生产费用核算概述

一、辅助生产及辅助生产费用的概念

工业企业的辅助生产，是指主要为基本生产车间、企业行政管理部门等单位提供服务而进行的产品生产和劳务供应。辅助生产车间为生产产品或提供劳务而发生的原材料费用、动力费用、职工薪酬以及辅助生产车间的制造费用，被称为辅助生产费用。为生产和提供一定种类和一定数量的产品或劳务所耗费的辅助生产费用之和，构成该种产品或劳务的辅助生产成本。

二、辅助生产的种类

辅助生产主要有两类：

（1）只生产一种产品或只提供一种劳务，如供水、供电、供气、运输等。

（2）生产多种产品或提供多种劳务，如从事工具、模型、修理用备件的制造、机器设备修理等。

三、辅助生产的特点

辅助生产的特点主要有：

（1）辅助生产主要对企业内部提供产品或劳务，一般很少对外提供服务。

（2）辅助生产车间以生产的产品或劳务为对象归集费用。

（3）辅助生产车间本期发生的费用应由受益的车间和部门根据接受劳务或产品的数量多少负担，即“谁受益谁承担”。

（4）辅助生产为基本生产提供服务的部分，是基本生产产品成本的构成部分之一，因此辅助生产产品和劳务成本的高低和分配合理与否对企业产品成本水平影响很大。

（5）辅助生产除了向基本生产车间提供服务之外，还经常为管理部门等单位提供劳

务或产品，此外辅助生产车间之间也相互提供产品或劳务。

四、辅助生产费用的内容

（1）直接材料。指辅助生产车间为提供产品或劳务过程中实际消耗的原材料、辅助材料、备品配件、外购半成品、燃料、动力、包装材料等。

（2）直接人工。指辅助生产车间直接从事产品生产人员的职工薪酬，包括工资、奖金、津贴、职工福利费、社会保险费等。

（3）制造费用。指辅助生产车间为组织和管理生产所发生的费用和其他生产费用，如车间管理人员的工资及提取的福利费、车间房屋建筑物和机器设备的折旧费、租赁费、机物料消耗、水电费、办公费等。

第二节　辅助生产费用的归集

辅助生产费用的归集是辅助生产费用按照辅助生产车间以及产品和劳务类别归集的过程，也是辅助生产产品和劳务成本计算的过程；辅助生产费用的归集是为辅助生产费用的分配作准备，因为只有先归集起来，才能够进行分配。

一、辅助生产费用归集的账户设置

1. 生产成本明细账的设置

为了归集生产费用，核算产品成本，应设置一定的总账账户及必要的明细账户。总账账户可以通过在“生产成本”账户下设置“辅助生产成本”二级账户，用以核算企业辅助生产所发生的各项生产费用，在二级账户下再按一定要求设置明细账户，也可以将“辅助生产成本”作为总分类账户。本书将“辅助生产成本”作为总分类账户。

辅助生产费用的归集和分配，是通过“辅助生产成本”账户进行的。该账户一般应按辅助生产车间、车间下再按产品或劳务种类设置明细账，账中按照成本项目或费用项目设立专栏进行明细核算。对于辅助生产发生的直接材料，直接人工费，应分别根据“材料费用分配表”“工资及福利费用分配汇总表”和有关凭证，计入“辅助生产成本”账户及其明细账的借方进行归集。

2. 制造费用明细账的设置

辅助生产车间制造费用有两种归集方法。其一，在一般情况下，辅助生产车间的制造费用应先通过“制造费用——辅助生产车间”账户进行单独归集，然后将其转入相应的“辅助生产成本”明细账，从而计入辅助生产产品或劳务的成本；其二，在辅助生产车间规模很小、制造费用很少，而且辅助生产不对外提供商品，因而不需要按照规定的成本项目计算产品成本的情况下，为了简化核算工作，辅助生产的制造费用可以不通过“制造费用——辅助生产车间”明细账单独归集，而是直接计入“辅助生产成本”明细账。

二、辅助生产费用归集的账务处理

1. 设置“制造费用——辅助生产车间”账户的账务处理

可比照基本生产车间一样处理。对于辅助生产车间为组织和管理生产所发生的费用，如车间管理人员的工资及提取的福利费、车间房屋建筑物和机器设备的折旧费、租赁费、机物料消耗、水电费、办公费等，先计入“制造费用——辅助生产车间”账户归集，月末再从该账户的贷方直接转入或分配转入“辅助生产成本”账户和所属明细账的借方。“制造费用——辅助生产车间”账户应无余额（图4－1）。

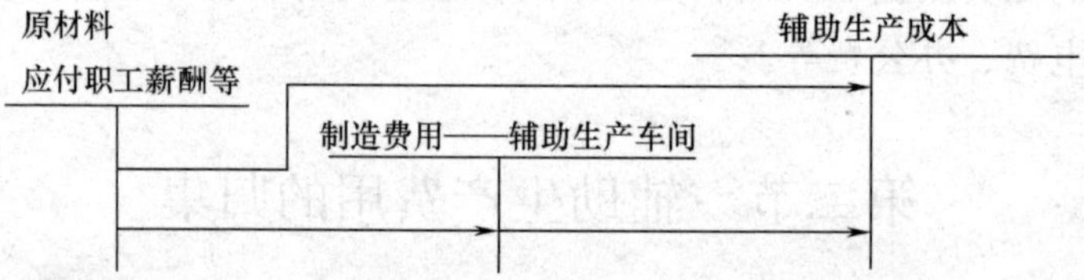

图4－1 设置“制造费用”情况下辅助生产费用归集的账务处理程序图

2. 不设置“制造费用——辅助生产车间”账户的账务处理

“辅助生产成本”总账和明细账内按若干费用项目设置专栏。对于发生的各种辅助生产费用，可直接计入或间接分配计入“辅助生产成本”总账以及所属明细账的相应费用项目。当辅助车间发生的各种费用时，会计处理为：借记“辅助生产成本——××车间”，贷记“原材料”“应付职工薪酬”“累计折旧”等（图4－2）。

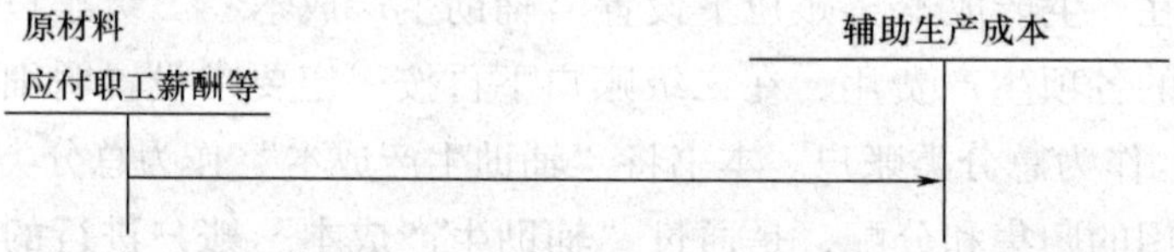

图4－2 不设置“制造费用”情况下辅助生产费用归集的账务处理程序图

第三节 辅助生产费用的分配

一、辅助生产费用的分配概述

辅助生产费用的分配就是将归集的各辅助生产成本在其收益对象之间采用适当的分配方法进行分配，即辅助生产费用的分配就是指按照一定的标准和方法，将辅助生产费用分配到各受益单位或产品成本中去的过程。辅助生产费用分配的及时性和准确性，影响到基本生产产品成本、管理费用以及经营成果核算的及时性和准确性。辅助生产费用分配的核算，是辅助生产费用核算的关键。由于辅助生产车间除了向基本生产车间、管理部门等单位提供劳务或产品外，辅助生产车间之间也相互提供产品或劳务。因此，为了正确计算基本生产产品成本和期间费用，在分配辅助生产费用时，就应在各辅助生产车间进行辅助生产费用的交互分配。

对于归集在“辅助生产成本”总账及其明细账借方的辅助生产费用，由于所生产的产品和提供的劳务不同，其所发生的费用分配转出的程序方法也不一样。

由于辅助生产车间既可能生产产品又可能提供劳务，对于所生产的产品，如工具、模具、修理用备件等，应在产品完工时，从“辅助生产成本”账户的贷方分别转入“低值易耗品”“原材料”等账户的借方；领用时，按其用途和使用部门，一次或分期摊入成本。月末，辅助生产成本明细账一般有余额。对于所提供的劳务作业，如供水、供电、修理和运输等，其发生的辅助生产费用通常于月末在各受益单位之间按照一定的标准和方法进行分配后，从“辅助生产成本”账户的贷方，转入“基本生产成本”“制造费用”“管理费用”“销售费用”“在建工程”等有账户的借方。月末，辅助生产成本明细账应无余额。

在结算辅助生产成本明细账之前，还应将各辅助车间的制造费用分配转入各辅助生产成本账，归集辅助生产成本。

二、辅助生产费用分配的核算

辅助生产车间提供的产品和劳务，主要是为基本生产车间和管理部门使用和服务的，但在某些辅助生产车间之间，也有相互提供产品和劳务的情况。例如，机修车间为供电车间提供修理服务，供电车间也为机修车间提供电力，这样一来，为了计算修理成本，就要确定供电成本；为了计算供电成本，又要确定修理成本。这里就存在一个辅助生产费用在各辅助车间交互分配的问题。

通常采用的辅助生产费用的分配方法有：直接分配法、交互分配法、计划成本分配法和代数分配法。

1. 直接分配法

直接分配法是将待分配的辅助生产费用直接分配给辅助生产车间以外的各受益产品、部门，而不考虑各辅助生产车间相互提供产品或劳务的一种分配方法。这种方法简便易行，但正确程度不高，辅助生产车间相互提供产品或劳务量差异较大时，分配结果往往与实际不符，因此，这种分配方法只适宜在辅助生产车间内部相互提供产品或劳务不多、不进行费用的交互分配、对辅助生产成本和产品制造成本影响不大的情况下采用。

在计算某辅助生产车间费用分配率（产品或劳务的单位成本）时，应减去提供给其他辅助生产车间的产品或劳务量。其计算公式如下：

$$费用分配率=\frac{某辅助生产车间待分配费用总额}{该车间提供给辅助生产车间以外的受益对象的劳务总量}$$

$$某受益对象应负担的费用=该受益对象耗用的劳务总量\times 费用分配率$$

【例4－1】天佑工厂设置供电、供水两个辅助生产车间，2018 年 1 月发生的费用分别为 9 000 元和 7 200 元，劳务供应情况如表 4－1 所示。

表 4－1　　　　**劳务供应情况**

2018 年 1 月

受益单位	供电/度	供水/吨
供电车间		1 000
供水车间	2 000	
基本生产产品用	13 000	
基本车间一般用	2 200	7 000
行政管理部门	800	1 000
合计	18 000	9 000

要求：根据有关资料，按直接分配法进行辅助生产费用的分配，并作出相应的会计分录。

采取直接分配法进行分配的有关计算过程如下：

（1）计算费用分配率。

电费分配率＝9 000/（18 000－2 000）＝0.562 5（元/度）

水费分配率＝7 200/（9 000－1 000）＝0.9（元/吨）

（2）对辅助车间以外的受益对象分配辅助生产费用。

基本生产车间管理应负担的水费＝7 000×0.9＝6 300（元）

行政管理部门应负担的水费＝1 000×0.9＝900（元）

基本生产车间产品生产应负担的电费＝13 000×0.562 5＝7 312.5（元）

基本生产车间管理应负担的电费＝2 200×0.562 5＝1 237.5（元）

行政管理部门应负担的电费＝800×0.562 5＝450（元）

（3）编制辅助生产费用分配表（表 4－2）。

表 4－2　　　　**辅助生产费用分配表（直接分配法）**

2018 年 1 月

辅助生产车间名称		供电车间	供水车间	金额合计
待分配费用/元		9 000	7 200	16 200
提供的劳务总量		18 000	9 000	
对外供应劳务数量		16 000＝（18 000－2 000）	8 000＝（9 000－1 000）	
单位成本（分配率）		0.562 5×（9 000/16 000）	0.9×（7 200/8 000）	
基本生产产品	耗用数量	13 000		
	分配金额	7 312.5		7 321.5
基本生产车间	耗用数量	2 200	7 000	
	分配金额	1 237.5	6 300	7 537.5
行政管理部门	耗用数量	800	1 000	
	分配金额	450	900	1 350
金额合计/元		9 000	7 200	16 200

（4）根据辅助生产费用分配表，编制分配结转辅助生产费用的会计分录。

借：基本生产成本　　7 312.5
　　制造费用——基本生产车间　　7 537.5
　　管理费用　　1 350
　　贷：辅助生产成本——供水车间　　7 200
　　　　　　　　　　——供电车间　　9 000

2. 交互分配法

交互分配法的特点是在分配费用时，首先将费用在辅助生产车间之间进行分配，然后重新确认辅助生产车间待分配费用，之后再将费用按直接分配法在各收益单位之间进行分配。这种方法的关键环节在交互分配后重新确认辅助生产车间的费用。

采用这种方法，辅助生产费用需进行两次分配：交互分配和对外分配。

第一步，交互分配，即只在各辅助生产车间之间交互分配费用，其他受益对象暂不分配费用。其计算公式如下：

$$交互分配费用分配率=\frac{某辅助生产车间待分配费用总额}{该车间提供的劳务总量}$$

$$\begin{matrix}某辅助生产车间应负担\\的其他辅助生产费用\end{matrix}=该辅助生产车间接受的劳务量\times 交互分配费用分配率$$

$$\begin{matrix}某辅助生产车间交互\\分配后的对外分配费用\end{matrix}=交互分配前的费用+交互分配转入的费用-交互分配转出的费用$$

第二步，对外分配，即对辅助生产车间以外的受益单位分配。这时应先计算出各辅助生产车间交互分配后的待分配费用（即辅助生产车间的实际费用），再将此费用分配给辅助生产车间以外的各受益对象。其计算公式如下：

$$对外分配费用分配率=\frac{某辅助生产车间交互分配后的对外分配费用}{该车间提供给辅助生产车间以外的受益对象的劳务总量}$$

某受益对象应负担的费用＝该受益对象耗用的劳务总量×对外分配费用分配率

【例4－2】据【例4－1】的资料，采用交互分配率分配辅助生产费用，有关计算过程如下：

（1）计算交互分配费用分配率。

水费交互分配费用分配率＝7 200/9 000＝0.8（元/吨）

电费交互分配费用分配率＝9 000/18 000＝0.5（元/度）

（2）辅助生产车间之间交互分配费用。

供水车间应负担的电费＝2 000×0.5＝1 000（元）

供电车间应负担的水费＝1 000×0.8＝800（元）

（3）计算交互分配后的实际费用。

供水车间的实际费用＝7 200＋1 000－800＝7 400（元）

供电车间的实际费用＝9 000＋800－1 000＝8 800（元）

（4）计算对外分配费用分配率。

供水车间对外分配费用分配率＝7 400/（9 000－1 000）＝0.925（元/吨）

供电车间对外分配费用分配率＝8 800/（18 000－2 000）＝0.55（元/度）

（5）对辅助车间以外的受益对象分配辅助生产费用。

基本生产车间管理应负担的水费 = 7 000 × 0.925 = 6 475（元）

行政管理部门应负担的水费 = 1 000 × 0.925 = 925（元）

基本生产车间产品生产应负担的电费 = 13 000 × 0.55 = 7 150（元）

基本生产车间管理应负担的电费 = 2 200 × 0.55 = 1 210（元）

行政管理部门应负担的电费 = 800 × 0.55 = 440（元）

（6）编制辅助生产费用分配（表 4 - 3）。

表 4 - 3　　辅助生产费用分配表（交互分配法）

2018 年 1 月　　单位：元

项　目			供水车间	供电车间	金额合计
待分配费用			7 200	9 000	16 200
劳务供应总量			9 000（吨）	18 000（度）	
交互分配费用分配率			0.8（元/吨）	0.5（元/度）	
交互分配费用	供水车间	耗用数量		2 000（度）	
		负担金额		1 000	
	供电车间	耗用数量	1 000（吨）		
		负担金额	800		
交互分配后待分配费用			7 400	8 800	16 200
供应辅助生产以外对象的劳务量			8 000（吨）	16 000（度）	
对外分配费用分配率			0.925（元/吨）	0.55（元/度）	
对外分配	基本生产产品	耗用数量		13 000（度）	
		负担金额		7 150	7 150
	基本生产车间	耗用数量	7 000（吨）	2 200（度）	
		负担金额	6 475	1 210	7 685
	行政管理部门	耗用数量	1 000（吨）	800（度）	
		负担金额	925	440	1 365
合　计			7 400	8 800	16 200

（7）根据辅助生产费用分配表，编制分配结转辅助生产费用的会计分录。

1）交互分配时：

借：辅助生产成本——供水车间　　1 000

　　　　　　　　——供电车间　　800

　贷：辅助生产成本——供电车间　　1 000

　　　　　　　　　——供水车间　　800

2）对外分配时：

借：基本生产成本　　7 150

　　制造费用——基本生产车间　　7 685

　　管理费用　　1 365

　　贷：辅助生产成本——供水车间　　7 400

　　　　　　　　　——供电车间　　8 800

3. 计划成本分配法

计划成本分配法的特点是企业首先制定辅助生产车间单位劳务的计划单价，并按计划单价和产品或劳务的实际耗用量计算各收益单位应负担的计划费用，然后把计算各收益单位调整后的计划成本与实际成本进行比较，以确定其差异，再将差异按照直接分配法在各收益单位之间进行分配，也可以将差异全部转入管理费用。这种分配方法的关键在于确定实际成本与计划成本之间的差异。采用该种分配方法，辅助生产产品或劳务的计划单位成本必须比较正确。

【例4－3】天佑工厂设置供电、供水两个辅助生产车间，2018 年 1 月发生的费用分别为9 000 元和7 200 元，劳务供应情况如表4－4 所示（每度电、每吨水的计划单价分别为0. 55 元、0. 93 元）。

表 4－4　　劳务供应情况

2018 年 1 月

受益单位	供电/度	供水/吨
供电车间		1 000
供水车间	2 000	
基本生产产品用	13 000	
基本车间一般用	2 200	7 000
行政管理部门	800	1 000
合计	18 000	9 000

要求：根据有关资料，按计划成本法进行辅助生产费用的分配，并作出相应的会计分录（差异额全部由管理费用负担）。

（1）根据资料计算如下。

供水车间负担的电费：2 000 ×0. 55 =1 100（元）

生产产品耗用的电费：13 000 ×0. 55 =7 150（元）

车间一般耗用的电费：2 200 ×0. 55 =1 210（元）

管理部门耗用的电费：800 ×0. 55 =440（元）

供电车间负担的水费：1 000 ×0. 93 =930（元）

车间一般耗用的水费：7 000 ×0. 93 =6 510（元）

管理部门耗用的水费：1 000 ×0. 93 =930（元）

（2）编制辅助生产费用分配表（表4－5）。

表 4 – 5　　　　辅助生产费用分配表（计划成本分配法）

2018 年 1 月　　　　单位：元

项　目		供水车间	供电车间	金额合计
待分配费用		7 200	9 000	16 200
劳务供应总量		9 000（吨）	18 000（度）	
费用分配率（计划单位成本）		0.93（元/吨）	0.55（元/度）	
供水车间	耗用数量		2 000（度）	
	负担金额		1 100	1 100
供电车间	耗用数量	1 000（吨）		
	负担金额	930		930
基本生产产品	耗用数量		13 000（度）	
	负担金额		7 150	7 150
基本生产车间	耗用数量	7 000（吨）	2 200（度）	
	负担金额	6 510	1 210	7 720
行政管理部门	耗用数量	1 000（吨）	800（度）	
	负担金额	930	440	1 370
按计划成本分配合计		8 370	9 900	18 270
辅助生产实际成本		7 200 + 1 100 = 8 300	9 000 + 930 = 9 930	18 230
辅助生产成本差异		– 70	30	– 40

（3）会计分录。

1）分配电费：

借：基本生产成本　　7 150

　　制造费用——基本生产车间　　1 210

　　辅助生产成本——供水　　1 100

　　管理费用　　440

　　贷：辅助生产成本——供电　　9 900

2）分配水费：

借：制造费用——基本生产车间　　6 510

　　辅助生产成本——供电　　930

　　管理费用　　930

　　贷：辅助生产成本——供水　　8 370

3）调整差异：

借：管理费用　　40

　　贷：辅助生产成本——供电　　30

辅助生产成本——供水　　　　　　　　　　　　　　70

4. 代数分配法

代数分配法的特点是运用辅助生产车间待分配的费用与所提供的劳务量之间的相关关系列方程，以求解辅助生产车间单位劳务成本进而求得各收益单位的应负担的费用金额的数学方法。首先，应根据各辅助生产车间相互提供产品和劳务的数量，求解联立方程式，计算辅助生产产品或劳务的单位成本；然后，根据各受益单位（包括辅助生产内部和外部各单位）耗用产品或劳务的数量和单位成本，计算分配辅助生产费用。采用代数分配法，其费用成本分配结果最正确。但在辅助生产车间较多的情况下，未知数较多，计算复杂，因而这种分配方法适宜在计算工作已经实现电算化的企业采用。

【例4－4】据【例4－1】的资料，采用代数分配法分配辅助生产费用，有关计算过程如下：

（1）建立联立方程，计算费用分配率。

设：每吨水的成本为x，每度电的成本为y，

则，$\begin{cases} 9\,000 + 1\,000x = 18\,000y \\ 7\,200 + 2\,000y = 9\,000x \end{cases}$

解得：$\begin{cases} x = 0.922\,5 \\ y = 0.551\,25 \end{cases}$

（2）将辅助生产费用分配给全部受益对象。

供电车间应负担的水费＝1 000×0.922 5＝922.5（元）

基本生产车间管理应负担的水费＝7 000×0.922 5＝6 457.5（元）

行政管理部门应负担的水费＝1 000×0.922 5＝922.5（元）

供水车间应负担的电费＝2 000×0.551 25＝1 102.5（元）

基本生产车间产品生产应负担的电费＝13 000×0.551 25＝7 166.25（元）

基本生产车间管理应负担的电费＝2 200×0.551 25＝1 212.75（元）

行政管理部门应负担的电费＝800×0.551 25＝441（元）

（3）编制辅助生产费用分配表（表4－6）。

表4－6　　　　**辅助生产费用分配表（代数分配法）**

2018年1月　　　　　　　　　　单位：元

项　目		供水车间	供电车间	金额合计
待分配费用		7 200	9 000	16 200
劳务供应总量		9 000（吨）	18 000（度）	
费用分配率（单位成本）		0.922 5（元/吨）	0.551 25（元/度）	
供水车间	耗用数量		2 000（度）	
	负担金额		1 102.5	1 102.5
供电车间	耗用数量	1 000（吨）		
	负担金额	922.5		922.5

续表

项目		供水车间	供电车间	金额合计
基本生产产品	耗用数量		13 000（度）	
	负担金额		7 166. 25	7 166. 25
基本生产车间	耗用数量	7 000（吨）	2 200（度）	
	负担金额	6 457. 5	1 212. 75	7 670. 25
行政管理部门	耗用数量	1 000（吨）	800（度）	
	负担金额	922. 5	441	1 363. 5
合计		8 302. 5	9 922. 5	18 225

表4－6中，供水车间最后已分配费用总额8 302. 5元等于原发生费用7 200元与供电车间分配转入费用1 102. 5元之和，供电车间最后已分配费用总额9 922. 5元等于原发生费用9 000元与供水车间分配转入费用922. 5元之和。

（4）根据辅助生产费用分配表，编制分配结转辅助生产费用的会计分录。

借：辅助生产成本——供水车间　　　　1102. 5
　　　　　　　　——供电车间　　　　922. 5
　　基本生产成本　　　　　　　　　7 166. 25
　　制造费用——基本生产车间　　　　7 670. 25
　　管理费用　　　　　　　　　　　1 363. 5
　　贷：辅助生产成本——供水车间　　　　8 302. 5
　　　　　　　　　　——供电车间　　　　9 922. 5

各种分配方法各有优缺点，实际运用时应根据具体情况采用。直接分配法，最为简便，但只宜在辅助生产车间内部相互提供劳务不多，不进行交互分配，对辅助生产成本和企业产品成本影响不大的情况下采用。采用交互分配法，由于辅助生产车间内部相互提供劳务全部进行了交互分配，因而提高了分配结果的正确性，但由于各种辅助生产费用都要计算两个费用分配率，进行两次分配，因而增加了核算工作量；由于交互分配的费用分配率（单位成本），是根据交互分配前的待分配费用计算的，所以据此计算的分配结果仍不十分精确。在各月辅助生产费用水平相差不大的情况下，为了简化计算工作，可以用上月的辅助生产费用分配率作为交互分配的分配率。采用代数分配法分配费用，分配结果最正确。但在辅助生产车间较多的情况下，未知数较多，计算复杂。采用计划成本分配法，各种辅助生产费用只分配一次，且劳务的计划单位成本已事先确定，因而简化和加速了计算分配工作，通过辅助生产成本节约或超支数额的计算，还能反映和考核辅助生产成本计划的执行情况。此外，按照计划单位成本分配，排除了辅助生产实际费用的高低对各受益单位成本费用的影响，便于考核和分析各受益单位的经济责任，但是采用这种分配方法，必须具备比较正确的计划成本资料。

以上几种方法的可列表加以区分：

项　目	适用的范围	优　点	缺　点	说　明
直接分配法	辅助生产车间相互不提供劳务，或提供劳务不多	计算工作简单	分配结果准确度不高	省略辅助生产车间之间分配工作
交互分配法	辅助生产车间相互提供劳务较多	计算结果较直接分配法准确	计算分配的手续较为复杂	先在辅助生产车间之间分配，然后再对外分配
计划成本分配法	有计划单价且计划单价较正确	利于考核辅助生产车间经济利益	分配结果受计划单价影响较大	为简化核算也可将差异直接转入“管理费用”
代数分配法	实行电算化的企业	分配结果最准确	计算手续较复杂	联立多元一次方程式

要点总结

工业企业的辅助生产，是指主要为基本生产车间、企业行政管理部门等单位提供服务而进行的产品生产和劳务供应。辅助生产费用是辅助生产车间为生产产品或提供劳务而发生的费用。辅助生产费用的核算，包括辅助生产费用的归集和辅助生产费用的分配两个方面。辅助生产费用归集的账务处理分两种情况：设置“制造费用——辅助生产车间”账户的情况；不设置“制造费用——辅助生产车间”账户的情况。辅助生产费用的分配，应通过“辅助生产费用分配表”进行。分配辅助生产费用的方法有很多，主要有直接分配法、交互分配法、代数分配法、计划成本分配法几种。

复习思考题

1. 为核算辅助生产费用，应如何设置账户？
2. 直接分配法如何计算？在什么条件下适用？
3. 什么是辅助生产费用？
4. 简述直接分配法、交互分配法的适用范围。
5. 比较直接分配法、交互分配法、代数分配法、计划成本分配法。

第五章 制造费用的核算

学习目标

通过本章的学习，要求学生掌握制造费用的含义、内容，掌握制造费用归集和分配的方法，理解制造费用分配的意义。

第一节 制造费用概述

一、制造费用的含义

企业在产品生产和提供劳务过程中，除了发生各种材料费用、人工费用和其他费用外，还会发生各种制造费用。制造费用是企业各个生产单位（车间、分厂）为组织和管理生产所发生的一切费用（固定资产所发生的固定资产维修费列入“管理费用”）。制造费用包括产品生产成本中除直接材料和直接人工以外的其余一切生产成本。制造费用一般是间接计入成本，当制造费用发生时一般无法直接判定它所归属的成本计算对象，因而不能直接计入所生产的产品成本中去，而须按费用发生的地点先行归集，月终时再采用一定的方法在各成本计算对象间进行分配，计入各成本计算对象的成本。制造费用作为一种间接费用，主要包括以下几项：

（1）间接用于产品生产的费用，如机物料消耗，车间生产用房屋及建筑物折旧费、经营租赁费和保险费，车间生产用的照明费、取暖费、运输费、劳动保护费等。

（2）直接用于产品生产，但管理上不要求或者核算上不便于单独核算，因而没有专设成本项目的费用，如机器设备的折旧费、经营租赁费和保险费，生产工具摊销，设计制图费和试验费。未专设成本项目的生产用动力等，也包括在制造费用中。

（3）车间组织和管理生产而发生的费用，包括车间人员工资及福利费，车间管理用房屋和设备的折旧费、经营租赁费和保险费，车间管理用具摊销，车间管理用照明费、水费、取暖费、差旅费和办公费等。如果企业的组织机构分为车间、分公司和总公司等若干层次，则分公司也与车间相似，也是企业的生产单位，因而分公司用于组织和管理生产的费用，也作为制造费用核算。

二、制造费用的账户设置

为了总括反映和监督企业各生产单位在一定时期内为组织和管理生产所发生的各项

制造费用，控制制造费用总额，正确计算产品成本，需要设置“制造费用”总分类账户。制造费用发生时，计入“制造费用”的借方，进行分配结转时，计入“制造费用”的贷方，“制造费用”账户月末一般无余额。

“制造费用”账户应按生产单位（分厂、车间）设置明细账，并在账内按照费用具体项目设立专栏，分别反映各生产单位各项制造费用的发生情况。具体项目可以根据费用比重大小和管理要求，按照费用的性质或用途划分。下面简单介绍制造费用的项目内容：

（1）车间管理人员的工资等职工薪酬。指生产车间管理人员、辅助后勤人员等非一线直接从事生产的人员工资、奖金、津贴和补贴、社会保险、职工福利、住房公积金等。

（2）劳动保护费。指按照规定标准和范围支付给车间职工的劳动保护用品，防暑降温、保健饮食品（含外购矿泉水）的费用和劳动保护宣传费用。

（3）折旧费。指车间所使用固定资产按规定计提的折旧费。

（4）租赁费。指车间使用的从外部租入的各种固定资产和用具等按规定列支的租金，不包括融资租赁。

（5）物料消耗。指车间管理部门为维护生产设备和保持正常生产环境耗用的一般消耗材料，不包括固定资产修理和劳动保护用材料。

（6）低值易耗品摊销。指车间所使用的低值易耗品的摊销。

（7）生产用工具费。指车间生产耗用的生产用工具费用。

（8）试验检验费。指车间发生的对材料、半成品、成品、仪器仪表等的试验、检验费。

（9）取暖费。指车间管理部门所支付的取暖费，包括取暖用燃料、蒸汽、热水、炉具等支出。

（10）水电费。指车间管理部门由于消耗水、电和照明用材料等而支付的非直接生产费用。

（11）办公费。指车间生产管理部门的通信费用以及文具、印刷、办公用品等办公费用；政府部门的宣传经费，包括学习资料、照相洗印费以及按规定开支的报刊订阅费等。

（12）差旅费。指按照规定报销生产车间职工因公外出的各种差旅费、住宿费、助勤费，市内交通费和误餐补贴等。

（13）运输费。指生产应负担的厂内运输部门和厂外运输机构所提供的运输费用，包括其办公用车辆的养路费、管理费、耗用燃料及其他材料等费用。

（14）保险费。指应由车间负担的财产保险费用。

（15）技术组织措施费。指生产工艺布局调整等原因发生的费用。

（16）设计图纸费。指生产车间应负担的图纸费、制图用品费和委托外单位设计图纸而发生的费用。

（17）其他制造费用。除前述所列的，零星发生的其他应由车间负担的费用。

如果辅助生产车间的制造费用发生数额较小，为了减少转账手续，也可以不通过“制造费用”账户，而直接计入“辅助生产成本”账户。

制造费用会计处理程序

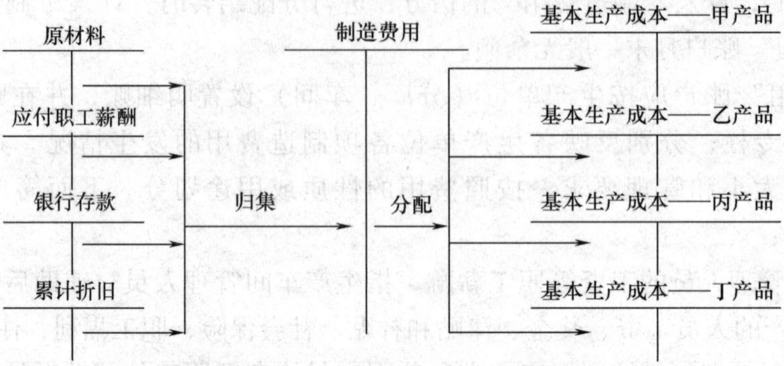

第二节　制造费用的归集

一、基本生产车间设置“制造费用”账户进行归集

基本生产车间所发生的制造费用一般应通过“制造费用”账户进行核算。平时在发生制造费用时，制造费用的归集按其记账依据不同可分为两种情况：一是一般费用发生时，根据付款凭证或据以编制的其他费用分配表，借记“制造费用”账户，贷记“银行存款”或其他有关账户，如办公费、差旅费、劳动保护费等；二是机物料消耗、外购动力费用、工资及福利费、折旧费等，在月末应根据转账凭证及汇总编制的各种费用分配表，借记“制造费用”账户，贷记“原材料”“应付职工薪酬”“累计折旧”等账户。

【例 5 - 1】天佑工厂 2018 年 1 月份有关经济业务如下：

1. 15 日车间领用丙材料 10 吨，单价 110 元，计 1 100 元，用于车间一般耗费，会计部门根据仓库、车间转来的“领料单”审核无误，予以核算。

借：制造费用　　1 100

　　贷：原材料　　1 100

2. 本月发生车间办公费 1 000 元，用银行存款支付。

借：制造费用　　1 000

　　贷：银行存款　　1 000

3. 根据 9 月份“工资分配表”资料，本月车间技术及管理人员工资 5 000 元。

借：制造费用　　5 000

　　贷：应付职工薪酬——工资　　5 000

4. 按工资总额的 14% 计算本月车间技术人员和管理人员的福利费。

计算：应付福利费 = 5 000 × 14% = 700

借：制造费用　　700

　　贷：应付职工薪酬——职工福利费　　700

5. 本月车间固定资产原值 80 000 元，年折旧率 12%，计算本月车间固定资产折旧额。

计算：本月固定资产折旧费

80 000 × 12%/12 = 800 元

借：制造费用　　800

　贷：累计折旧　　800

6. 本月份发生车间差旅费1 000元，用银行存款支付。

借：制造费用　　1 000

　贷：银行存款　　1 000

7. 登记制造费用明细账（表5－1）。

表5－1　　**制造费用明细账**

生产单位：基本生产车间　　2018年1月　　单位：元

凭证号	摘　要	费用明细科目						合计
		机物料消耗	办公费	差旅费	动力费	职工薪酬	折旧费	
1	分配原材料费用	1 100						1 100
2	支付办公费用		1 000					1 000
3	分配职工薪酬					5 000		5 000
4	计提职工福利费					700		700
5	计提折旧						800	800
6	支付差旅费			1 000				1 000
	本月合计	1 100	1 000	1 000		5 700	800	9 600

二、辅助生产车间设置“制造费用”账户进行归集

辅助生产车间所发生的制造费用一般可通过“制造费用”账户进行核算，也可不通过“制造费用”账户进行核算。如果设置“制造费用”账户，平时在发生制造费用时，应将发生的各种费用借记“制造费用”账户，贷记“原材料”“材料成本差异”“应付职工薪酬”“累计折旧”“银行存款”等账户。如果不设置“制造费用”账户，在发生制造费用有关费用内容时，可借记“辅助生产成本”账户，贷记有关的会计账户。需要注意的是，辅助生产车间发生的费用，如果辅助生产的制造费用是通过“制造费用”账户单独核算，则应比照基本生产车间制造费用的核算；如果辅助生产的制造费用不通过“制造费用”账户单独核算，应将其全部计入“辅助生产成本”账户。

第三节　制造费用的分配

一、制造费用的分配概述

对企业生产车间为组织和管理生产活动而发生的各项费用分别按车间归集后，月末就需按照一定的标准在各该生产车间所生产的产品或劳务成本间进行分配。制造费用分配是指在期末将已经归集的制造费用按照谁受益谁负担的原则采用科学的分配方法分配到各个成本核算对象的会计工作。当某生产单位只生产一种产品或提供一种劳务时，制造费用直接计入该种产品或劳务成本，即直接转入该产品或劳务成本明细账（成本计算

单）中的制造费用项目，不需要在各受益对象之间进行分配；当生产单位生产多种产品或提供多种劳务时，则需要采取科学的分配方法，分配计入各产品的生产成本。分配方法的选择关键在于分配标准。确定制造费用的分配标准，应使其具有以下特性：①共有性，即各应承担制造费用的对象都具有该分配标准的资料；②合理性，即分配标准与制造费用之间有较密切的依存关系，以保证实际消耗较多制造费用的产品分配较多的制造费用；③简便性，即各受益对象所耗用分配标准的资料较为容易地取得；④可计量性，即各受益对象所耗用标准的数量可以客观地进行计量；⑤稳定性，即使用的分配标准相对稳定，不宜经常变动，便于各期间的成本比较。

制造费用的分配标准一般有：①生产工人工时：各受益对象所耗的生产工人工时数，可以是实际工时，也可以是定额工时；②生产工人工资：各受益对象所发生的直接人工成本；③机器工时：各受益对象所消耗的机器工时数，可以是实际工时，也可以是定额工时；④直接材料成本或数量：各受益对象所耗用的直接材料成本或数量；⑤直接成本：各受益对象所耗用的直接材料成本和直接人工成本之和；⑥标准产量：将各产品实际产量换算成标准产量，以各产品的标准产量数作为分配标准。企业根据各生产单位制造费用的特性和生产特点选定分配标准后，就可进入具体的分配过程。

二、制造费用的分配方法

制造费用分配方法一般有：生产工人工时比例分配法；生产工人工资比例分配法；机器工时比例分配法、年度计划分配率分配法。

1. 生产工人工时比例分配法

生产工人工时比例分配法按照各种产品所用生产工人实际工时（定额工时）的比例分配制造费用。对于这种分配方法，企业应有真实正确的工时记录。其计算公式为：

$$制造费用分配率=\frac{制造费用总额}{各种产品生产工时之和}$$

$$某产品应负担的制造费用=该产品的生产工时数\times制造费用分配率$$

【例5－2】接【例5－1】天佑工厂基本生产车间2018年1月的制造费用总额为9 600元。该车间生产甲、乙、丙三种产品，本月实际生产工时为96 000小时，三种产品生产总工时分别为26 000小时、30 000小时和40 000小时。

（1）对制造费用采用生产工人工时比例分配法分配（表5－2）。

表5－2　制造费用分配表

生产车间：基本生产车间　　2018年1月　　单位：元

产品名称	生产总工时/小时	分配率/（元/小时）	分配金额
甲产品	26 000	9 600/96 000＝0.1	2 600
乙产品	30 000		3 000
丙产品	40 000		4 000
合　计	96 000	0.1	9 600

（2）根据上述分配结果，编制结转制造费用的会计分录。

借：基本生产成本——甲产品　　　　2 600
　　　　　　　——乙产品　　　　3 000
　　　　　　　——丙产品　　　　4 000
　贷：制造费用　　　　　　　　　　9 600

（3）登记制造费用明细账（表5－3）。

表5－3　　　　**制造费用明细账**

生产单位：基本生产车间　　2018年1月　　单位：元

凭证号	摘　要	费用明细科目						合计
		机物料消耗	办公费	差旅费	动力费	职工薪酬	折旧费	
1	分配原材料费用	1 100						1 100
2	支付办公费用		1 000					1 000
3	分配职工薪酬					5 000		5 000
4	计提职工福利费					700		700
5	计提折旧						800	800
6	支付差旅费			1 000				1 000
	本月合计	1 100	1 000	1 000		5 700	800	9 600
【例5－2】	月末结转	1 100	1 000	1 000		5 700	800	9 600

2. 生产工人工资比例分配法

生产工人工资比例分配法是以直接计入各种产品成本的生产工人实际工资的比例作为分配标准分配制造费用的一种方法。其计算公式为：

$$制造费用分配率=\frac{制造费用总额}{各种产品生产工人工资总额}$$

某产品应负担的制造费用＝该产品的生产工人工资数×制造费用分配率

采用这一方法的前提是各种产品生产机械化的程度应该大致相同，否则机械化程度低的产品所用工资费用多，负担的制造费用也要多，而机械化程度高的产品则负担的制造费用较少，从而影响费用分配的合理性。

3. 机器工时比例分配法

机器工时比例分配法是以各种产品生产所用机器设备的运转工作时间的比例作为分配标准分配制造费用的一种方法。其计算公式为：

$$制造费用分配率=\frac{制造费用总额}{各种产品耗用机器工时之和}$$

某种产品应负担的制造费用＝该产品的生产耗用机器工时数×分配率

这一方法适用于生产机械化程度较高的产品，因为这类产品的机器设备使用、维修费用大小与机器运转的时间有密切联系。采用这一方法的前提条件是必须具备各种产品所耗机器工时的完整的原始记录。

4. 年度计划分配率分配法

年度计划分配率分配法是指无论各月实际发生的制造费用多少，各月各种产品成本中的制造费用均按预先制定的年度计划分配率分配制造费用的一种方法。其计算公式为：

$$制造费用年度计划分配率 = \frac{年度制造费用计划总额}{年度各产品计划产量的定额工时之和}$$

某月某种产品应负担的制造费用 = 该月该产品实际产量的定额工时 × 制造费用计划分配率

年度内如果发现全年制造费用的实际数和产品的实际产量与计划数发生较大的差额，应及时调整计划分配率。这种方法适用于季节性的生产企业，因为在季节性生产企业中，每月发生制造费用相差不大，但淡季和旺季的产量悬殊却很大，如果按实际费用分配，各月单位产品成本中的制造费用将随之忽高忽低，不便于进行成本分析。同时采用这种方法，必须要有较高的计划管理水平，否则计划分配额与实际发生额差异过大，就会影响制造费用分配的准确性。

在这种分配方法下，制造费用的实际发生额和按计划分配率转出额之间会存在差异，“制造费用”账户平时各月份可能有余额，余额可能在借方，也可能在贷方，余额在借方，表示实际费用大于计划费用，本期实际发生的制造费用大于本期分配的计划费用；余额在贷方，表示实际费用小于计划费用，即本期实际发生的制造费用小于本期分配的计划费用。为简化工作，对“制造费用”账户期末余额平时不作处理，逐月累计至年末将其余额结转到“基本生产成本”科目的借方，如果实际发生的制造费用大于按年度计划分配率分配的制造费用，用蓝字结转；反之，用红字结转。

【例5-3】天佑工厂基本生产车间生产甲、乙、丙三种产品，本年度制造费用计划83 500元，三种产品本年计划产量分别为3 300件、1 100件、1 200件，单件产品的定额工时分别为30小时、40小时、20小时。2018年1月份三种产品的产量分别为200件、100件、500件，该月基本生产车间实际发生制造费用总额为10 300元。

（1）计算制造费用计划分配率。

全年各种产品计划产量的定额工时之和 = 3 300 × 30 + 1 100 × 40 + 1 200 × 20 = 167 000（小时）

制造费用年度计划分配率 = 83 500 ÷ 167 000 = 0.5（元/小时）

（2）按年度计划分配率分配法分配1月份的制造费用。

甲产品应负担的制造费用 = 200 × 30 × 0.5 = 3 000（元）

乙产品应负担的制造费用 = 100 × 40 × 0.5 = 2 000（元）

丙产品应负担的制造费用 = 500 × 20 × 0.5 = 5 000（元）

（3）根据上述分配结果，编制结转制造费用的会计分录如下：

借：基本生产成本——甲产品	3 000	
——乙产品	2 000	
——丙产品	5 000	
贷：制造费用		10 000

从计算可知，本月按计划分配率转出制造费用10 000元，而实际发生10 300元，发生了300元的差异，但为简化工作，在平时一般不作调整，只是登记在制造费用明细

账中。

【例5－4】天佑工厂基本生产车间生产甲、乙、丙三种产品，采用计划分配率分配制造费用。2017年度按计划分配率分配的制造费用为83 500元，全年实际发生制造费用为84 000元。12月末，将超支额500元按照甲、乙、丙三种产品的累计实际工时比例进行分配，甲、乙、丙三种产品分别应负担180元，70元，250元。根据分配结果编制会计分录如下：

借：基本生产成本——甲产品　　180
　　　　　　　　——乙产品　　70
　　　　　　　　——丙产品　　250
　贷：制造费用　　500

企业可以根据实际情况自行选择制造费用的分配方法，但分配方法一经确定，不得随意变更。

以上几种方法可用图表列示如下。

项　目	分配标准	分配率	某产品应分配数	适用范围	特征
生产工人工时比例分配法	生产工人工时	制造费用总额÷各种产品生产工时之和	该产品生产工时数×分配率	制造费用的发生与生产工时有密切关系	制造费用账户期末没有余额
生产工人工资比例分配法	生产工人工资	制造费用总额÷各种产品生产工人工资总额	该产品生产工人工资数×分配率	各种产品生产机械化的程度大致相同	制造费用账户期末没有余额
机器工时比例分配法	机器工时	制造费用总额÷各种产品机器工时之和	该产品实际机器工时×分配率	制造费用的发生与机器工时有密切关系	制造费用账户期末没有余额
年度计划分配率分配法		年度制造费用计划总额÷全年各种产品计划产量的定额工时总数	实际产量的定额工时×年度计划分配率	季节性生产企业	制造费用账户期末有余额

要点总结

制造费用是产品成本的重要组成部分，是企业各个生产单位（车间、分厂）为组织和管理生产所发生的一切费用。制造费用的归集和分配通过“制造费用”账户进行。月末，制造费用按照一定的方法在相应的产品中进行分配，分配完成后，“制造费用”账户一般应无余额。制造费用的分配方法主要有：生产工人工时比例法、生产工人工资比例法、机器工时比例法、年度计划分配率分配法等。

复习思考题

1. 简述制造费用的含义及其包含的内容。
2. 制造费用分配标准的选择应遵循什么原则？
3. 制造费用的分配方法有哪些？

第六章 生产损失的核算

学习目标

通过本章的学习，要求学生掌握生产损失的含义及内容；熟练掌握废品损失的核算方法和停工损失的核算方法。

第一节 生产损失的内容

一、生产损失与非生产损失

损失是指工业企业在生产经营过程中发生的无法得到补偿的各种耗费。生产损失是对企业在产品生产过程中由丁原材料和半成品不符合要求、生产工人违规操作、机器设备故障等原因，导致企业不能正常生产产品而发生的耗费生产原因而发生的各种损失。生产损失包括：由于制造了不合格产品而发生的废品损失；由于机器设备发生故障被迫停工等而造成的停工损失。生产损失都是与产品生产直接有关的损失，因此生产损失应由产品生产成本承担。非生产损失是指由于企业经营管理或其他原因造成的损失，如坏账损失、自然灾害造成的材料毁损等，与生产无关，不计入产品成本，列入期间费用或营业外支出。

企业应根据具体情况确定生产损失的核算方法。一般来说，如果生产损失偶尔发生，金额较小，对产品成本影响不大，则对生产损失不必单独核算，列入正常的成本项目中，增加其单位成本。如果生产损失发生频繁，且数额较大，对产品成本影响较大，则需对其进行单独核算，即单独归集生产损失，计算损失数额，还可设置“废品损失”“停工损失”等成本项目予以列示，计算出单位产品所负担的损失数额。

二、废品与废品损失

1. 废品的含义

废品是指不符合规定的技术标准，不能按照原定用途使用，或者需要加工修理才能使用的在产品、半成品或产成品。不论是在生产过程中发现的废品，还是在入库后发现的废品，都应包括在内。

2. 废品的种类

废品按其能否修复分为可修复废品和不可修复废品两种。可修复废品，是指经过修理可以使用，且所花费的修复费用在经济上合算的废品；不可修复废品，则指不能修复，或者所花费的修复费用在经济上不合算的废品。

废品按其产生原因分为工废品和料废品。工废品是生产工人操作不当而造成的废品；料废品是由于材料质量不符合要求而造成的废品。

3. 废品损失的含义

废品损失指生产过程中因出现废品而发生的损失，包括在生产过程中发现的和入库后发现的不可修复废品的生产成本以及可修复废品的修复费用，扣除回收的废品残料价值和应由过失单位或个人赔款以后的损失。

注意：下列不属于废品损失的内容：

（1）应由过失人赔偿的废品损失。

（2）不需要修复可降价出售的不合格品的出售损失，降价损失在计算销售损益时体现。

（3）实行“三包”的产品，发生的三包损失，应计入当期损益。

（4）产品入库后，发生的由于管理不善等原因而损坏变质的损失，应计入当期损益。

“废品通知单”是计算废品损失的主要原始凭证。由企业质检部门在发现废品时填制，也可由产生废品的单位（分厂、车间或班组）填制。“废品通知单”应列明废品的种类、数量、废品的生产工时、修复费用、生产成本、生产废品的原因和过失人等。成本会计人员应该会同检验人员对废品通知单所列废品生产的原因和过失人等项目加强审核。只有经过审核无误的废品通知单，才能作为废品损失核算的原始凭证。

废品损失的内容包括可修复废品的修复费用和不可修复废品的净损失。该损失应由同种产品的产成品成本负担，所以废品损失的发生会使产成品成本升高。正确组织废品损失的核算，对于改进生产技术、提高产品质量、降低产品成本，都有着重要意义。

三、停工与停工损失

1. 停工的含义

停工是指停止工作。停工可分为计划内停工和计划外停工，计划内停工是计划规定停工，计划外停工是各种事故意外造成的停工。

2. 停工损失的含义

企业在停工期间会发生的各项费用，包括停工期内发生的材料费、燃料费、应支付的生产工人工资、福利费和应分摊的制造费用等。

企业发生停工的原因是多种多样的，如停电、待料、机械故障、设备修理、发生非常灾害以及计划压缩产量等，都可能引起停工。企业应根据不同情况进行不同的处理：由于自然灾害等形成的非正常损失，应按规定转作营业外支出；季节性停产和固定资产大修理期间的停工费用，计入制造费用，由开工期的生产成本负担；只有由于原材料供应不足、人工短缺、机器设备发生故障、停电停水等原因造成的损失才是停工损失。企业在停工期间所发生的停工损失应由开工生产的产品负担，列入产品生产成本，计入该种产品成本计算单的“停工损失”成本项目下。

停工计算损失有时间和空间界限，一定时间和一定范围内的停工不计算损失，只有超过一定时间和范围的停工才计算损失。

“停工报告单”是计算停工损失的主要原始凭证，应由生产单位有关人员填写，报送厂部有关部门，积极查明原因，尽快恢复生产。该单应列明停工范围、时数、原因及过失单位，并要查明原因，明确责任单位或个人。只有审核无误的“停工报告单”，才能作为核算停工损失的原始凭证。

第二节 废品损失的核算

一、账户的设置

（1）经常有废品损失的企业，为了考核和控制各生产单位的废品损失，应单独核算废品损失。单独核算废品损失的企业，应增设“废品损失”账户和在“基本生产成本”明细账的成本项目中增设“废品损失”成本项目。“废品损失”账户用来归集和分配废品的损失性费用。该账户的借方登记从基本生产成本明细账中转入的不可修复废品的生产成本和归集的可修复废品的修复费用；贷方登记回收的残料价值和应收的赔偿款以及结转到基本生产成本明细账“废品损失”成本项目的废品净损失（废品净损失是指不可修复废品的生产成本和可修复废品的修复费用减去回收的残料价值和应收赔偿款后的余额，废品净损失一般应由本月同种产品完工的产成品成本负担，月末在产品不负担废品损失）；期末无余额。该账户的明细账应按成本计算对象设置，并按成本项目设专栏。

（2）废品损失也可不单独核算。不单独核算废品损失的企业，不需要设置“废品损失”账户和在“基本生产成本”明细账的成本项目中也不增设“废品损失”成本项目。由于不可修复废品报废以前的生产成本是与合格品的生产成本在一起归集核算的，因而不需要将不可修复废品生产成本从合格产品的生产成本中结转出来。辅助生产一般不单独核算废品损失。

二、单独核算废品损失的处理

废品损失包括可修复废品的修复费用和不可修复废品的净损失，两者的含义不同，核算也不相同。

1. 不可修复废品损失的核算

不可修复废品损失是指截至报废时不可修复废品已经发生的生产成本，包括材料费用、人工费用和应负担的制造费用等，然后扣除残值和应收赔款的废品净损失。不可修复废品的生产成本，可按废品所耗实际费用计算，也可按废品所耗定额费用计算。

不可修复废品净损失 = 不可修复废品的生产成本 − 残值 − 过失人赔偿款

（1）按废品所耗实际费用计算。在采用按废品所耗实际费用计算的方法时，由于废品报废以前发生的各项费用是与合格产品一起计算的，因而要将废品报废以前与合格品计算在一起的各项费用，采用适当的分配方法，在合格品与废品之间进行分配，计算出废品的实际成本，从“基本生产成本”科目的贷方转入“废品损失”科目的借方。由于有的废品是在完工前发现的，有的是在完工后发现的，这样按废品所耗实际费用计算其生产成本时应以其约当产量（即按其加工程度折合成的相当于完工产品的数量）和合格品产量进行分配。具体计算公式为：

$$废品应负担的材料费用=\frac{某产品直接材料成本总额}{合格品数量+废品约当量}\times 废品约当量$$

$$废品应负担的工资费用=\frac{某产品直接人工成本总额}{合格品数量+废品约当量}\times 废品约当量$$

$$废品应负担的制造费用=\frac{某产品制造费用总额}{合格品数量+废品约当量}\times 废品约当量$$

如果废品是在完工以后发现的，这时单位废品负担的各项生产费用应与单位合格品完全相同，可按合格品产量和废品的数量比例分配各项生产费用，计算废品的实际成本。按废品的实际费用计算和分配废品损失，符合实际，但核算工作量较大。

【例6－1】天佑工厂2018年1月份投产甲产品1 000件，其中合格产品900件，不可修复废品100件，不可修复废品中50件平均加工程度为50%，有50件已完成全部加工过程。生产甲产品的原材料在生产开始一次全部投入。本月甲产品实际生产费用为直接材料、直接人工、制造费用，分别为100 000元、58 500元、53 625元。废品回收残料价值为400元，已交原材料仓库验收。根据上述资料，按废品所耗实际费用计算废品成本的有关计算过程和编制的会计分录如下：

（1）计算不可修复废品的约当产量。

不可修复废品的约当产量＝50×100%＋50×50%＝75（件）

（2）计算不可修复废品生产成本（表6－1），并编制会计分录。

表6－1　　不可修复废品生产成本计算表

产品：甲产品　　2018年1月　　单位：元

项　目	直接材料	直接人工	制造费用	合计
生产总成本	100 000	58 500	53 625	212 125
分配标准/件	900＋100＝1 000	900＋75＝975	900＋75＝975	
费用分配率/（元/件）	100 000/1 000＝100	58 500/975＝60	53 625/975＝55	
废品生产成本	100×100＝10 000	60×75＝4 500	55×75＝4 125	18 625

借：废品损失——甲产品　　18 625

　　贷：基本生产成本——甲产品　　18 625

（3）废品残料入库。

借：原材料　　400

　　贷：废品损失——甲产品　　400

（4）结转废品净损失。

借：基本生产成本——甲产品　　18 225

　　贷：废品损失——乙产品　　18 225

（2）按废品所耗定额费用计算的方法。在按废品所耗定额费用计算不可修复废品的成本时，废品的生产成本则按废品的数量和各项费用定额计算，不考虑废品实际发生的生产费用。按废品的定额费用计算废品的定额成本，由于费用定额事先规定，不仅计算工作比较简便，而且还可以使计入产品成本的废品损失数额不受废品实际费用水平高低的影响。也就是说，废品损失大小只受废品数量差异（差量）的影响，不受废品成本差异（价差）的影响，从而有利于废品损失和产品成本的分析和考核。但是，采用这一方法计算废品生产成本，必须具备准确的消耗定额和费用定额资料。

【例6-2】天佑工厂2018年1月生产甲产品，完成合格品1 000件，不可修复废品50件，每件废品的定额成本为：直接材料20元，直接人工10元，制造费用8元。根据责任鉴定应由责任人赔偿200元，回收残料价值100元。废品净损失由同种产品的合格品成本负担。本月甲产品实际生产费用为直接材料、直接人工、制造费用分别为23 100元、8 500元、7 350元。

（1）不可修复废品的材料费 = 50 × 20 = 1 000（元）

不可修复废品的人工费 = 50 × 10 = 500（元）

不可修复废品的制造费用 = 50 × 8 = 400（元）

不可修复废品的生产成本 = 1 000 + 500 + 400 = 1 900（元）

不可修复废品净损失 = 1 900 − 200 − 100 = 1 600（元）

（2）甲产品的成本计算单（表6-2）、废品损失明细账（表6-3）。

表6-2　　基本生产成本明细账

产品：甲产品　　2018年1月　　单位：元

摘　要	直接材料	直接人工	制造费用	废品损失	合计
材料费用分配汇总表	23 100				23 100
职工薪酬分配汇总表		8 500			8 500
制造费用分配表			7 350		7 350
转出不可修废品的生产成本	1 000	500	400		1 900
转入废品净损失				1 600	1 600
本月生产费用合计	22 100	8 000	6 950	1 600	38 650

表6-3　　废品损失明细

产品：甲产品　　2018年1月　　单位：元

摘　要	直接材料	直接人工	制造费用	合计
转入不可修废品的生产成本	1 000	500	400	1 900
回收残料价值	100			100
应收赔偿款		200		200
转出废品净损失	900	300	400	1 600

（3）相关会计分录为：

1）结转不可修复废品的生产成本：

借：废品损失——甲产品　　1 900

　贷：基本生产成本——甲产品　　1 900

2）应收赔偿款：

借：其他应收款——××　　200

　贷：废品损失——甲产品　　200

3）回收残料：

借：原材料　　100

　贷：废品损失——甲产品　　100

4）结转废品净损失：

借：基本生产成本——甲产品　　1 600

　贷：废品损失——甲产品　　1 600

2. 可修复废品损失的核算

可修复废品损失是指在修复废品过程中而发生的各种修复费用，包括材料费用、人工费用和应负担的制造费用等。如果有残值和过失人赔偿部分，则应扣除后算出废品净损失。具体计算公式为：

$$可修复废品损失 = 修复废品的材料费用 + 修复废品的人工费用 + 修复废品的制造费用 - 残值 - 过失人赔偿款$$

可修复废品返修发生的各种费用，应根据各种费用分配表，计入“废品损失”科目的借方。其回收的残料价值和应收的赔款，应从“废品损失”科目的贷方，转入“原材料”和“其他应收款”科目的借方。废品修复费用减去残料和赔款后的废品净损失，也应从“废品损失”科目的贷方转入“基本生产成本”科目的借方，在所属有关的产品成本明细账中，计入“废品损失”成本科目。

【例6-3】天佑工厂生产乙产品，2018年1月乙产品验收入库时发现10件可修复废品，已修复入库。根据“材料费用分配汇总表”提供的资料，修复乙产品领用材料的实际成本为500元。根据“直接人工分配汇总表”和“制造费用分配表”提供的资料，乙产品在修复过程中耗用工时80小时，根据计算，每小时直接人工分配率为10元，每小时制造费用为7元。由此可知，废品应负担的直接人工费为800元，制造费用为560元。应由过失人张××赔偿300元。本月乙产品实际生产费用为直接材料、直接人工、制造费用分别为20 000元、8 500元、7 500元。

（1）可修复废品损失 $=500+800+560-300=1\ 560$（元）。

（2）根据上述资料编制会计分录。

1）修复过程中发生的修复费用：

借：废品损失——乙产品　　1 860

　贷：原材料　　500

　　应付职工薪酬　　800

　　制造费用　　560

2）应由过失人张某赔偿损失：

借：其他应收款——张××　　　　　　　　　　　　300

　　贷：废品损失——乙产品　　　　　　　　　　　　300

3）结转废品净损失：

借：基本生产成本——乙产品　　　　　　　　　　1 560

　　贷：废品损失——乙产品　　　　　　　　　　　1 560

（3）乙产品的成本计算单（表6-4）、废品损失明细账（表6-5）。

表6-4　　基本生产成本明细账

产品：乙产品　　2018年1月　　单位：元

摘　　要	直接材料	直接人工	制造费用	废品损失	合计
材料费用分配汇总表	20 000				20 000
工资及福利费分配汇总表		8 500			8 500
制造费用分配表			7 500		7 500
转入废品净损失				1 560	1 560
本月生产费用合计	20 000	8 500	7 500	1 560	37 560

表6-5　　废品损失明细账

产品：乙产品　　2018年1月　　单位：元

摘　　要	直接材料	直接人工	制造费用	合计
可修废品的修复费用	500	800	560	1 860
应收赔偿款		300		300
转出废品净损失	500	500	560	1 560

三、不单独核算废品损失的处理

在不单独核算废品损失的企业中，不设立“废品损失”科目和相应的成本项目，只在回收废品残料时，借记“原材料”科目，贷记“生产成本——基本生产成本”科目，并从所属有关产品成本明细账的“原材料”成本项目中扣除残值价值。应由过失人赔偿时，一般借记“其他应收款”科目，贷记“基本生产成本”科目，并从所属有关产品成本明细账的“直接人工”成本项目中扣除应收赔偿额。“基本生产成本”科目和所属有关产品成本明细账归集的完工产品总成本，除以扣除废品数量以后的合格品数量，就是合格品的单位成本。

【例6-4】据【例6-3】的资料，天佑工厂不单独核算废品损失。

（1）可修复废品损失 =500+800+560-300=1 560（元）。

（2）编制会计分录。

1）修复过程中发生的修复费用。

借：基本生产成本——乙产品　　　　1 860

　　贷：原材料　　　　500

　　　　应付职工薪酬　　　　800

　　　　制造费用　　　　560

2）应由过失人张某赔偿损失。

借：其他应收款——张××　　　　300

　　贷：基本生产成本——乙产品　　　　300

（3）乙产品的成本计算单（表6-6）。

表6-6　　基本生产成本明细账

产品：乙产品　　2018年1月　　单位：元

摘　要	直接材料	直接人工	制造费用	合计
材料费用分配汇总表	20 000			20 000
工资及福利费分配汇总表		8 500		8 500
制造费用分配表			7 500	7 500
发生修复费用	500	800	560	1 860
过失人赔偿		300		300
本月生产费用合计	20 500	9 000	8 060	37 560

由【例6-4】和【例6-3】可知，废品损失无论单独核算与否，生产费用合计是相同的，“基本生产成本”明细账项目不同。事实上，无论废品可否修复，废品损失最后都由同种合格产品负担了。可修复废品导致的结果是产量未增加，生产费用总额增加了；不可修复废品导致的结果是生产费用总额不变时，产量减少了。因此最终都导致该种产品单位成本的增加。

第三节　停工损失的核算

一、账户的设置

在停工比较频繁的企业，为了考核和控制各生产单位的停工损失，应单独核算停工损失。单独核算停工损失的企业，应增设“停工损失”账户和在“基本生产成本”明细账的成本项目中应增设“停工损失”成本项目。“停工损失”账户按车间设立明细账，账内按成本项目分设专栏或专行，进行明细核算，用来归集和分配停工损失。停工期间发生、应该计入停工损失的各种费用，都应在该科目的借方归集：借记“停工损失”科目，贷记“原材料”“应付职工薪酬”和“制造费用”等科目。归集在“停工损失”科目借方的停工损失，其中应取得赔偿的损失和应计入营业外支出的损失，应从该科目的贷方分别转入“其他应收款”和“营业外支出”科目的借方；停工期间发生的各项费用减去应收索赔款后的余额应计入产品成本的，则应从该科目的贷方分别转入“基本生产成本”科目的借方。应计入产品成本的停工损失，如果停工的车间只生产一种产品，应直接计入该种产品成本明细账的“停工损失”成本项目；如果停工的车间生产多种产品，则应采用适当的分配方法（如采用类似于分配制造费用的方法），分配计入该车间各种产品成本明细账的“停工损失”成本项目。

核算时要注意区分：季节性生产企业在季节性停工期间费用的归集和分配与非季节性生产企业在停工期间发生的费用。属于季节性停工的，在停工期间发生的费用，不作为停工损失进行核算，而在“制造费用”账户进行核算。

停工损失也可不单独核算。不单独核算废品损失的企业，不需要设置“停工损失”账户，在“基本生产成本”明细账的成本项目中也不增设“停工损失”成本项目。停工期间发生的属于停工损失的各种费用，直接计入“制造费用”“其他应收款”和“营业外支出”等科目。为了简化核算工作，辅助生产车间一般不单独核算停工损失。

二、停工损失的核算

停工期间发生的各项费用应根据“材料费用分配汇总表”“工资及福利费用分配汇总表”和“制造费用分配表”等原始凭证提供的资料归集，按照停工发生的原因进行分配结转。

【例 6-5】天佑工厂第一基本生产车间生产甲产品，2018 年 1 月由于设备故障停工 5 天，根据“材料费用分配汇总表”“直接人工分配汇总表”和“制造费用分配表”等原始凭证提供的资料可知，停工期间应支付工人薪酬 2 000 元，应分摊制造费用 900 元，其损失计入甲产品成本；第二基本生产车间生产乙产品，由于外部供电线路原因停工 3 天，根据相关资料可知，停工期间损失材料费用 3 000 元，应支付工人薪酬 1 500 元，应分摊制造费用 980 元，供电局已同意赔偿 2 800 元，其余净损失计入营业外支出。

根据资料，做会计分录如下：

（1）归集停工损失。

借：停工损失——一车间　　2 900
　　　　　　——二车间　　5 480
　贷：原材料　　3 000
　　　应付职工薪酬　　3 500
　　　制造费用——一车间　　900
　　　　　　　——二车间　　980

（2）应收赔偿款。

借：其他应收款——供电局　　2 800
　贷：停工损失——二车间　　2 800

（3）结转停工净损失。

借：基本生产成本——甲产品　　　　2 900
　　营业外支出　　　　　　　　　　2 680
　　贷：停工损失——一车间　　　　　　2 900
　　　　　　　　——二车间　　　　　　2 680

要点总结

损失是指工业企业在生产经营过程中发生的无法得到补偿的各种耗费。生产损失是指企业在产品生产过程中由于原材料和半成品不符合要求、生产工人违规操作、机器设备故障等原因，导致企业不能正常生产产品而发生的各种损失。

经常有废品损失的企业，为了考核和控制各生产单位的废品损失，应单独核算废品损失。单独核算废品损失的企业，应增设“废品损失”账户和在“基本生产成本”明细账的成本项目中增设“废品损失”成本项目。不单独核算废品损失的企业，不需要设置“废品损失”账户和在“基本生产成本”明细账的成本项目中增设“废品损失”成本项目。由于不可修复废品报废以前的生产成本是与合格品的生产成本在一起归集核算的，因而不需要将不可修复废品生产成本从合格产品的生产成本中结转出来。辅助生产一般不单独核算废品损失。

在停工比较频繁的企业，为了考核和控制各生产单位的停工损失，应单独核算停工损失。单独核算停工损失的企业，应增设“停工损失”账户和在“基本生产成本”明细账的成本项目中增设“停工损失”成本项目。停工损失也可不单独核算。不单独核算废品损失的企业，不需要设置“停工损失”账户和在“基本生产成本”明细账的成本项目中增设“停工损失”成本项目。停工期间发生的属于停工损失的各种费用，直接计入“制造费用”“其他应收款”和“营业外支出”等科目。为了简化核算工作，辅助生产车间一般不单独核算停工损失。

复习思考题

1. 简述损失与生产损失的含义。
2. 简述废品与废品损失的含义。
3. 简述停工与停工损失的含义。
4. 简述废品损失的账户设置及核算。
5. 简述停工损失的账户设置及核算。

第七章 生产费用在完工产品和在产品之间的分配方法

学习目标

通过本章学习，要求学生理解在产品的概念，了解在产品盘盈盘亏的账务处理方法，熟练掌握生产费用在完工产品和在产品之间的分配方法，重点掌握约当产量法、定额成本计算法，定额比例法。

第一节 在产品数量的核算

一、在产品与完工产品的含义

产品在生产过程中，不同阶段称谓不同，可分为待产品、在产品、半成品、产成品（完工产品）。

在产品是指企业正在制造尚未完成全部生产过程，不能作为商品销售的产品。包括正在各个生产工序加工的产品和已经加工完毕但尚未检验或已检验但尚未办理入库手续的产品。在产品有广义和狭义之分。

广义在产品，是从整个企业来说的，它是指从材料投入生产开始，到最终制成产成品交付验收前的一切未完工产品，包括正在车间加工中的在产品、需要继续加工的半成品、等待验收入库的产成品、正在返修和等待返修的废品等，但不包括对外销售的自制半成品和不可修复的废品。

狭义在产品是从某一车间或某一生产步骤来说的，是指正在某一车间或某一生产步骤中加工的在制品。

与在产品的含义相对应，完工产品也有狭义和广义之分。完工产品是指完成全部生产过程，符合技术与质量要求，验收入库，具备对外销售条件的完工产品。为了反映完工产品入库情况，需要设置“库存商品”账户进行核算。其中，广义完工产品是指已经完成全部生产过程并验收入库，随时可供销售的产品，即产成品。广义完工产品不仅包括产成品，还包括已完成部分生产过程，已由生产车间交半成品仓库验收，用于出售的自制半成品。狭义完工产品是指仅本车间或本步骤已完工的产品，它可以是某一中间生产步骤的半成品或最后一个生产步骤的产成品。

二、期末在产品与完工产品的关系

企业在生产过程中发生的生产费用，经过在各种产品之间进行分配和归集，应计入本月各种产品成本的生产费用，都已集中反映在“基本生产成本”账户和所属各种产品成本明细账中。月末，企业生产的产品有三种情况：一是产品已全部完工，产品成本明细账中归集的生产费用（如果有月初在产品，还包括月初在产品费用）之和，就是该完工产品的成本；二是如果当月全部产品都没有完工，产品成本明细账中归集的生产费用之和，就是该种在产品的成本；三是如果既有完工产品又有在产品，产品成本明细账中归集的生产费用之和，应在完工产品和月末在产品之间采用适当的分配方法，进行生产费用的归集和分配，以计算完工产品和月末在产品的成本。

在产品数量和完工产品数量之间存在如下关系：

月初在产品数量 + 本月投产数量 = 本月完工产品数量 + 月末在产品数量

月初在产品费用、本月生产费用与本月完工产品费用、月末在产品费用之间的关系，可以用下列公式表达：

月初在产品成本 + 本月生产费用 = 本月完工产品成本 + 月末在产品成本

公式的前两项是已知数，后两项是未知数，前两项的费用之和，在完工产品和月末在产品之间采用一定的方法进行分配。分配的方法有二：一是先计算确定月末在产品成本，然后倒算出完工产品成本；二是将公式前两项之和按照一定比例在完工产品和月末在产品之间进行分配，同时求得完工产品成本和月末在产品成本。

无论采用哪一种方法，月末在产品的数量和费用的大小以及数量或费用变化的大小，对于完工产品成本计算都有很大影响。欲计算完工产品的成本，需取得在产品增减动态和实际结存的数量资料，因而须正确组织在产品收发结存的数量核算。

三、在产品清查的核算

在产品数量的核算，同其他材料物资数量核算一样，应同时具备账面核算资料和实际盘点资料。企业一方面要做好在产品收发结存的日常核算工作；另一方面要做好在产品的清查工作。做好这两项工作，既可以从账面上随时掌握在产品的动态，又可以查清在产品的实际数量。这不仅对正确计算产品成本，加强生产资金管理以及保证在产品的安全完整有着重要意义，而且对保证账实相符有重要意义。

为了进行在产品收发结存的日常核算，应在生产车间内部按产品的品种和在产品的品名（如零部件的名称）设置“在产品收发结存账”（即在产品台账），以便用来反映车间各种在产品的转入、转出和结存的数量。各车间应认真做好在产品的计量、验收和交接工作，并在此基础上根据领料凭证、在产品内部转移凭证、产成品检验凭证和产品交库凭证，及时完整登记在产品收发结存账。该账簿由车间核算人员登记。通过在产品的日常核算，可以从账面上反映其结存量。

清查可以定期进行，也可以不定期进行。清查时，应根据盘点结果和账面资料编制在产品盘存表，填制在产品的账面数、实存数和盘盈盘亏数以及盈亏的原因和处理意见等；对于报废和毁损的在产品，还应登记其残值。成本核算人员应对在产品的清查结果进行审核，并进行如下账务处理：在产品发生盘盈时，盘盈在产品的成本，借记“生产成本”科目，并计入相应的生产成本明细账各成本项目，贷记“待处理财产损益”科目；按管理权限报经批准进行处理时，借记“待处理财产损益”科目，贷记“制造费用”科目。在产品发生盘亏和毁损时，借记“待处理财产损益”科目，贷记“生产成本”科目，并从相应的生产成本明细账各成本项目中转出，冲减在产品成本；毁损在产品的残值，借记“原材料”科目，贷记“待处理财产损益”科目；按管理权限报经批准进行处理时，应借记“制造费用”科目，“其他应收款”等有关科目，贷记“待处理财产损益”。

第二节　生产费用在完工产品和在产品之间的分配方法

生产费用在完工产品与在产品之间的分配，在成本计算工作中是一个重要而又比较复杂的问题。企业应当根据在产品数量的多少、各月在产品数量变化的大小、各项成本比重的大小以及定额管理基础的好坏等具体条件，采用适当的分配方法将生产成本在完工产品和在产品之间进行分配。常用的分配方法有：不计算在产品成本法、在产品按年初固定数计算法、在产品按所耗原材料成本计算法、约当产量比例法、定额比例法、在产品按完工产品成本计算法、在产品按定额成本计算法。

一、不计算在产品成本法

不计算在产品成本法即假设在产品的成本为零，因而，全部生产费用由完工产品承担，即本月生产费用 = 完工产品产品成本。这种方法适用于月末没有在产品或在产品数量很小的产品，如采矿企业的产品，在产品数量很少，价值很低，并且各月份在产品数量比较稳定，从而可对月末在产品成本忽略不计的一种分配方法。这是因为若月初与月末在产品很少，月初在产品成本和月末在产品成本之差就更小，另外，各月份在产品数量相差也不大，算不算各月在产品成本对计算完工产品成本的影响不大。因此，为简化产品成本计算工作，根据重要性原则，可以不计算月末在产品成本。

【例 7－1】天佑工厂生产 A 产品每月月末在产品数量很少，采用不计算在产品成本法分配生产费用。2018 年 1 月发生的生产费用为：材料费 70 000 元，人工费 60 000 元，制造费用 50 000 元。本月完工 A 产品 1 800 件，月末在产品 2 件。则：

A 产品完工产品总成本 = 70 000 + 60 000 + 50 000 = 180 000（元）

A 产品完工产品的单位成本 = 180 000/1 800 = 100（元/件）

二、在产品按年初数固定计算法

假设月末在产品成本在一个会计年度内的各月是相等的，因而，每月月末可以用一个固定的数额作为在产品的成本，完工产品成本按月初在产品成本 + 本月生产费用发生额 － 月末在产品成本固定数的公式进行计算。从公式可知，由于月初在产品成本等于月末在产品成本等于年初固定数，各月完工产品成本仍然是该月发生生产费用。与不计算在产品成本法不同之处是产品成本明细账上有在产品成本，只不过是年初固定数。

这种方法适用于各月月末在产品结存数量较少，或者虽然在产品结存数量较多，但各月月末在产品数量稳定、起伏不大的产品。采用在产品按年初数固定计算的方法，对于每年年末在产品，则需要根据实际盘存资料，采用其他方法计算在产品成本，以免在产品以固定不变的成本计价延续时间太长，使在产品成本与实际出入过大而影响产品成本计算的正确性和导致企业存货资产反映失实。

【例7－2】天佑工厂生产A产品，每月月末在产品数量稳定，采用在产品成本按年初数固定3 000元计算分配生产费用。2018年1月发生的生产费用为：材料费70 000元，人工费60 000元，制造费用50 000元。本月完工A产品1 800件，月末在产品20件。则：

A产品完工产品总成本＝70 000＋60 000＋50 000＝180 000（元）

A产品完工产品的单位成本＝180 000/1 800＝100（元/件）

三、在产品按所耗原材料成本计算法

在产品按所耗原材料成本计算法是指月末在产品只计算其所耗原材料成本，不计算直接人工等加工成本的一种方法。在产品按原材料成本计价法是假设在产品的成本结构中，原材料成本在生产成本中所占比重较大，加工费用的结构比较低，因而，在计算在产品成本时，可以将加工费全部分配给完工产品，而在产品仅承担原材料费用。将原材料费用在完工产品和在产品之间进行分配时采用的分配标准有完工产品和在产品的产量，体积等。

这种方法适用于各月在产品数量多，各月在产品数量变化较大，且原材料费用在产品成本中所占比重较大，材料在生产开始时一次就全部投入的产品，如酿酒、造纸等行业的产品。

【例7－3】天佑工厂生产A产品，原材料在生产开始时一次就全部投入，采用在产品成本按所耗原材料成本计算法计算分配生产费用。2018年1月月初在产品材料费3 000元。2018年1月发生的生产费用为：材料费70 000元，人工费60 000元，制造费用50 000元。本月完工A产品1 800件，月末在产品200件（表7－1）。则：

表7－1　A产品成本计算单

产量：400件　　2018年1月　　单位：元

摘　要	直接材料	直接人工	制造费用	合　计
月初在产品	3 000			3 000
本月生产费用	70 000	60 000	50 000	180 000
合计	73 000	60 000	50 000	183 000
完工产品成本	65 700	60 000	50 000	175 700
月末在产品	7 300			7 300

A产品原材料费用分配率＝73 000/（1 800＋200）＝36.5（元/件）

A完工产品原材料＝1 800×36.5＝65 700（元）

A月月末在产品原材料＝200×36.5＝7 300（元）

A完工产品成本＝65 700＋60 000＋50 000＝175 700（元）

四、约当产量比例法

约当产量是指在产品按其完工程度折合成完工产品的产量，如在产品 10 件，平均完工 40%，则约当于完工产品 4 件，然后按照在产品的约当产量和完工产品产量的比例关系对生产费用进行分配。由于生产产品时，企业采用的投料方式不同，因而，原材料费用和加工费用在折合约当产量时运用的完工程度系数不同。

约当产量比例法适用范围较广，特别适用于月末在产品数量较大，各月月末在产品数量变化也较大，产品成本中原材料费用和直接人工等加工费用所占的比重相差不多的产品。

约当产量比例法计算公式如下：

月末在产品约当产量 = 月末在产品结存产量 × 在产品完工百分比

费用分配率 =（月初在产品成本 + 本月生产费用）÷（完工产品产量 + 月末在产品约当产量）

完工产品总成本 = 完工产品产量 × 费用分配率

月末在产品成本 = 月末在产品约当产量 × 费用分配率

【例 7 - 4】天佑工厂 C 产品 2018 年 1 月完工 26 件，在产品 10 件，平均完工程度为 40%，发生生产费用共 3 000 元。分配结果如下：

分配率 = 3000/（26 + 10 × 40%）= 100（元/件）

完工产品成本 = 26 × 100 = 2 600（元）

在产品成本 = 10 × 40% × 100 = 400（元）

约当产量法下，应分产品成本项目计算月末在产品的约当产量，根据不同的约当产量分配不同成本项目的费用。

企业生产产品所耗用的原材料有可能是在生产开始时一次性投入的，这时，完工产品和月末在产品都视同完工程度为 100% 的产品，约当产量即是完工产品数量与月末在产品数量之和。

采用约当产量比例法，必须正确计算月末在产品的约当产量，而在产品约当产量正确与否，主要取决于在产品完工程度的测定，测定在产品完工程度的方法一般有两种：一种是平均计算完工率，即一律按 50% 作为各工序在产品的完工程度；另一种是各工序分别测算完工率。可以按照各工序的累计工时定额占完工产品工时定额的比率计算，事前确定各工序在产品的完工率。计算公式如下：

某工序在产品完工率 =（前面各工序工时定额之和 + 本工序工时定额 × 50%）÷ 产品工时定额

式中，本工序工时定额之所以乘以 50%，是因为该工序中各件在产品的完工程度不同，为简化完工率的测算工作，在本工序一律按平均完工率 50% 计算。在产品在上一道工序转入下一道工序时，因为上一道工序已完工，所以前面各工序的工时定额应按 100% 计算。

【例 7 - 5】天佑工厂生产 B 产品单位工时定额 400 小时，经两道工序制成。各工序单位工时定额为：第一道工序 160 小时，第二道工序 240 小时。为简化核算，假定各工序内在产品完工程序平均为 50%，则在产品完工程度计算结果如下：

$$第一道工序=\frac{160\times50\%}{400}\times100\%=20\%$$

$$第二道工序=\frac{160+240\times50\%}{400}\times100\%=70\%$$

如果原材料费用不是在生产开始时一次投入，而是随着生产进度陆续投料，原材料费用按约当产量比例法分配时，应按每一工序的原材料消耗定额分别计算在产品的完工率（或投料率）。投料率的计算如下：

（1）材料一次投入时，投料率是100%。

（2）材料随加工程度陆续投入时，投料率的计算如下：

某工序投料率＝（前道工序累计的原材料费用定额＋本道工序原材料费用定额×50%）÷产成品原材料费用定额

（3）材料在每道工序开始一次投入时，投料率的计算如下：

某工序投料率＝（前道工序累计的原材料费用定额＋本道工序原材料费用定额）÷产成品原材料费用定额

在产品的约当产量＝∑（各工序月末在产品数量×该工序的投料率）

【例7－6】天佑工厂生产D产品经两道工序制成。各工序原材料消耗定额为：第一道工序160千克，第二道工序240千克。则：

（1）材料随加工程度陆续投入时，投料率的计算如下：

$$第一道工序=\frac{160\times50\%}{400}\times100\%=20\%$$

$$第二道工序=\frac{160+240\times50\%}{400}\times100\%=70\%$$

（2）材料在每道工序开始一次投入时，投料率的计算如下：

$$第一道工序=\frac{160}{400}\times100\%=40\%$$

$$第二道工序=\frac{160+240}{400}\times100\%=100\%$$

【例7－7】天佑工厂E产品2018年1月完工产品产量3 000个，在产品数量400个，完工程序按平均50%计算；材料在开始生产时一次投入，其他成本按约当产量比例分配。E产品本月月初在产品和本月耗用直接材料成本共计68 000元，直接人工成本80 000元，制造费用96 000元。

E产品各项成本的分配计算如下：

由于材料在开始生产时一次投入，因此应按完工产品和在产品的实际数量比例进行分配，不必计算约当产量。

（1）直接材料成本的分配。

$$完工产品应负担的直接材料成本=\frac{68\ 000}{3\ 000+400}\times3\ 000=60\ 000（元）$$

$$在产品应负担的直接材料成本=\frac{68\ 000}{3\ 000+400}\times400=8\ 000（元）$$

直接人工成本和制造费用均应按约当产量进行分配，在产品400个折合约当产量200个（400×50%）。

（2）直接人工成本的分配。

$$完工产品应负担的直接人工成本=\frac{80\ 000}{3\ 000+200}\times 3\ 000=75\ 000（元）$$

$$在产品应负担的直接人工成本=\frac{80\ 000}{3\ 000+200}\times 200=5\ 000（元）$$

（3）制造费用的分配。

$$完工产品应负担的制造费用=\frac{96\ 000}{3\ 000+200}\times 3\ 000=90\ 000（元）$$

$$在产品应负担的制造费用=\frac{96\ 000}{3\ 000+200}\times 200=6\ 000（元）$$

（4）通过以上按约当产量法分配计算的结果，可以汇总E产品完工产品成本和在产品成本。

E产品本月完工产品成本=60 000+75 000+90 000=225 000（元）

E产品本月在产品成本=8 000+5 000+6 000=19 000（元）

（5）编制完工产品入库的会计分录。

借：库存商品——E产品　　225 000

　贷：基本生产成本——E产品　　225 000

五、定额比例法

首先用本月投入产品的实际费用或实际消耗量与完工产品和在产品的定额费用或定额消耗量计算分配率，然后用分配率将完工产品和在产品的定额费用或定额消耗量调整成实际成本或实际消耗量。这种方法的关键是计算完工产品和在产品的分配率。采用该种方法时，直接材料成本按直接材料的定额消耗量或定额成本比例分配，直接人工等加工成本，可以按各该定额成本的比例分配，也可按定额工时比例分配。这种方法适用于各项消耗定额或成本定额比较准确、稳定，但各月月末在产品数量变动较大的产品。

采用定额比例法时，如果原材料费用按定额原材料费用比例分配，各项加工费用均按定额工时比例分配，其分配计算公式如下：

费用分配率＝（月初在产品费用＋本月生产费用）÷（完工产品定额原材料费用或定额工时＋月末在产品定额原材料费用或定额工时）

以定额原材料费用为分母算出的费用分配率，是原材料的费用分配率；以定额工时为分母算出的费用分配率，是直接人工等各项加工费用的分配率。

完工产品实际原材料费用=完工产品定额原材料费用×原材料费用分配率

月末在产品实际原材料费用=月末在产品定额原材料费用×原材料费用分配率

=月初在产品实际原材料费用+本月实际原材料费用-完工产品实际原材料费用

完工产品某项加工费用=完工产品定额工时×该项费用分配率

月末在产品某项加工费用=月末在产品定额工时×该项费用分配率

【例7-8】天佑工厂F产品本月完工产品产量300个，在产品数量50个；单位产品定额消耗为：材料400千克/个，100工时/个。单位在产品材料定额400千克，工时定额50小时。有关成本资料如表7-2所示。要求按定额比例法计算在产品成本及完工产品成本。

表 7－2　　　　成本资料　　　　单位：元

项　目	直接材料	直接人工	制造费用	合计
期初在产品成本	40 000	3 750	3 250	47 000
本期发生成本	100 000	32 000	26 000	158 000
合　计	140 000	35 750	29 250	205 000

按完工产品定额与在产品定额各占总定额的比例分配成本的有关过程如下：

（1）计算完工产品定额消耗。

完工产品直接材料定额消耗 = 400 × 300 = 120 000（千克）

完工产品直接人工定额消耗 = 100 × 300 = 30 000（小时）

完工产品制造费用定额消耗 = 100 × 300 = 30 000（小时）

（2）计算在产品定额消耗。

在产品直接材料定额消耗 = 400 × 50 = 20 000（千克）

在产品直接人工定额消耗 = 50 × 50 = 2 500（小时）

在产品制造费用定额消耗 = 50 × 50 = 2 500（小时）

（3）计算费用分配率。

$$直接材料分配率 = \frac{140\ 000}{120\ 000 + 20\ 000} = 1$$

$$直接人工分配率 = \frac{35\ 750}{30\ 000 + 2\ 500} = 1.1$$

$$制造费用分配率 = \frac{29\ 250}{30\ 000 + 2\ 500} = 0.9$$

（4）分配成本。

完工产品应负担的直接材料成本 = 120 000 × 1 = 120 000（元）

在产品应负担的直接材料成本 = 20 000 × 1 = 20 000（元）

完工产品应负担的直接人工成本 = 30 000 × 1.1 = 33 000（元）

在产品应负担的直接人工成本 = 2 500 × 1.1 = 2 750（元）

完工产品应负担的制造费用 = 30 000 × 0.9 = 27 000（元）

在产品应负担的制造费用 = 2 500 × 0.9 = 2 250（元）

（5）通过以上按定额比例法分配计算的结果，可汇总 F 产品完工产品成本和在产品成本。

F 产品本月完工产品成本 = 120 000 + 33 000 + 27 000 = 180 000（元）

F 产品本月在产品成本 = 20 000 + 2 750 + 2 250 = 25 000（元）

（6）根据完工产品总成本编制完工产品入库的会计分录。

借：库存商品——F 产品　　180 000

　贷：基本生产成本——F 产品　　180 000

六、在产品按定额成本计算法

在产品按定额成本计价法是指月末在产品成本按预先制定的定额成本计算，实际生产费用脱离定额的差异全部由完工产品负担的一种方法。按照在产品按定额成本计价法，首先以在产品的定额单价计算在产品的定额成本，完工产品实际成本可用倒挤的方法计算，计算公式为完工产品成本 = 月初在产品的定额成本 + 本月生产费用发生额 – 月末在产品定额成本。

在产品定额成本的计算公式为：

在产品直接材料定额成本 = 在产品数量 × 材料消耗定额 × 材料计划单价

在产品直接人工定额成本 = 在产品数量 × 工时定额 × 计划小时工资率

在产品制造费用定额成本 = 在产品数量 × 工时定额 × 计划小时费用率

【例 7 – 9】天佑工厂 G 产品 2018 年 1 月完工产品产量 3 000 个，在产品数量 400 个。在产品单位定额成本为：直接材料 15 元，直接人工 20 元，制造费用 25 元。G 产品本月月初在产品和本月耗用直接材料成本共计 68 000 元，直接人工成本 80 000 元，制造费用 96 000 元。

（1）计算期末在产品定额成本。

在产品直接材料定额成本 = 400 × 15 = 6 000（元）

在产品直接人工定额成本 = 400 × 20 = 8 000（元）

在产品制造费用定额成本 = 400 × 25 = 10 000（元）

（2）计算完工产品成本。

完工产品直接材料成本 = 68 000 – 6 000 = 62 000（元）

完工产品直接人工成本 = 80 000 – 8 000 = 72 000（元）

完工产品制造费用成本 = 96 000 – 10 000 = 86 000（元）

完工产品总成本 = 62 000 + 72 000 + 86000 = 220 000（元）

（3）编制完工产品入库的会计分录。

借：库存商品——G 产品　　220 000

　　贷：基本生产成本——G 产品　　220 000

七、在产品按完工产品成本计算法

在产品按完工产品成本计算法是指当在产品的完工程度接近完工产品时或在产品已经完工但未办理入库手续时，可以将在产品作为完工产品，将生产费用按在产品和完工产品的数量比例进行分配。这种方法适用于月末在产品已接近完工，只是尚未包装或尚未验收入库的产品。它实际为约当产量比例法的一个特例，即在计算在产品约当产量时，其完工程度为 100%。

【例 7 – 10】天佑工厂 H 产品 2018 年 1 月完工产品产量 3 000 个，在产品数量 500 个。H 产品本月在产品和本月完工产品共耗用直接材料成本共计 70 000 元，直接人工成本87 500元，制造费用 35 000 元。由于本月在产品的完工程度接近完工产品，采用在产品成本按完工产品成本计算法分配生产费用。

（1）计算费用分配率。

$$直接材料分配率 = \frac{70\ 000}{3\ 000 + 500} = 20$$

$$直接人工分配率 = \frac{87\ 500}{3\ 000 + 500} = 25$$

$$制造费用分配率 = \frac{35\ 000}{3\ 000 + 500} = 10$$

（2）分配成本。

完工产品应负担的直接材料成本 = 3 000 × 20 = 60 000（元）

在产品应负担的直接材料成本 = 500 × 20 = 10 000（元）

完工产品应负担的直接人工成本 = 3 000 × 25 = 75 000（元）

在产品应负担的直接人工成本 = 500 × 25 = 12 500（元）

完工产品应负担的制造费用 = 3 000 × 10 = 30 000（元）

在产品应负担的制造费用 = 500 × 10 = 5 000（元）

完工产品总成本 = 60 000 + 75 000 + 30 000 = 165 000（元）

（3）编制完工产品入库的会计分录。

借：库存商品——H 产品　　　　165 000

　　贷：基本生产成本——H 产品　　　　165 000

要点总结

企业的在产品是指已经投入生产，但还没有完成全部生产过程，不能作为商品销售的产品。企业应当根据在产品数量的多少、各月在产品数量变化的大小、各项成本比重的大小以及定额管理基础的好坏等具体条件，采用适当的分配方法将生产费用在完工产品和在产品之间进行分配。常用的分配方法有：不计算在产品成本法、在产品按年初固定数计算法、在产品按所耗原材料成本计算法、约当产量比例法、定额比例法、在产品按完工产品成本计算法、在产品按定额成本计算法。

复习思考题

1. 什么是在产品？

2. 完工产品和在产品的成本计算模式有几种？如何计算？

3. 采用约当产量法计算产品成本时，当原材料在开始时一次投入的情况下应如何计算完工产品和在产品成本？

4. 试比较各种不同在产品成本计算方法适用条件的不同。

5. 采用在产品按定额成本计算法和定额比例法计算产品成本各适用什么条件？应如何计算？

第八章 产品成本计算的品种法

学习目标

通过本章的学习，学生应了解企业生产特点和管理要求对成本计算方法的影响，掌握成本计算的品种法特点和适用范围，并能具体运用成本计算方法进行成本计算。

产品成本计算方法是指将一定时期的生产耗费按各种产品品种、产品批次或生产步骤进行归集，并且在完工产品与在产品之间进行分配，以求得各种产品的完工产品总成本和单位成本的过程。不同的企业，其生产过程有不同的特点，其成本管理的要求也是不一样的，这对成本计算的具体方法带来了很大的影响。也就是说，只有根据企业生产的特点和成本管理的不同要求，选择不同的成本计算方法，才能正确地计算出产品成本。

第一节 产品成本计算方法概述

一、企业的生产类型

不同部门、行业的生产千差万别，对工业企业，可以根据工艺过程特点和生产组织特点划分为不同类型。

（一）按照生产工艺过程的特点划分

工业企业的生产类型，按照生产工艺过程分类，可分为单步骤生产和多步骤生产。

（1）单步骤生产也称简单生产，是指产品生产工艺过程比较简单或不可间断，或者在工作地点上不能由几个不同地点进行的生产。这类生产的周期较短，一般只能由一个企业整体进行，而不能由几个企业协作完成，如供电、供水、采掘、化肥、玻璃等生产，都属于这种类型。

（2）多步骤生产也称复杂生产，是指产品生产工艺技术过程可以间断为若干个步骤，可以分别在不同时间、不同地点进行的生产。这种生产可以由一个企业的各个生产车间进行，也可以由几个企业共同合作进行。

多步骤生产按其产品加工方式的不同，又可分为连续式多步骤生产和装配式多步骤生产两类。连续式多步骤生产是指产品的各个生产步骤有先后顺序，投入生产的原材料要依次经过各个生产步骤的加工，直到最后的生产步骤才能成为产成品的生产，如纺织、服装、造纸、五金制品等生产。装配式多步骤生产是指产品的各个生产步骤无先后顺序，可分别同时加工，然后再装配成产成品的生产，如汽车制造、机器制造、仪表制造等生产。

（二）按照生产组织的特点划分

工业企业的生产类型，按照生产组织特点划分，可分为大量生产、成批生产和单件生产三种类型。

（1）大量生产，是指不断重复制造一种或几种相同的产品的生产。这种生产的特点是品种较少，产量较大，生产重复性强，如发电、采掘、自来水、酿酒、面粉等的生产。

（2）成批生产，是指按预先规定的批别和数量，轮番进行若干产品的生产。这种生产的特点是品种较多，各种产品的生产往往成批重复进行，如家用电器、服装、鞋帽等生产。

根据批量的大小，成批生产又可分为大批生产和小批生产。大批生产的性质接近于大量生产，小批生产的性质接近于单件生产。

（3）单件生产，是指根据购货单位定单的要求制造个别的、性质特殊的产品的生产。这种生产的特点是产品种类较多，但极少重复，如飞机、造船、重型机械、专用设备制造等生产。

二、生产类型对产品成本计算的影响

不同的企业，不同的生产工艺过程、生产组织特点以及成本管理要求不同，成本计算的方法也不一样。生产类型对成本计算方法的影响主要表现在三个方面：一是成本计算对象不同；二是成本计算期不同；三是生产费用在产成品和在成品之间的分配情况不同。

1. 对成本计算对象的影响

成本计算对象是指企业为了计算产品成本而确定的归集和分配生产费用的各个对象，即成本费用的承担者，也称成本核算对象。一种产品、一批产品、一类产品以及生产过程中各步骤的半成品，都可作为成本计算对象。生产费用的归集和分配、产品成本明细账的设置的前提条件是确定成本计算对象。

从生产工艺过程特点看：①单步骤生产由于工艺过程不能间断，必须以产品为成本计算对象，按产品品种分别计算成本；②多步骤连续加工式生产，需要以步骤为成本计算对象，既按步骤又按品种计算各步骤半成品成本和产品成本；③多步骤平行式加工生产，因零部件无独立的核算意义，不需按步骤计算半成品成本，而以产品品种为成本计算对象。

从产品生产组织特点看：①在大量生产情况下，只能按产品品种为成本计算对象计算产品成本；②大批生产，不能按产品批别计算成本，而只能按产品品种为成本计算对象计算产品成本；③如果大批生产的零件、部件按产品批别投产，也可按批别或件别为成本计算对象计算产品成本；④小批、单件生产，由于产品批量小，一批产品一般可以同时完工，可按产品批别为成本计算对象计算产品成本。

2. 对成本计算期的影响

成本计算期是指计算产品成本时，对生产费用计入产品成本的起讫日期，也就是每次计算产品成本的期间。这主要取决于生产组织的特点。

在大量、大批生产中，由于生产连续不断地进行，每月都有完工产品，生产活动连续不断地进行着，产品成本很难在某件产品或某批产品完工以后进行，因而产品成本要定期在每月月末进行，与生产周期不一致，与会计报告期一致。在小批、单件生产中，产品成本只能在某批、某件产品完工以后计算，因而成本计算是不定期进行的，与会计报告期不一致，而与生产周期一致。

3. 对生产费用在完工产品和在产品之间分配的影响

在单步骤生产中，由于生产过程不能间断，生产周期短，一般没有期末在产品或在产品数量很少，生产费用不必在完工产品与在产品之间进行分配。

在多步骤生产中，是否需要在完工产品与在产品之间分配费用，很大程度上取决于生产组织的特点。在大量、大批生产中，由于生产不间断进行，而且经常有在产品，因而在计算成本时，就需要采用适当的方法，将生产费用在完工产品与在产品之间进行分配。

在小批、单件生产中，如果成本计算期与生产周期一致，在每批、每件产品完工前，产品成本明细账中所登记的生产费用就是月末在产品的成本；完工后，所登记的费用就是完工产品的成本，因而不存在完工产品与在产品之间分配费用的问题。

上述三方面是相互联系、相互影响的，其中生产类型对成本计算对象的影响是主要的。不同的成本计算对象决定了不同的成本计算期和生产费用在完工产品与在产品之间的分配。因此，成本计算对象的确定，是正确计算产品成本的前提，也是区别各种成本计算方法的主要标志。

三、产品成本计算的主要方法

1. 产品成本计算的基本方法

为了适应各类型生产的特点和不同的管理要求，在产品成本计算工作中存在着三种不同的成本计算对象，从而有三种不同的成本计算方法：以产品品种为成本计算对象的产品成本计算方法，称为品种法；以产品批别为成本计算对象的产品成本计算方法，称为分批法；以产品生产步骤为成本计算对象的产品成本计算方法，称为分步法。

受企业生产类型特点和管理要求的影响，产品成本计算对象包括分品种、分批和分步骤三种，所以上述以不同成本计算对象为主要标志的三种成本计算方法是产品成本计算的基本方法，属于计算产品实际成本必不可少的方法。

2. 产品成本计算的辅助方法

在产品品种、规格繁多的工业企业，为了简化成本计算工作，还应用着一种简便的成本计算方法——分类法。

在定额管理基础较好的工业企业，还应用着一种将符合定额的生产费用和脱离定额差异分别核算，保证成本计划、定额完成的一种产品成本计算方法——定额法。

四、管理要求对产品成本计算的影响

管理要求对成本计算方法的影响主要有：

（1）单步骤生产或管理上不要求分步骤计算成本的多步骤生产，以品种或批别为成本计算对象，采用品种法或分批法。

(2) 管理上要求分步骤计算成本的多步骤生产，以生产步骤为成本计算对象，采用分步法。

(3) 在产品品种、规格繁多的企业，管理上要求尽快提供成本资料，简化成本计算工作，可采用分类法计算产品成本。

(4) 在定额管理基础较好的企业，为加强定额管理工作，可采用定额法。

第二节 品种法

一、品种法的含义及适用范围

1. 品种法的含义

产品成本计算的品种法，是以产品品种作为成本计算对象来归集生产费用，计算产品成本的一种方法。

2. 品种法的适用范围

(1) 品种法主要适用于大量大批的单步骤生产的企业，这类企业的生产过程在工艺上不可间断，因而不可能或不需要按照生产步骤计算产品成本；又因是大量大批同种类产品的生产，没必要按批别计算产品成本。

(2) 在大量大批多步骤生产的企业中，如果企业生产规模较小，或者车间是封闭式的，而且成本管理上不要求提供各步骤的成本资料时，也可以采用品种法计算产品成本。

(3) 企业的辅助生产车间也可以采用品种法计算其产品（或劳务）的成本。

（三）品种法的特点

1. 成本计算对象

品种法的成本计算对象是企业的最终完工产品。如果只生产一种产品，成本计算对象就是该种产品，只需为该产品开设一本成本明细账，账内按成本项目设立专栏即可，这时发生的所有费用都是直接费用，都可以直接计入该产品成本明细账的有关成本项目；如果生产多种产品，成本计算对象就是每种产品，应按产品品种分别设置产品成本明细账，直接费用直接计入各明细账有关成本项目，间接费用分配计入各明细账有关成本项目。

2. 成本计算期

采用品种法计算成本的企业主要是大量大批的单步骤生产的企业，由于不断重复生产一种或几种产品，产品实际生产周期无法确定，每月都有完工产品，按月计算产品成本可能使成本计算更为便捷，因而一般定期（每月月末）计算产品成本，成本计算期与会计报告期一致，与产品生产周期不一致。

3. 生产费用在完工产品和在产品之间分配

品种法下，月末计算成本时，如果没有在产品或者在产品数量很少，则不需要计算月末在产品成本，各种产品的成本明细账中归集的全部生产费用，就是该产品的完工产品总成本，用总成本除以产量，即可得出完工产品的单位成本；如果月末有在产品，而且数量较多，则应将成本明细账内归集的生产费用采用适当的分配方法，在完工产品和月末在产品间进行分配，以便计算完工产品成本和月末在产品成本。

二、品种法的计算程序

1. 按产品品种设置有关成本明细账

在“基本生产成本”总分类账户下，按产品品种开设产品成本明细账（或产品成本计算单），并按成本项目设置专栏，还应开设“辅助生产成本明细账”（按生产车间或品种）和“制造费用明细账”（按生产车间），账内按成本项目或费用项目设置专栏。

2. 归集和分配本月发生的各项费用

根据生产过程中发生的各项费用的原始凭证和相关资料，编制各种费用汇总表和分配表，进行账务处理后，登记“基本生产成本明细账”“辅助生产成本明细账”“制造费用明细账”及期间费用明细账。

（1）根据领料凭证和退料凭证及有关分配标准，汇总和分配材料费用，并登记有关明细账。

（2）根据各车间、部门薪酬结算凭证及有关分配标准，汇总和分配人工费用，并登记有关明细账。

（3）根据各车间、部门耗电数量、电价和有关分配标准，编制外购动力费用分配表，并登记有关明细账。

（4）根据各车间、部门计提固定资产折旧的方法，编制折旧费用计算表，分配折旧费用，并登记有关明细账。

（5）根据货币资金支出业务，按用途分类汇总各种付款凭证，登记各项费用。

（6）对应直接计入当期损益的管理费用、销售费用和财务费用，应分别计入有关期间费用明细账。

3. 归集和分配辅助生产费用

在设有辅助生产车间的企业，应根据有关付款凭证和费用分配表归集辅助生产费用，编制辅助生产成本明细账，对本期辅助生产费用总额，采用适当的方法分配给各受益对象，编制辅助生产费用分配表，进行账务处理，并据以登记有关明细账。

辅助生产车间如果单独核算制造费用，则应在分配辅助生产费用前分别转入各辅助生产成本明细账。

4. 归集和分配基本生产车间制造费用

根据有关付款凭证和费用分配表归集基本生产车间制造费用明细账，对本期制造费用总额，采用一定的方法在各种产品之间进行分配，编制制造费用分配表，进行账务处理，并据以登记产品成本明细账（或产品成本计算单）。

5. 计算完工产品成本和在产品成本

根据各种费用分配表和其他有关资料，登记产品成本明细账（或产品成本计算单），对归集的生产费用合计数，采用适当的方法，分配计算各种完工产品成本和在产品成本。如果月末没有在产品，则本月发生的生产费用就全都是完工产品成本。

6. 结转完工产成品成本

根据各成本计算单中计算出来的本月完工产品成本，汇总编制“完工产品成本汇总表”，计算出完工产品总成本和单位成本，并进行结转。

三、品种法的举例

【例8－1】天佑工厂为大量大批单步骤生产的企业，设有一个基本生产车间，生产甲、乙两种产品，甲产品、乙产品耗用的原材料于生产开始时一次投入。还设有两个辅助生产车间——修理车间、运输车间。根据生产特点和管理要求，企业采用品种法计算产品成本；对外购动力不单设成本项目，计入制造费用；对辅助生产车间的制造费用不通过“制造费用”科目核算，发生时直接计入“辅助生产成本”。该厂对产品成本按直接材料、直接人工、制造费用分设了专栏。该厂2018年1月有关产品成本核算资料如下：

（1）产品生产资料如表8－1所示。

表8－1　产品生产资料

2018年1月　单位：件

产品名称	月初在产品	本月投产	完工产品	月末在产品	在产品完工率
甲	800	7 200	6 500	1 500	60%
乙	320	3 680	3 200	800	40%

（2）月初在产品成本如表8－2所示。

表8－2　月初在产品成本

2018年1月　单位：元

产品名称	直接材料	直接人工	制造费用	合计
甲	60 000	21 000	14 850	95 850
乙	13 000	13 200	7 150	33 350

（3）该厂本月发生生产费用资料如下：

1）材料费用。生产甲产品耗用材料40 000元，生产乙产品耗用材料37 000元，生产甲、乙产品共同耗用材料90 000元（甲产品材料定额消耗量为30 000千克，乙产品材料定额消耗量为15 000千克）。运输车间耗用材料9 000元，修理车间耗用材料10 000元。基本生产车间耗用消耗性材料19 000元。

2）人工费用。基本生产车间生产工人薪酬200 000元，修理车间人员薪酬30 000元，运输车间人员薪酬20 000元。基本生产车间管理人员薪酬16 000元，行政管理部门管理人员薪酬10 000元。

3）外购动力费用。应付外购电费15 000元，其中甲、乙产品动力用电12 000元，基本生产车间照明用电1 100元，修理车间用电1 200元，运输车间用电1 000元，行政管理部门用电700元。

4）其他费用。计提固定资产折旧费 8 900 元，其中基本生产车间 5 900 元，运输车间 1 000 元，修理车间 1 000 元，行政管理部门 1 000 元；发生办公费 11 800 元，其中基本生产车间 4 000 元，运输车间 1 000 元，修理车间 5 800 元，行政管理部门 1 000 元。全部用银行存款支付。

（4）工时记录情况为：甲产品耗用实际工时为 9 000 小时，乙产品耗用实际工时为 11 000 小时。

（5）辅助生产车间提供劳务情况：

劳务供应情况

2018 年 1 月　　单位：元

受益单位	修理/小时	运输/千米
修理车间		1 000
运输车间	200	
基本车间一般用	1 500	3 000
行政管理部门	100	5 000
合计	1 800	9 000

（6）该厂所选择的有关费用分配方法如下：

1）甲、乙产品共同耗用材料按定额耗用量比例分配。

2）甲、乙产品共同耗用的生产工人薪酬费用、外购动力费用按生产工时比例分配。

3）辅助生产费用按直接分配法分配。

4）制造费用按生产工时比例分配。

5）按约当产量法分配计算甲、乙完工产品和月末在产品成本。

根据以上资料，采用品种法核算产品成本的程序和相关账务处理如下。

1. 成本核算对象和明细账的设置

天佑工厂以生产的甲、乙两种主要产品作为成本核算对象，设置“基本生产成本”和“辅助生产成本”总分类账，并按甲、乙两种产品开设产品成本明细账（或产品成本计算单）。同时，还应开设“辅助生产成本明细账”和“制造费用明细账”。

2. 归集和分配本月发生的要素费用

（1）编制材料费用分配表（表 8－3）。

表 8－3　　**材料费用分配表**

2018 年 1 月　　单位：元

应借科目		直接计入金额	分配计入金额			合计
			定额消耗量/千克	分配率	分配金额	
基本生产成本	甲产品	40 000	30 000	2（元/千克）	60 000	100 000
	乙产品	37 000	15 000		30 000	67 000
	小计	77 000	45 000		90 000	167 000

续表

应借科目		直接计入金额	分配计入金额			合计
			定额消耗量/千克	分配率	分配金额	
辅助生产成本	运输车间	9 000				9 000
辅助生产成本	修理车间	10 000				10 000
制造费用		19 000				19 000
合计		115 000			90 000	205 000

材料费用分配的会计分录如下：

借：基本生产成本——甲产品　　100 000

　　　　　　　　——乙产品　　67 000

　　辅助生产成本——运输车间　　9 000

　　　　　　　　——修理车间　　10 000

　　制造费用　　19 000

　　贷：原材料　　205 000

（2）编制职工薪酬费用分配表（表8－4）。

表8－4　职工薪酬费用分配表

2018年1月　单位：元

应借科目		直接计入金额	分配计入金额			合计
			生产工时/小时	分配率	分配金额	
基本生产成本	甲产品		9 000	10（元/千克）	90 000	90 000
	乙产品		11 000		110 000	110 000
	小计		20 000		200 000	200 000
辅助生产成本	运输车间	20 000				20 000
辅助生产成本	修理车间	30 000				30 000
制造费用		16 000				16 000
管理费用		10 000				10 000
合计		76 000			200 000	276 000

职工薪酬费用分配的会计分录如下：

借：基本生产成本——甲产品　　90 000

　　　　　　　　——乙产品　　110 000

　　辅助生产成本——运输车间　　20 000

　　　　　　　　——修理车间　　30 000

制造费用　　　　　　　　　　　　　　　　16 000

管理费用　　　　　　　　　　　　　　　　10 000

贷：应付职工薪酬　　　　　　　　　　　　　276 000

（3）编制外购动力费用分配表（表8-5）。

表8-5　　　　　　　　　　**外购动力费用分配表**

2018年1月　　　　　　　　　　单位：元

应借科目		直接计入金额	分配计入金额			合计
			生产工时/小时	分配率	分配金额	
基本生产成本	甲产品		9 000	0.6（元/小时）	5 400	5 400
	乙产品		11 000		6 600	6 600
	小计		20 000		12 000	12 000
辅助生产成本	运输车间	1 000				10 00
辅助生产成本	修理车间	1 200				1 200
制造费用		1 100				1 100
管理费用		700				700
合计		4 000			12 000	16 000

外购动力费用分配的会计分录如下：

借：基本生产成本——甲产品　　　　　　　5 400

　　　　　　　　——乙产品　　　　　　　6 600

　　辅助生产成本——运输车间　　　　　　1 000

　　　　　　　　——修理车间　　　　　　1 200

　　制造费用　　　　　　　　　　　　　　1 100

　　管理费用　　　　　　　　　　　　　　700

　　贷：应付账款　　　　　　　　　　　　16 000

（4）编制折旧费用计算表（表8-6）。

表8-6　　　　　　　　　　**折旧费用计算表**

2018年1月　　　　　　　　　　单位：元

应借账户	月应提折旧额
辅助生产成本——运输车间	1 000
辅助生产成本——修理车间	1 000
制造费用	5 900
管理费用	1 000
合　计	8 900

计提折旧的会计分录如下：

借：辅助生产成本——运输车间　　1 000

　　　　　　　　——修理车间　　1 000

　　制造费用　　5 900

　　管理费用　　1 000

　　贷：累计折旧　　8 900

（5）编制其他费用分配表（表8－7）。

表8－7　其他费用分配表

2018年1月　　单位：元

应借账户	办公费	合计
辅助生产成本——运输车间	1 000	1 000
辅助生产成本——修理车间	5 800	5 800
制造费用	4 000	4 000
管理费用	1 000	1 000
合　计	11 800	11 800

其他费用分配的会计分录如下：

借：辅助生产成本——运输车间　　1 000

　　　　　　　　——修理车间　　5 800

　　制造费用　　4 000

　　管理费用　　1 000

　　贷：银行存款等　　11 800

3. 归集和分配辅助生产费用

（1）编制辅助生产成本明细账（表8－8、表8－9）。

表8－8　辅助生产成本明细账

车间名称：运输车间　　2018年1月　　单位：元

2018年		凭证号数	摘要	机物料	职工薪酬	电费	折旧费	办公费	其他	合计
月	日									
1	31		分配材料费用	9 000						9 000
	31		分配职工薪酬费用		20 000					20 000
	31		分配外购动力费用			1 000				1 000
	31		计提折旧费用				1 000			1 000
	31		分配其他费用					1 000		1 000
	31		本月合计	9 000	20 000	1 000	1 000	1 000		32 000
	31		本月分配转出	9 000	20 000	1 000	1 000	1 000		32 000
	31		分配材料费用	10 000						10 000

表 8－9　　　　　　　　辅助生产成本明细账

车间名称：修理车间　　　　　　2018 年 1 月　　　　　　单位：元

2018 年 月	日	凭证号数	摘　要	机物料	职工薪酬	电费	折旧费	办公费	其他	合计
1	31		分配职工薪酬费用		30 000					30 000
	31		分配外购动力费用			1 200				1 200
	31		计提折旧费用				1 000			1 000
	31		分配其他费用					5 800		5 800
	31		本月合计	10 000	30 000	1 200	1 000	5 800		48 000
	31		本月分配转出	10 000	30 000	1 200	1 000	5 800		48 000

（2）编制辅助生产费用分配表（表 8－10）。

表 8－10　　　　　　　　辅助生产费用分配表

2018 年 1 月

辅助生产车间名称		修理车间	运输车间	金额合计
待分配费用/元		48 000	32 000	80 000
提供的劳务总量		1 800	9 000	
对外供应劳务数量		1 600（1 800－200）	8 000（9 000－1 000）	
单位成本（分配率）		30×（48 000/1 600）	4×（32 000/8 000）	
基本生产车间	耗用数量	1 500	3 000	
	分配金额	45 000	12 000	57 000
行政管理部门	耗用数量	100	5 000	
	分配金额	3 000	20 000	23 000
金额合计（元）		48 000	32 000	80 000

辅助生产费用分配的会计分录如下：

借：制造费用　　　　　　　　　　　　57 000

　　管理费用　　　　　　　　　　　　23 000

　　贷：辅助生产成本——修理车间　　　　48 000

　　　　　　　　　　——运输车间　　　　32 000

4. 归集和分配基本生产车间制造费用

（1）编制制造费用明细账（表 8－11）。

表 8－11　　　　　　　　制造费用明细账

2018 年 1 月　　　　　　单位：元

2018 年 月	日	凭证号数	摘　要	机物料	职工薪酬	电费	折旧费	办公费	修理费	运输费	合计
1	31	略	分配材料费用	19 000							19 000
	31		分配职工薪酬费用		16 000						16 000

续表

2018年 月	2018年 日	凭证号数	摘要	机物料	职工薪酬	电费	折旧费	办公费	修理费	运输费	合计
1	31		分配外购动力费用			1 100					1 100
	31		计提折旧费用				5 900				5 900
	31		分配其他费用					4 000			4 000
	31		分配辅助生产费用						45 000	12 000	57 000
	31		本月合计	19 000	16 000	1 100	5 900	4 000	45 000	12 000	103 000
	31		本月分配转出	19 000	16 000	1 100	5 900	4 000	45 000	12 000	103 000

（2）编制制造费用分配表（表8－12）。

表8－12　制造费用分配表

2018年1月　　单位：元

应借账户		生产工时/小时	分配率	分配额
生产成本——基本生产成本	甲产品	9 000	5.15	46 350
	乙产品	11 000		56 650
合计		20 000		103 000

制造费用分配的会计分录如下：

借：基本生产成本——甲产品　　46 350

　　　　　　　　——乙产品　　56 650

　贷：制造费用　　103 000

5. 计算完工产品成本和在产品成本

（1）甲、乙产品的产品成本明细账分别如表8－13、表8－14所示。

表8－13　产品成本明细账

产品名称：甲产品　　2018年1月　　单位：元

2018年 月	2018年 日	凭证号数	摘要	直接材料	直接人工	制造费用	合计
1	1		月初在产品成本	60 000	21 000	14 850	95 850
	31		分配材料费用	100 000			100 000
	31		分配职工薪酬费用		90 000		90 000
	31		分配外购动力费用			5 400	5 400
	31		分配制造费用			46 350	46 350
	31		生产费用合计	160 000	111 000	66 600	337 600
	31		结转完工产品成本	130 000	97 500	58 500	286 000
	31		月末在产品成本	30 000	13 500	8 100	51 600

表 8－14　　产品成本明细账

产品名称：乙产品　　2018 年 1 月　　单位：元

2018 年		凭证号数	摘　　要	直接材料	直接人工	制造费用	合计
月	日						
1	1		月初在产品成本	13 000	13 200	7 150	33 350
	31		分配材料费用	67 000			67 000
	31		分配职工薪酬费用		110 000		110 000
	31		分配外购动力费用			6 600	6 600
	31		分配制造费用			56 650	56 650
	31		生产费用合计	80 000	123 200	70 400	273 600
	31		结转完工产品成本	64 000	112 000	64 000	240 000
	31		月末在产品成本	16 000	11 200	6 400	33 600

（2）甲、乙产品的产品成本计算单（表 8－15、表 8－16）。

表 8－15　　产品成本计算单

产品名称：甲产品　　完工产品：6 500 件　　在产品：1 500 件　　完工程度：60%

2018 年 1 月　　单位：元

项　　目	直接材料	直接人工	制造费用	合计
月初在产品成本	60 000	21 000	14 850	95 850
本月生产费用合计	100 000	90 000	51 750	241 750
生产费用合计	160 000	111 000	66 600	337 600
本月完工产品数量	6 500	6 500	6 500	
月末在产品数量	1 500	1 500	1 500	
月末在产品完工程度/%	100	60	60	
月末在产品约当产量	1 500	900	900	
约当总产量	8 000	7 400	7 400	
费用分配率/（元/件）	20	15	9	
本月完工产品成本	130 000	97 500	58 500	286 000
月末在产品成本	30 000	13 500	8 100	51 600

表 8－16　　产品成本计算单

产品名称：乙产品　　完工产品：3 200 件　　在产品：800 件　　完工程度：40%

2018 年 1 月　　单位：元

项　　目	直接材料	直接人工	制造费用	合计
月初在产品成本	13 000	13 200	7 150	33 350
本月生产费用合计	67 000	110 000	63 250	240 250

续表

项　　目	直接材料	直接人工	制造费用	合计
生产费用合计	80 000	123 200	70 400	273 600
本月完工产品数量	3 200	3 200	3 200	
月末在产品数量	800	800	800	
月末在产品完工程度/%	100	40	40	
月末在产品约当产量	800	320	320	
约当总产量	4 000	3 520	3 520	
费用分配率/（元/件）	20	35	20	
本月完工产品成本	64 000	112 000	64 000	240 000
月末在产品成本	16 000	11 200	6 400	33 600

6. 结转完工产成品成本

编制完工产品成本汇总表（表 8－17）。

表 8－17　　完工产品成本汇总表

2018 年 1 月　　单位：元

产品	产量	完工产品总成本				完工产品单位成本
		直接材料	直接人工	制造费用	合计	
甲产品	6 500（件）	130 000	97 500	58 500	286 000	44
乙产品	3 200（件）	64 000	112 000	64 000	240 000	75
合　　计		194 000	209 500	122 500	526 000	

结转完工产成品成本的会计分录如下：

借：库存商品——甲产品　　286 000

　　　　　　——乙产品　　240 000

　贷：基本生产成本——甲产品　　286 000

　　　　　　　　　——乙产品　　240 000

要点总结

本章主要介绍了不同类型的企业，根据其生产特点及管理要求，选择不同的成本计算方法计算产品成本。在大量、大批、单步骤生产的企业，成本计算常采用品种法。品种法是以产品品种为成本计算对象的一种成本计算的基本方法。

复习思考题

1. 生产特点和管理要求对产品成本计算有何影响？
2. 品种法的适用范围和特点是什么？

第九章 产品成本计算的分批法

学习目标

通过本章的学习，要求学生理解分批法的特点和适用范围；掌握分批法的计算程序；熟练掌握分批法各种费用的归集和分配的方法；理解简化分批法的归集和分配方法。

第一节 分批法的适用范围和特点

一、分批法的含义

产品成本计算的分批法是以产品批别作为成本计算对象来归集生产费用，计算产品成本的一种方法。采用分批法计算产品成本的企业，产品的批别和每批的批量多是根据购买者定单来确定的，故分批法又称为定单法。

二、分批法的适用范围

主要适用于小批、单件，管理上不要求分步骤计算成本的多步骤生产，主要可适用于以下几种情况：

（1）根据购买者定单生产的单件小批企业。这类企业要根据购买者的要求，生产特殊规格和特定数量的产品。购买者的订单可能是单件的大型产品，如船舶、大型锅炉、重型机器，也可能是多件同样规格的产品，如特种仪器、制服等。

（2）产品种类和数量经常变动的小规模生产企业。这类企业规模小，要不断根据市场需要变动产品的数量和品种，不可能按产品设置流水线大量生产，必须按每批产品的投产来计算成本，如服装、小五金工厂，只能按批别计算成本。

（3）承揽修理、安装业务的企业。修理、安装业务多种多样，需要根据承接的业务分别计算成本，向客户报价收取货款，所以要报每次修理业务的成本，按每次修理业务归集费用。

（4）新产品试制。这类生产多是一次性的，经过试销和改进后才能正式生产。

以上企业的共同特点是一批产品通常不重复生产，或重复生产是不定期的。

三、分批法的特点

1. 成本计算对象

在分批法下，以客户的定单或企业规定的产品的批别作为成本计算对象，设置产品成本明细账或成本计算单，归集各批别产品的生产费用，计算各批别产品成本。

分批法的成本计算对象不是单纯购买者定单，而主要是企业生产部门下达的生产任务通知单（又称内部定单或工作令号）。财会部门应按“生产任务通知单”的生产批号设置“基本生产成本”明细账或产品成本计算单。确定产品批号或生产批号主要考虑：如果一张定单中不止一种产品时，可将这几种产品分为几批；如果几张定单都定有同一种产品，且数量都不多，可将其合并为一批；如果一张定单中虽只有一种产品，但数量较大，则可按最优批量将其划分为数批；如果定单中只有一件产品，但较大型和复杂，生产周期长，也可按产品的组成部分将其分为数批投产。

2. 成本计算期

在分批法下，要按月归集各批产品的实际生产费用，但各批产品因生产的复杂程度、数量等不同，各批次产品从投产到完工的生产周期也不相同。只有各批产品全部完工以后才能计算其实际成本。因此，成本计算期是不定期的，与生产周期一致，与会计报告期不一致。

3. 生产费用在完工产品与在产品之间分配

由于产品批量小，批内产品一般都能同时完工或在相距不远的时间内全部完工，因而在月末计算成本时，一般不存在生产费用在完工产品与在产品之间分配的问题。某批产品完工前，生产成本明细账中所归集的生产费用就全部是在产品成本，产品完工时，生产成本明细账中所归集的生产费用就全部是完工产品成本。

当然也可能存在批内产品跨月陆续完工交货情况，为了使收入与费用配比，这时就需要分情况采用一定的方法来计算本月完工产品成本。

（1）若批内产品跨月陆续完工的情况不多，可采用简便的分配方法，即按计划单位成本、定额单位成本或最近一期相同产品的实际单位成本计算完工产品成本。但在该批产品全部完工时，应重新计算该批产品的实际总成本和单位成本，而对已经转账的完工产品成本，不作账目调整。

（2）若批内产品跨月陆续完工的情况较多，月末批内完工产品的数量占全部批量的比重较大，则生产费用在完工产品与在产品成本之间的分配，应相应采用定额比例法、约当产量法或在产品按定额成本计价法等方法。

为了使同一批产品尽量同时完工，避免跨月陆续完工的情况，减少在完工产品和在产品之间分配费用的工作，企业在合理组织生产的前提下，可以适当减少产品的批量。

第二节　分批法举例

一、分批法的计算程序

1. 按产品批别设置生产成本明细账

分批法以产品批别作为成本计算对象，因此，应当按产品批别设置生产成本明细账（或产品成本计算单），用以归集和分配生产费用，计算各批产品的实际总成本和单位成本。

2. 按产品批别归集和分配本月发生的费用

企业当月发生的生产费用，能够按照批别划分的直接计入费用，应直接计入各批产品生产成本明细账（或产品成本计算单），对多批产品共同发生的间接计入费用，按照适用的分配方法，在各批产品之间进行分配以后，再分别计入各批产品生产成本明细账（或产品成本计算单）。

3. 归集和分配辅助生产费用

在设有辅助生产车间的企业，应根据有关付款凭证和费用分配表归集辅助生产费用，编制辅助生产成本明细账，对本期辅助生产费用总额，采用适当的方法分配给各受益对象，编制辅助生产费用分配表，进行账务处理，并据以登记有关明细账。

4. 分配基本生产车间制造费用

根据有关付款凭证和费用分配表归集基本生产车间制造费用明细账，对本期制造费用总额，采用一定的方法在各批产品之间进行分配，编制制造费用分配表，进行账务处理，并据以登记产品生产成本明细账（或产品成本计算单）。

5. 计算完工产品成本

采用分批法一般不需要在完工产品与在产品之间分配生产费用。某批产品全部完工，则该批别产品生产成本明细账（或产品成本计算单）归集的生产费用合计数就是该批产品的实际总成本。

6. 结转完工产品成本

期末，根据成本计算结果结转本期完工产品的实际总成本。

上述分批法计算程序，除了产品生产成本明细账的设置和完工产品成本的计算与品种法有所区别外，其他与品种法是完全一致的。

二、分批法举例

【例 9-1】天佑工厂属单件小批多步骤生产企业，有一个基本生产车间。按购货单位要求小批生产甲、乙、丙三种产品，产品成本计算采用分批法，设置了直接材料、直接人工、制造费用三个成本项目。2018 年 9 月份的有关成本计算资料如下：

（1）各生产批别批量、投产与完工资料如下：

1）301 号甲产品 50 件，8 月份投产，本月全部完工。

2）401 号乙产品 10 件，8 月份投产，本月完工 6 件，未完工 4 件，在产品完工程度为 50%。

3）501 号丙产品 15 件，本月份投产，尚未完工。

（2）月初在产品成本（表 9－1）。

表 9－1 **月初在产品成本**

2018 年 1 月 单位：元

产品名称	直接材料	直接人工	制造费用	合计
301 甲	80 000	10 000	38 000	128 000
401 乙	50 000	26 000	3 000	79 000

（3）该厂本月发生生产费用资料如下：

1）材料费用。生产 501 丙产品耗用材料 40 000 元，基本生产车间耗用消耗性材料 23 000元。

2）人工费用。基本生产车间生产工人薪酬 26 000 元，基本生产车间管理人员薪酬 6 000元，行政管理部门管理人员薪酬 12 000 元。

3）外购动力费用。应付外购电费 16 000 元，其中生产产品动力用电 13 000 元，基本生产车间照明用电 1 000 元，行政管理部门用电 2 000 元。

4）其他费用。计提固定资产折旧费 90 000 元，其中基本生产车间 70 000 元，行政管理部门 20 000 元；发生办公费 10 000 元，其中基本生产车间 4 000 元，行政管理部门 6 000元。全部用银行存款支付。

（4）本月工时记录情况为：301 号甲产品耗用实际工时为 600 小时，401 号乙产品耗用实际工时为 500 小时，501 号丙产品耗用实际工时为 200 小时。

（5）401 号乙产品本月完工产品数量在批内所占比重较大（60%），采用约当产量比例法在完工产品和月末在产品之间进行分配费用。

（6）生产工人薪酬费用、外购动力费用、制造费用按生产工时比例分配。

根据以上资料，采用分批法核算产品成本的程序和相关账务处理如下：

1. 领用材料的会计分录

借：基本生产成本——501 丙产品 40 000

　　制造费用 23 000

　　贷：原材料 63 000

2. 分配人工费用（表 9－2）

表 9－2 **职工薪酬费用分配表**

2018 年 9 月 单位：元

应借科目		直接计入金额	分配计入金额			合计
			生产工时/小时	分配率	分配金额	
基本生产成本	301 甲产品		600	20（元/小时）	12 000	12 000
	401 乙产品		500		10 000	10 000

续表

应借科目		直接计入金额	分配计入金额			合计
			生产工时/小时	分配率	分配金额	
	501 丙产品		200	20（元/小时）	4 000	4 000
	小计		1 300		26 000	26 000
制造费用		6 000				6 000
管理费用		12 000				12 000
合计		18 000			26 000	44 000

职工薪酬费用分配的会计分录如下：

借：基本生产成本——301 甲产品　　　12 000
　　　　　　　——401 乙产品　　　10 000
　　　　　　　——501 丙产品　　　4 000
　　制造费用　　　6 000
　　管理费用　　　12 000
　贷：应付职工薪酬　　　44 000

3. 分配外购动力费用（表 9－3）

表 9－3　　外购动力费用分配表

2018 年 9 月　　单位：元

应借科目		直接计入金额	分配计入金额			合计
			生产工时/小时	分配率	分配金额	
基本生产成本	301 甲产品		600	10（元/小时）	6 000	6 000
	401 乙产品		500		5 000	5 000
	501 丙产品		200		2 000	2 000
	小计		1 300		13 000	13 000
制造费用		1 000				1 000
管理费用		2 000				2 000
合计		3 000			13 000	16 000

外购动力费用分配的会计分录如下：

借：基本生产成本——301 甲产品　　　6 000
　　　　　　　——401 乙产品　　　5 000
　　　　　　　——501 丙产品　　　2 000
　　制造费用　　　1 000

管理费用　　　　　　　　　　　　　　　　　2 000
　贷：应付账款　　　　　　　　　　　　　　　16 000

4. 折旧费用分配的会计分录

借：制造费用　　　　　　　　　　　　　　　70 000
　　管理费用　　　　　　　　　　　　　　　20 000
　贷：累计折旧　　　　　　　　　　　　　　　90 000

办公费用分配的会计分录：

借：制造费用　　　　　　　　　　　　　　　4 000
　　管理费用　　　　　　　　　　　　　　　6 000
　贷：银行存款　　　　　　　　　　　　　　　10 000

5. 归集和分配基本生产车间制造费用

（1）编制制造费用明细账（表 9 –4）。

表 9 –4　　**制造费用明细账**

2018 年 9 月　　单位：元

2018 年		凭证号数	摘　要	机物料	职工薪酬	电费	折旧费	办公费	合计
月	日								
9	30	略	分配材料费用	23 000					23 000
	30		分配职工薪酬费用		6 000				6 000
	30		分配外购动力费用			1 000			1 000
	30		计提折旧费用				70 000		70 000
	30		分配其他费用					4 000	4 000
	30		本月合计	23 000	6 000	1 000	70 000	4 000	104 000
	30		本月分配转出	23 000	6 000	1 000	70 000	4 000	104 000

（2）编制制造费用分配表（表 9 –5）。

表 9 –5　　**制造费用分配表**

2018 年 9 月　　单位：元

应借账户		生产工时/小时	分配率	分配额
基本生产成本	301 甲产品	600	80（元/小时）	48 000
	401 乙产品	500		40 000
	501 丙产品	200		16 000
合计		1 300		104 000

制造费用分配的会计分录如下：

借：基本生产成本——301 甲产品　　　　　　48 000
　　　　　　　　——401 乙产品　　　　　　40 000

——501 丙产品　　16 000

贷：制造费用　　104 000

6. 产品成本计算单（表9－6至表9－8）

表9－6　　产品成本计算单

产品批号：301　　产品名称：甲产品　　产品批量：50件

投产日期：8月2日　　完工日期：9月22日　　完工数量：50件

2018年9月　　单位：元

项　目	直接材料	直接人工	制造费用	合计
月初在产品成本	80 000	10 000	38 000	128 000
本月生产费用合计		12 000	54 000	66 000
生产费用合计	80 000	22 000	92 000	194 000
完工产品总成本	80 000	22 000	92 000	194 000
完工产品单位成本	1 600	440	1 840	3 880

301号甲产品，本月全部完工，8、9月份累计生产费用全部为完工产品成本，除以完工产品数量，为完工产品单位成本。

表9－7　　产品成本计算单

产品批号：401　　产品名称：乙产品　　产品批量：10件

投产日期：8月5日　　完工日期：9月26日　　完工数量：6件

2018年9月　　单位：元

项　目	直接材料	直接人工	制造费用	合计
月初在产品成本	50 000	26 000	3 000	79 000
本月生产费用合计		10 000	45 000	55 000
生产费用合计	50 000	36 000	48 000	134 000
本月完工产品数量	6	6	6	
月末在产品数量	4	4	4	
月末在产品完工程度	100%	50%	50%	
月末在产品约当产量	4	2	2	
约当总产量	10	8	8	
费用分配率（元/件）	5 000	4 500	6 000	15 500
本月完工产品成本	30 000	27 000	36 000	93 000
月末在产品成本	20 000	9 000	12 000	41 000

表 9－8　　产品成本计算单

产品批号：501　　产品名称：丙产品　　产品批量：15 件

投产日期：9 月 8 日　　完工日期：　　完工数量：

2018 年 9 月　　单位：元

项　目	直接材料	直接人工	制造费用	合计
月初在产品成本				
本月生产费用合计	40 000	4 000	16 000	60 000

501 号丙产品本月未完工，发生的费用均为在产品成本。

7. 结转完工产成品成本

编制完工产品成本汇总表（表 9－9）。

表 9－9　　完工产品成本汇总表

2018 年 9 月　　单位：元

批次	产品	产量	完工产品总成本				完工产品单位成本
			直接材料	直接人工	制造费用	合计	
301	甲产品	50（件）	80 000	22 000	92 000	194 000	3 880
401	乙产品	6（件）	30 000	27 000	36 000	93 000	15 500
合计			110 000	49 000	128 000	287 000	

结转完工入库产品成本的会计分录如下：

借：库存商品——甲产品　　194 000

　　　　　　——乙产品　　93 000

　贷：基本生产成本——301 甲产品　　194 000

　　　　　　　　——401 乙产品　　93 000

第三节　简化分批法

一、简化分批法的含义

在小批、单件生产的企业或车间中，有时同一月份投产的产品批数很多，多达几十上百批次，并且月末未完工的批数也很多，如果把当月发生的各项间接计入费用全部分配给各批产品，各种间接计入费用在各批产品之间的分配工作将非常繁重。为了简化各项费用的分配工作，可以采用一种简化分批法。

简化分批法是指采用分批法进行成本计算时，各批产品成本明细账在产品完工前只登记直接费用和生产工时，每月发生的间接费用则是在生产成本二级账中分别累计起来，到产品完工时，才根据累计间接计入费用和各批产品累计工时，计算间接费用累计分配率，分配各批完工产品成本应负担的间接计入费用。由于这种方法只对完工产品分配间接费用，而不分批计算在产品成本，故又称为不分批计算在产品成本的分批法。

采用简化分批法，将生产费用在各成本计算对象之间的横向分配和生产费用在完工产品和期末在产品之间的纵向分配结合起来，大大简化了成本核算工作。

这种方法，仍应按照产品批别设立产品成本明细账，但在各该批产品完工以前，账内只需按月登记直接计入费用（如原材料费用）和生产工时，而不必按月分配、登记各项间接计入费用，计算各该批在产品的成本；只是在有完工产品的那个月份，才分配间接计入费用，计算、登记各该批完工产品的成本。

二、简化分批法的适用范围

适用于投产批数繁多而且月末未完工批数较多的企业。

三、简化分批法的特点

1. 必须设立基本生产成本二级账

除按产品批别设置产品生产成本明细账（产品成本计算单）外，还必须设立基本生产成本二级账。基本生产成本二级账和产品生产成本明细账平行登记。

产品生产成本明细账只按月登记该批产品的直接计入费用（如原材料费用）和生产工时。各月发生的间接计入费用（如职工薪酬和制造费用）不是按月在各批产品之间进行分配，而是按成本项目登记在基本生产成本二级账中，只是在有完工产品的月份才向本月完工产品分配登记间接计入费用；未完工产品的间接计入费用仍然保留在基本生产成本二级账中。

2. 不分批计算月末在产品成本

基本生产成本二级账按成本项目登记全部批次产品的累计生产费用（包括全部直接计入费用和全部间接计入费用）和累计生产工时。在有完工产品的月份，将完工产品应负担的间接计入费用分配转入到各完工产品生产成本明细账（产品成本计算单）后，基本生产成本二级账反映的是全部批次月末在产品成本。而各批次未完工产品的生产成本明细账（产品成本计算单）中也只反映月末在产品的累计直接计入费用和累计工时，不反映在产品成本。

3. 通过计算累计费用分配率来分配间接计入费用

简化分批法将间接计入费用在各批次产品之间的分配和在本月完工产品与月末在产品（全部批次）之间的分配一次完成。间接计入费用的分配，是通过计算累计费用分配率来进行的。其计算公式如下：

$$\text{累计间接费用分配率}=\frac{\text{全部产品某项间接计入费用}}{\text{全部产品累计生产工时}}$$

$$\text{某批完工产品应负担的某项间接计入费用}=\text{该批完工产品累计生产工时}\times\text{累计间接费用分配率}$$

四、简化分批法举例

【例9－2】天佑工厂的生产组织属于小批生产，生产批别多，生产周期长，每月月末经常有大量未完工的产品批数。该厂没有辅助生产车间。为简化核算工作，该厂采用简化分批法计算产品成本。该厂2018年9月份有关的成本计算资料如下：

（1）9月份生产批号。

1）601号：甲产品10件，6月投产，本月全部完工；至上月月末累计原材料费用8 000元，生产工时10 000小时；本月投入原材料费用2 500元，生产工时3 500小时。

2）701号：乙产品10件，7月投产，本月完工4件；至上月月末累计原材料费用6 800元，生产工时10 000小时；原材料为一次投入，本月生产工时12 000小时；完工产品实际工时10 000小时。

3）702号：丙产品12件，7月投产，本月尚无完工产品。至上月月末累计原材料5 000元，生产工时8 000小时；本月投入原材料费用5 800元，生产工时3 500小时。

4）901号：丁产品15件，本月初投产，本月尚无完工产品；本月投入原材料费用2 500元，生产工时6 000小时。

（2）至上月月末全部产品的累计职工薪酬为16 000元，制造费用为13 200元；本月发生职工薪酬为26 400元，制造费用为18 600元。

根据以上资料，采用简化分批法核算产品成本的程序和相关账务处理如下：

登记基本生产成本二级账和产品生产成本明细账，计算累计间接费用分配率，分配结转本月完工产品应负担的间接计入费用。

1）基本生产成本二级账（表9－10）。

表9－10　　基本生产成本二级账

2018年9月　　单位：元

2018年		摘　要	直接材料	生产工时	直接人工	制造费用	成本合计
月	日						
8	31	月末在产品成本	19 800	（28 000）	16 000	13 200	49 000
9	30	本月发生费用	10 800	（25 000）	26 400	18 600	55 800
9	30	累计生产费用	30 600	（53 000）	42 400	31 800	104 800
9	30	累计间接费用分配率			0.8	0.6	
9	30	完工产品成本	13 220	（23 500）	18 800	14 100	46 120
9	30	月末在产品成本	17 380	（29 500）	23 600	17 700	58 680

上表中：累计直接人工分配率＝42 400/53 000＝0.8（元/工时）

累计制造费用分配率＝31 800/53 000＝0.6（元/工时）

完工产品直接材料费用＝8 000＋2 500＋680×4＝13 220（元）

完工产品生产工时＝13 500＋10 000＝23 500（工时）

2）登记基本生产成本明细账（表9－11至表9－14）。

表 9－11　　**基本生产成本明细账**

产品批号：601　　产品名称：甲产品　　产品批量：10 件

投产日期：6 月 2 日　　完工日期：9 月 20 日　　完工数量：10 件

2018 年 9 月　　单位：元

2018 年 月	2018 年 日	摘　要	直接材料	生产工时	直接人工	制造费用	成本合计
8	31	月末累计	8 000	(10 000)			
9	30	本月发生	2 500	(3 500)			
9	30	月末累计	10 500	(13 500)			
9	30	累计间接费用分配率			0. 8	0. 6	
9	30	完工产品成本（10 件）	10 500	(13 500)	10 800	8 100	29 400
9	30	完工产品单位成本	1 050		1 080	810	2 940

上表中：完工产品直接人工 = 13 500 × 0. 8 = 10 800（元）

完工产品制造费用 = 13 500 × 0. 6 = 8 100（元）

表 9－12　　**基本生产成本明细账**

产品批号：701　　产品名称：乙产品　　产品批量：10 件

投产日期：7 月 5 日　　完工日期：9 月 29 日　　完工数量：4 件

2018 年 9 月　　单位：元

2018 年 月	2018 年 日	摘　要	直接材料	生产工时	直接人工	制造费用	成本合计
8	31	月末累计	6 800	(10 000)			
9	30	本月发生费用		(12 000)			
9	30	月末累计	6 800	(22 000)			
9	30	累计间接费用分配率			0. 8	0. 6	
9	30	完工产品成本（4 件）	2 720	(10 000)	8 000	6 000	16 720
9	30	完工产品单位成本	680		2 000	1 500	4 180
9	30	月末在产品余额	4 080	(12 000)			

上表中：完工产品直接人工 = 10 000 × 0. 8 = 8 000（元）

完工产品制造费用 = 10 000 × 0. 6 = 6 000（元）

表 9－13　　　　　　　　　　**基本生产成本明细账**

产品批号：702　　　　　　　　产品名称：丙产品　　　　　　　　产品批量：15 件

投产日期：7 月 8 日　　　　　　　完工日期：　　　　　　　　　完工数量：

2018 年 9 月　　　　　　　　　　　　单位：元

2018 年 月	日	摘　要	直接材料	生产工时	直接人工	制造费用	成本合计
8	31	月末累计	5 000	(8 000)			
9	30	本月发生费用	5 800	(3 500)			
9	30	月末累计	10 800	(11 500)			

表 9－14　　　　　　　　　　**基本生产成本明细账**

产品批号：901　　　　　　　　产品名称：丁产品　　　　　　　　产品批量：12 件

投产日期：9 月 2 日　　　　　　　完工日期：　　　　　　　　　完工数量：

2018 年 9 月　　　　　　　　　　　　单位：元

2018 年 月	日	摘　要	直接材料	生产工时	直接人工	制造费用	成本合计
9	30	月末累计	2 500	(6 000)			

（3）结转本月完工产品成本。根据成本计算结果，编制完工产品成本汇总表（表 9－15）。

表 9－15　　　　　　　　　　**完工产品成本汇总表**

2018 年 9 月　　　　　　　　　　　　单位：元

批次	产品	产量	完工产品总成本				完工产品单位成本
			直接材料	直接人工	制造费用	合计	
601	甲产品	10（件）	10 500	10 800	8 100	29 400	2 940
701	乙产品	4（件）	2 720	8 000	6 000	15 720	4 180
合计			13 220	18 800	14 100	46 120	

结转完工入库产品成本的会计分录如下：

借：库存商品——甲产品　　　　　　　　　29 400

　　　　　　——乙产品　　　　　　　　　15 720

　贷：基本生产成本——601 号甲产品　　　　　　29 400

　　　　　　　　　——701 号乙产品　　　　　　15 720

要点总结

产品成本计算的分批法是以产品批别作为成本计算对象来归集生产费用，计算产品成本的一种方法。采用分批法计算产品成本的企业产品的批别和每批的批量多是根据购买者定单来确定的，故分批法又称为定单法，主要适用于小批、单件，管理上不要求分步骤计算成本的多步骤生产。

在小批、单件生产的企业或车间中，有时同一月份投产的产品批数很多，多达几十上百批次，并且月末未完工的批数也多，为了简化各项费用的分配工作，可以采用一种简化分批法。简化分批法是指采用分批法进行成本计算时，各批产品成本明细账在产品完工前只登记直接费用和生产工时，每月发生的间接费用则是在生产成本二级账中分别累计起来，到产品完工时，才根据累计间接计入费用和各批产品累计工时，计算间接费用累计分配率，分配各批完工产品成本应负担的间接计入费用。由于这种方法只对完工产品分配间接费用，而不分批计算在产品成本，故又称为不分批计算在产品成本的分批法。

复习思考题

1. 分批法的适用范围和特点是什么？
2. 简化分批法有何特点？它为何被称为简化分批法？

第十章 产品成本计算的分步法

学习目标

通过本章的学习，要求学生理解分步法的含义、特点和适用范围，掌握分步法的分类及掌握逐步结转分步法和平行结转分步法的计算要领，领会各种分步法计算产品成本的差异特征。

第一节　分步法概述

一、分步法的含义

产品成本计算的分步法是以产品生产步骤和产品品种为成本计算对象，来归集和分配生产费用、计算产品成本的一种方法。

分步法用于大量、大批、多步骤生产，并且管理上要求按生产步骤计算每个步骤的产品成本的企业，如纺织、冶金、造纸和机械制造等企业。在这类企业中，产品生产可以分为若干个生产步骤，如纺织企业的生产可分为纺纱、织布、印染等步骤；机械制造的生产可分为铸造、加工、装配等步骤。为加强成本管理，对各责任单位不同生产工艺的成本耗费进行控制与计算，要求计算各种产成品的成本，还要按照生产步骤来计算成本。

二、分步法的特点

1. 成本计算对象

如果企业只生产一种产品，成本计算对象就是该种产品的产成品及其所经过的各生产步骤，基本生产成本明细账应该按照该产品的生产步骤开设；如果企业生产多种产品，成本计算对象则是各种产成品及其所经过的各生产步骤，基本生产成本明细账应该按照每种产品的各个生产步骤开设。

在进行成本计算、分配和归集生产费用时直接费用直接计入各明细账有关成本项目，间接费用分配计入各明细账有关成本项目。

2. 成本计算期

在大量大批生产的企业里，原材料连续投入，产品连续不断地转移到下一生产步骤，生产过程中始终有一定数量的在产品，成本计算一般在月末进行。所以，成本计算是定期的，成本计算期与产品的生产周期不一致，但与会计报告期一致。

3. 通常需要在完工产品和在产品之间分配生产费用

在大量、大批的多步骤生产中，由于生产过程较长，而且往往都是跨月陆续完工，因此，在月终计算成本时各步骤都有在产品，因此，要将生产费用采用适当的方法，在完工产品与在产品之间进行分配。

4. 各步骤之间的成本需要结转

在连续式多步骤生产的企业，由于产品生产分步进行，上一步骤生产的半成品是下一步的加工对象。因此，为了计算各种产品的产成品成本，还需要按照产品的品种，结转各步骤成本。也就是说，与其他成本计算方法不同之处，在采用分步法计算产品成本时，在各个步骤之间还有个成本结转问题。这是分步法的一个重要特点。

三、分步法的分类

根据各个企业生产工艺过程的特点和成本管理的要求不同，对各生产步骤成本的计算和结转有逐步结转和平行结转两种方法，相应地，产品成本计算的分步法也就分为逐步结转分步法和平行结转分步法。

1. 逐步结转分步法

逐步结转分步法是指按生产步骤逐步计算并结转各步骤半成品成本，直到最后计算出产成品成本的方法。由于这种方法必须逐步计算每一步骤的半成品成本，因此也称作计算半成品成本的分步法。

逐步结转分步法按照半成品成本在下一步骤成本计算单中反映的方式不同，又可分为逐步综合结转分步法和逐步分项结转分步法。

（1）逐步综合结转分步法。逐步综合结转分步法是指将上一生产步骤的半成品成本转入下一生产步骤时，不分成本项目，全部计入下一生产步骤生产成本明细账中的“直接材料”成本项目或专设的“半成品”成本项目中，综合反映各步骤所耗上一步骤所产半成品成本。

（2）逐步分项结转分步法。逐步分项结转分步法是指将上一生产步骤的半成品成本转入下一生产步骤时，按其原始成本项目，分别计入下一生产步骤生产成本明细账中对应的成本项目中，分项反映各步骤所耗上一步骤所产半成品成本。如果半成品通过半成品库收发，自制半成品明细账也要按照成本项目分别登记。

2. 平行结转分步法

平行结转分步法是指将各生产步骤中应计入相同产成品成本的份额平行汇总，以求得产成品成本的方法。因这种方法按生产步骤归集费用时，只计算各步骤应计入产成品成本的份额，不计算和结转半成品成本，因此也称作不计算半成品成本的分步法。

第二节　逐步结转分步法

一、逐步结转分步法的特点

逐步结转分步法是为了分步计算半成品成本而采用的一种分步法，它是按照产品加工的顺序，逐步计算并结转半成品成本，直到最后加工步骤完成才能计算产成品成本的一种方法。在这种分步法下，各步骤所耗用的上一步骤半成品的成本，要随半成品实物的转移而转移，从上一步骤的产品成本明细账转入下一步骤相同产品的成品成本明细账中，以便逐步计算各步骤的半成品成本和最后步骤的产成品成本。在这种方法下，各个生产步骤在期末都要进行完工半成品与在产品间的成本分配，且前一步骤的半成品成本会随着半成品实物的转移而结转到后一步骤的产品成本之中，其主要特点是能提供各步骤完整的半成品资料，具体说来：

（1）成本计算对象。各种产成品及其所经过生产步骤半成品。

（2）成本归集与结转。按照产品的加工顺序，分别计算各生产步骤成本计算对象的成本，并将成本依次结转，直至最后步骤计算出完工产品成本。

（3）半成品成本构成。各生产步骤生产的半成品，都是由上一步骤转来的半成品成本加上本步骤发生的直接材料费用和加工费用构成。

（4）期末成本分配。各步骤归集的生产费用，要在各步骤完工半成品和狭义在产品之间分配，只有最后步骤归集的生产费用是在产成品和狭义在产品之间进行分配。

（5）适用范围。大量大批多步骤连续式生产企业，从原材料投入到产品制成，中间要经过几个生产步骤的逐步加工，前面各步骤生产的都是半成品，只有最后步骤生产的才是产成品，且半成品经常对外销售的企业，如纺织企业，其中间步骤生产的棉纱既可以为本企业自用，继续加工成成品布，也可以作为商品，直接对外出售。

（6）成本计算程序。首先计算第一步骤半成品成本，并将其转入第二步骤；将第二步骤发生的各项生产费用加上第一步骤转入的半成品成本，计算出第二步骤半成品成本，并将其转入第三步骤。随着加工步骤顺序累计结转，到最后一个步骤计算出来产成品成本。

二、逐步综合结转分步法

（一）逐步综合结转分步法的特点

（1）逐步综合结转法是指各生产步骤将其所耗的上一生产步骤的半成品成本综合计入下一步骤基本生产成本明细账户的“直接材料”或“半成品”成本项目内反映的方法。

（2）采用综合结转分步法，除第一步骤以外的各生产步骤，不仅要汇总本步骤发生的生产费用，还要将领用的半成品成本作为本步骤的一项原材料费用，使各步骤的半成品（最后步骤为产成品）成本都是截止到本步骤的完全累积成本。

（3）逐步综合结转分步法不按成本项目进行成本结转，不能提供按原始成本项目反映的成本资料。为了满足成本管理和成本比较、分析的需要，应将顺序算出的产成品成本进行成本还原。

（二）举例

【例 10－1】天佑工厂大量生产甲产品，设有第一、第二、第三三个基本生产车间，甲产品需顺序经过三个车间加工，其中，第一车间生产的产品为甲产品的 A 半成品，A 半成品完工后全部直接交给第二车间继续加工为甲产品的 B 半成品，B 半成品完工后全部直接交给第三车间继续加工为甲产品产成品，甲产品完工后全部交产成品仓库。该厂根据实际情况，采用逐步结转分步法计算甲产品成本，成本结转方式为半成品按实际成本综合结转。该厂对产品成本按直接材料、直接人工、制造费用分设了专栏。生产甲产品的原材料在第一车间生产开始时一次投入，第二、第三车间转入的半成品也分别于本车间生产开始时一次投入。企业采用约当产量法分配每步骤的完工产品（半成品）和在产品成本。

2018 年 1 月天佑工厂第一车间 A 半成品、第二车间 B 半成品、第三车间甲产品产成品月初在产品成本和本月发生的生产费用及本月各生产车间产量记录如表 10－1、表 10－2。

表 10－1　　生产费用资料

产品：甲产品　　2018 年 1 月　　单位：元

项　目	第一车间（A 半成品）	第二车间（B 半成品）	第三车间（甲产成品）
月初在产品成本	30 000	52 000	30 100
其中：直接材料或半成品	10 000	20 000	6 100
直接人工	11 000	26 000	18 000
制造费用	9 000	6 000	6 000
本月发生生产费用	88 000	51 200	81 600
其中：直接材料	60 000		
直接人工	16 200	31 600	39 600
制造费用	11 800	19 600	42 000

表 10－2　　产量记录

产品：甲产品　　2018 年 1 月　　单位：件

项　目	第一车间（A 半成品）	第二车间（B 半成品）	第三车间（甲产成品）
月初在产品	50	70	60
本月投产或上步骤转入	300	290	280
本月完工转入下步骤	290	280	300
月末在产品	60	80	40
月末在产品完工程度	50%	50%	50%

根据上述资料，产品成本计算程序如下：

1. 开设产品生产成本明细账（或成本计算单）

以甲产品及其所经过的生产步骤为成本核算对象设置第一车间 A 半成品、第二车间 B 半成品、第三车间甲产成品的产品生产成本明细账（或成本计算单）。

2. 计算第一车间本月所产 A 半成品的实际成本

第一车间为生产甲产品的第一生产步骤，没有上步骤转入费用，只需将 A 半成品月初在产品成本和本月发生生产费用计入第一车间产品生产成本明细账后（或成本计算单），即可采用约当产量法分配A半成品和在产品费用，计算出A半成品的实际总成本。

第一车间产品生产成本计算单如表10-3所示。

表10-3 **第一车间产品成本计算单**

产品名称：A半成品 完工产品：290件 在产品：60件 完工程度：50%

2018年1月 单位：元

项目	直接材料	直接人工	制造费用	合计
月初在产品成本	10 000	11 000	9 000	30 000
本月本步骤发生生产费用	60 000	16 200	11 800	88 000
生产费用合计	70 000	27 200	20 800	118 000
本月完工产品数量	290	290	290	
月末在产品数量	60	60	60	
月末在产品完工程度	100%	50%	50%	
月末在产品约当产量	60	30	30	
约当总产量	350	320	320	
费用分配率（元/件）	200	85	65	
本月完工A半成品成本	58 000	24 650	18 850	101 500
月末在产品成本	12 000	2 550	1 950	16 500

借：基本生产成本——第二车间（B半成品） 101 500

贷：基本生产成本——第一车间（A半成品） 101 500

3. 计算第二车间本月所产B半成品的实际成本

第二车间为生产甲产品的第二生产步骤，在归集本步骤生产费用时，应加上上一步骤转入的A半成品的成本。同样，也是采用约当产量法分配B半成品和在产品费用，计算出B半成品的实际总成本。第二车间产品生产成本计算单如表10-4所示。

表10-4 **第二车间产品成本计算单**

产品名称：B半成品 完工产品：280件 在产品：80件 完工程度：50%

2018年1月 单位：元

项目	半成品	直接人工	制造费用	合计
月初在产品成本	20 000	26 000	6 000	52 000
本月本步骤发生生产费用		31 600	19 600	51 200
本月上步骤转入生产费用	101 500			101 500
生产费用合计	121 500	57 600	25 600	204 700
本月完工产品数量	280	280	280	

续表

项　目	半成品	直接人工	制造费用	合计
月末在产品数量	80	80	80	
月末在产品完工程度	100%	50%	50%	
月末在产品约当产量	80	40	40	
约当总产量	360	320	320	
费用分配率（元/件）	337.5	180	80	
本月完工 B 半成品成本	94 500	50 400	22 400	167 300
月末在产品成本	27 000	7 200	3 200	37 400

借：基本生产成本——第三车间（甲成品）　　　　167 300

　　贷：基本生产成本——第二车间（B 半成品）　　　　167 300

4. 计算第三车间本月所产甲产品的实际成本

第三车间为生产甲产品的最后生产步骤，在归集本步骤生产费用时，应加上第二步骤转入的 B 半成品的成本。同样，也是采用约当产量法分配本月完工甲产品和月末在产品费用，计算出甲产品的实际总成本。第三车间产品生产成本计算单如表 10－5 所示。

表 10－5　　　　**第三车间产品成本计算单**

产品名称：甲产品　　　　完工产品：300 件　　在产品：40 件　　完工程度：50%

2018 年 1 月　　　　单位：元

项　目	半成品	直接人工	制造费用	合计
月初在产品成本	6 100	18 000	6 000	30 100
本月本步骤发生生产费用		39 600	42 000	81 600
本月领用半成品成本	167 300			167 300
生产费用合计	173 400	57 600	48 000	279 000
本月完工产品数量	300	300	300	
月末在产品数量	40	40	40	
月末在产品完工程度	100%	50%	50%	
月末在产品约当产量	40	20	20	
约当总产量	340	320	320	
费用分配率（元/件）	510	180	150	
本月完工甲产品成本	153 000	54 000	45 000	252 000
月末在产品成本	20 400	3 600	3 000	27 000

根据计算结果和完工产品入库单，编制结转本月完工入库甲产品成本的会计分录如下：

借：库存商品——甲产品　　　　　　　　　　　　252 000

　　贷：基本生产成本——第三车间（甲产品）　　　　　252 000

（三）成本还原

1. 成本还原的意义

从上例中可以看出，逐步结转分步法下综合结转半成品成本时，各步骤耗用上一步骤的半成品成本，是以“半成品”（或“直接材料”）项目综合反映在下一步骤产品生产成本明细账（或成本计算单）。这样计算出的产品成本不能提供按原始成本项目反映成本资料。特别是在生产步骤较多的情况下，逐步综合结转以后，表现在产成品成本中的绝大部分费用都是“半成品”费用，而直接人工和制造费用只是最后一个步骤的费用，由此形成的产品成本不能反映产品成本结构的实际情况。为了正确反映产品成本的构成，并进行成本对比和分析，就需要将产成品成本中的“半成品”项目的成本进行成本还原。成本还原是指将完工产品所耗“半成品”的综合成本逐步分解，还原成“直接材料”“直接人工”和“制造费用”等原始的成本项目，从而求得按其原始成本项目反映的产品成本资料。成本还原的方法是倒序法，就是从最后步骤起，将产成品所耗上一步骤的半成品的综合成本按上一步骤所产完工半成品的成本结构，逐步分解还原成规定的原始成本项目，然后将各步骤相同的成本项目数额相加，即求出按规定的原始成本项目反映的产品成本。

2. 举例

【例 10-2】接【例 10-1】天佑工厂本月第三车间完工入库甲产品 300 件，实际总成本为 252 000 元，其中，所耗第二车间所产 B 半成品成本 167 300 元，这是一个综合成本，并不是甲产品的直接材料费，需要进行成本还原，还原成“直接材料”“直接人工”和“制造费用”原始的成本项目。计算过程如表 10-6 所示。

表 10-6　　半成品成本还原计算表

产成品名称：甲成品　　2018 年 1 月　　单位：元

项　　目	B 半成品	A 半成品	直接材料	直接人工	制造费用	合计
还原前甲完工产品总成本	153 000			54 000	45 000	252 000
本月所产 B 半成品成本		94 500		50 400	22 400	167 300
本月所产 B 半成品成本构成		56.49%		30.13%	13.38%	100%
本月所耗 B 半成品的还原成本	-153 000	86 430		46 099	20 471	
本月所产 A 半成品成本			58 000	24 650	18 850	101 500
本月所产 A 半成品成本构成			57.14%	24.29%	18.57%	100%
本月所耗 A 半成品的还原成本		-86 430	49 386	20 994	16 050	
还原后完工甲产品总成本			49 386	121 093	81 521	252 000

三、逐步分项结转分步法

（一）逐步分项结转分步法的特点

逐步分项结转法是将各生产步骤所耗上一步骤的半成品成本，按其成本项目分别计入下一生产步骤产品生产成本计算单相同的成本项目内，以计算按成本项目反映的各步骤产品生产成本的一种方法。

逐步分项结转分步法与逐步综合结转分步法不同之处在于：从第二步骤开始，每个成本项目均要分设两栏，用来分别登记“上步骤转入”和“本步骤发生”两个部分。因为，对于每个步骤的月末在产品来说，同一成本项目中“上步骤转入”和“本步骤发生”的费用的完工程度是不相同的。上步骤转入的费用，完工程度为100%，本步骤发生的要看在产品在本步骤的完工程度。

采用分项结转法结转半成品成本，各成本项目的金额不相互混淆，可以直接正确地提供原始成本项目反映的企业产品成本资料，便于从整个企业的角度考核和分析产品成本计划的执行情况，不需要进行成本还原。

（二）举例

【例10－3】天佑工厂大量生产甲产品，设有第一、第二、第三三个基本生产车间，甲产品需顺序经过三个车间加工，其中，第一车间生产的产品为甲产品的A半成品，A半成品完工后全部直接交给第二车间继续加工为甲产品的B半成品，B半成品完工后全部直接交给第三车间继续加工为甲产品产成品，甲产品完工后全部交产成品仓库。该厂根据实际情况，采用逐步分项结转分步法计算甲产品成本。该厂对产品成本按直接材料、直接人工、制造费用分设了专栏。生产甲产品的原材料在第一车间生产开始时一次投入，第二、第三车间转入的半成品也分别于本车间生产开始时一次投入。企业采用约当产量法分配每步骤的完工产品（半成品）和在产品成本。

第一车间A半成品、第二车间B半成品、第三车间甲产成品月初在产品成本和本月发生的生产费用及本月各生产车间产量记录如表10－7、表10－8所示。

表10－7　　产量记录

产品：甲产品　　2018年1月　　单位：件

项　　目	第一车间（A半成品）	第二车间（B半成品）	第三车间（甲产成品）
月初在产品	160	20	140
本月投产或上步骤转入	440	500	400
本月完工转入下步骤	500	400	480
月末在产品	100	120	60
月末在产品完工程度	50%	50%	50%

表 10－8　　　　　　　　　　生产费用资料

产品：甲产品　　　　　　　　2018 年 1 月　　　　　　　　单位：元

项目		第一车间（A 半成品）	第二车间（B 半成品）	第三车间（甲产成品）
月初在产品成本		19 200	4 000	40 600
其中：直接材料	本步骤发生	16 000	0	0
	上步骤转入		2 000	14 000
直接人工	本步骤发生	800	500	1 400
	上步骤转入		200	8 400
制造费用	本步骤发生	2 400	700	2 800
	上步骤转入		600	14 000
本月发生生产费用		62 800	54 000	26 400
其中：直接材料		44 000		
直接人工		4 700	22 500	8 800
制造费用		14 100	31 500	17 600

根据上述资料和前述资料，产品成本计算程序如下。

1. 开设产品生产成本明细账（或成本计算单）

产品生产成本明细账（或成本计算单）的开设同综合结转法。

2. 计算第一车间本月所产 A 半成品的实际成本

因是第一生产步骤，没有上一步骤转入费用，其计算过程与综合结转法计算过程完全相同。不同的只是需分项结转到下一生产步骤（表 10－9）。

表 10－9　　　　　　　　第一车间产品成本计算单

产品名称：A 半成品　　　　完工产品：500 件　　在产品：100 件　　完工程度：50%

2018 年 1 月　　　　　　　　单位：元

项　　目	直接材料	直接人工	制造费用	合计
月初在产品成本	16 000	800	2 400	19 200
本月本步骤发生生产费用	44 000	4 700	14 100	62 800
生产费用合计	60 000	5 500	16 500	82 000
本月完工产品数量	500	500	500	
月末在产品数量	100	100	100	
月末在产品完工程度	100%	50%	50%	
月末在产品约当产量	100	50	50	
约当总产量	600	550	550	
费用分配率（元/件）	100	10	30	
本月完工 A 半成品成本	50 000	5 000	15 000	70 000
月末在产品成本	10 000	500	1 500	12 000

借：基本生产成本——第二车间（B 半成品）　　　　70 000

　　贷：基本生产成本——第一车间（A 半成品）　　　　70 000

3. 计算第二车间本月所产 B 半成品的实际成本

采用逐步分项结转分步法时，从上一步骤转入的直接人工费用、制造费用，对本步骤而言是已全部投入的，月末在产品应与本月完工半成品同等分配，不需按在产品完工程度折合约当产量。因此，应对每一个成本项目都区分为上步骤转入和本步骤发生，以利于正确计算月末在产品成本。

第二车间产品生产成本计算单如表 10－10 所示，其中上步骤转入费用和本步骤发生费用用斜线隔开表示，对约当产量、费用分配率等也用斜线区分。

表 10－10　　　　第二车间产品成本计算单

产品名称：B 半成品　　完工产品：400 件　　在产品：120 件　　完工程度：50%

2018 年 1 月　　　　单位：元

项　　目	直接材料	直接人工	制造费用	合计
月初在产品成本	2 000/	200/500	600/700	2 800/1 200
本月本步骤发生生产费用		/22 500	/31 500	/54 000
本月上步骤转入生产费用	50 000/	5 000/	15 000/	70 000/
生产费用合计	52 000/	5 200/23 000	15 600/32 200	72 800/55 200
本月完工产品数量	400/	400/400	400/400	
月末在产品数量	120/	120/120	120/120	
月末在产品完工程度	100%/	100%/50%	100%/50%	
月末在产品约当产量	120/	120/60	120/60	
约当总产量	520/	520/460	520/460	
费用分配率（元/件）	100/	10/50	30/70	
本月完工 B 半成品成本	40 000	4 000/20 000	12 000/28 000	104 000
月末在产品成本	12 000/	1 200/3 000	3 600/4 200	16 800/7 200

借：基本生产成本——第三车间（甲产品）　　　　104 000

　　贷：基本生产成本——第二车间（B 半成品）　　　　104 000

4. 计算第三车间本月所产甲产品的实际成本（表 10－11）

表 10－11　　　　第三车间产品成本计算单

产品名称：甲产品　　完工产品：480 件　　在产品：60 件　　完工程度：50%

2018 年 1 月　　　　单位：元

项　　目	直接材料	直接人工	制造费用	合计
月初在产品成本	14 000/	8 400/1 400	14 000/2 800	36 400/4 200
本月本步骤发生生产费用		/8 800	/17 600	/26 400
本月领用半成品成本	40 000/	24 000/	40 000/	104 000/

续表

项　　目	直接材料	直接人工	制造费用	合计
生产费用合计	54 000/	32 400/10200	54 000/20 400	140 400/30 600
本月完工产品数量	480/	480/480	480/480	
月末在产品数量	60/	60/60	60/60	
月末在产品完工程度	100%/	100%/50%	100%/50%	
月末在产品约当产量	60/	60/30	60/30	
约当总产量	540/	540/510	540/510	
费用分配率（元/件）	100/	60/20	100/40	
本月完工甲产品成本	48 000/	28 800/9 600	48 000/19 200	153 600
月末在产品成本	6 000/	3 600/600	6 000/1 200	15 600/1 800

根据计算结果和完工产品入库单，编制结转本月完工入库甲产品成本的会计分录如下：

借：库存商品——甲产品　　　　　　　　　　153 600

　　贷：基本生产成本——第三车间（甲产品）　　　　153 600

分项结转与综合结转作为逐步结转分步法下的两种方式，半成品成本核算都是随着实物的转移而结转的。分项结转与综合结转相比，还有以下特点：首先，分项结转是将半成品成本按成本项目（而不是作为整体），分别转入下步骤相应的成本项目；其次，分项结转可以直接、正确地提供按原始成本项目反映的成本资料，不需要进行成本还原，便于从整个企业角度考核和分析产品成本计划的执行情况；第三，分项结转下各步骤各成本项目发生的生产费用合并反映，成本结转工作比较复杂，而且在各步骤完工产品成本中看不出所耗上一步骤半成品的费用和本步骤加工费用的水平，不便于进行完工产品成本分析。

四、逐步结转分步法的优缺点

采用逐步结转分步法计算产品成本，由于其实物结转与半成品的成本结构相一致，有利于加强对生产资金的管理；可以为各步骤消耗半成品、同行业进行半成品成本的对比、企业内部成本分析和考核等提供半成品成本资料；半成品成本结转与实物转移同步，能为半成品和在产品的实物管理与资金管理提供数据，便于资金与实物管理的结合。采用逐步综合结转分步法需进行成本还原，计算工作较为复杂。虽为避免进行成本还原可采用逐步分项结转分步法法，但转账手续比较麻烦，而且各生产步骤的成本计算不能同时进行，要等到上一步骤半成品成本计算结转后，后一步骤才能进行，且成本核算工作比较复杂，影响了成本计算的及时性。

第三节　平行结转分步法

一、平行结转分步法的含义与适用范围

平行结转分步法是指各生产步骤不计算半成品成本，只计算本步骤发生的生产费用及其应计入产成品成本的“份额”，将各步骤的“份额”平行汇总，计算出产成品成本的一种方法。所谓“份额”就是指各生产步骤中的成本费用应计入完工产成品的成本数额。

在平行结转分步法下，各生产步骤不计算其所生产的半成品的成本，也不计算各步骤耗用的上一步骤转来的半成品的成本，只计算本步骤发生的直接材料、直接人工、制造费用以及这些费用中应计入产成品成本的“份额”，并将“份额”平行结转到产品的生产成本计算单中，汇总即成为产成品成本。这种方法主要适用于大批、大量装配式多步骤生产企业，如电子产品制造企业。这类企业的生产过程基本是先将各种原材料平行地加工为各种零部件，然后再组装成产成品。由于在这类企业中，各生产步骤所生产的半成品的种类很多，半成品出售的情况较少，在管理上也不需要计算半成品成本，为了简化成本核算工作，可以采用平行结转分步法。在某些连续式多步骤生产企业，如果各生产步骤所产半成品仅供本企业下一步骤继续加工，不准备对外出售，也可以采用平行结转分步法。

二、平行结转分步法的成本计算程序

平行结转分步法的成本计算程序如图 10－1 所示。

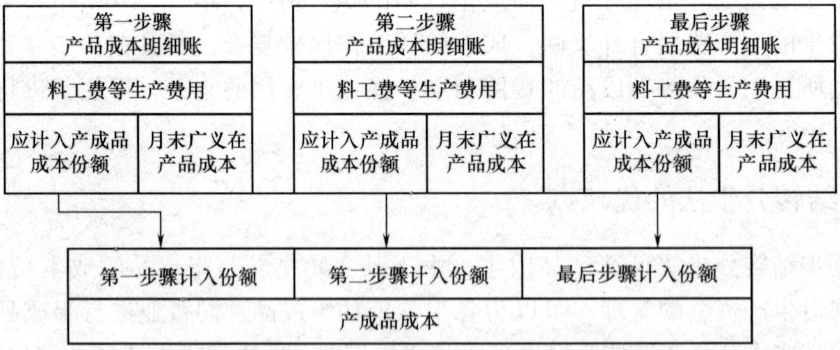

图 10－1　平行结转分步法的成本计算程序

在平行结转分步法下，产品成本的计算要点是：①设置产品成本明细账：按产品分步骤设置，用来计算每种产品在各步骤的生产费用总额；②归集生产费用：按步骤分产品进行，区分直接费用和间接费用来进行；③开设成本计算单进行期末成本处理：确定各生产步骤应计入完工产品成本的“份额”；④计算完工产品成本：汇总各步骤计入完工产品成本的“份额”。

三、平行结转分步法的特点

从成本计算的角度来看，平行结转分步法的特点表现在以下几个方面：

（1）成本计算对象为最终完工产品。各步骤不计算半成品成本，只计算本步骤所发生的生产费用。各步骤的生产费用，只是各步骤本身发生的费用，没有上一步骤转入的费用。

（2）半成品的实物流转与成本结转相分离。各步骤之间只进行实物转移，不进行成本结转。

（3）期末成本分配在应计入产成品的“份额”与广义在产品间完成。应计入产成品的“份额”是各生产步骤计入完工产品成本的生产费用，各生产步骤计入的成本“份额”之和构成产成品总成本；如何正确确定各步骤生产费用应计入产成品成本的份额，即每一步骤的生产费用如何在完工产成品和广义在产品之间进行分配，是采用这一方法的关键所在。

（4）平行结转分步法下的月末在产品为广义的在产品，既包括本步骤正在加工的在产品（狭义的在产品），又包括本步骤已经加工完成，已经转入后续各生产步骤，但尚未最终制成产成品的半成品。

四、平行结转分步法运用举例

（一）装配式多步骤生产

【例 10－4】天佑工厂属于装配式多步骤生产企业，其生产的甲产品由一件 A 部件和三件 B 部件装配而成。A、B 部件分别由第一、第二车间生产，然后由第三车间装配成产成品。第一、第二、第三车间分别为第一、第二、第三步骤，第一、第二生产车间的原材料均在生产开始时一次投放。企业根据生产特点，采用平行结转分步法计算甲产品成本，并采用约当产量法分配每步骤应计入完工产品（半成品）和在产品成本。2018 年 1 月三个车间的月初在产品成本和本月发生的生产费用和本月各步骤产量记录见表 10－12、表10－13。

表 10－12　　　　生产费用资料

产品：甲产品　　　　2018 年 1 月　　　　单位：元

项　目	第一车间（A 部件）	第二车间（B 部件）	第三车间（甲产品）
月初在产品成本	16 000	17 000	8 000
其中：直接材料	7 200	8 500	
直接人工	5 800	6 000	6 000
制造费用	3 000	2 500	2 000
本月发生生产费用	48 080	56 020	31 000
其中：直接材料	22 800	30 500	
直接人工	16 280	12 900	17 400
制造费用	9 000	12 620	13 600

表 10-13　　产量记录

产品：甲产品　　2018 年 1 月　　单位：件

项　　目	第一车间（A 部件）	第二车间（B 部件）	第三车间（甲产品）
月初在产品	100	200	150
本月投产	500	1 100	400
本月完工	400	1 200	400
月末在产品	200	100	150
月末在产品完工程度	40%	60%	80%

根据上述资料，产品成本计算程序如下。

1. 开设产品生产成本明细账（或成本计算单）

以甲产品及其所经过的生产步骤为成本核算对象设置第一步骤 A 部件、第二步骤 B 部件、第三步骤甲产品的产品生产成本明细账（或成本计算单）。

2. 计算第一、第二、第三步骤生产成本应计入产成品的份额

第一、第二、第三步骤生产成本计算单分别计算如表 10-14～表 10-16 所示。

表 10-14　　第一车间产品成本计算单

半成品名称：A 部件　　完工产品：400 件　　在产品：200 件　　完工程度：40%

2018 年 1 月　　单位：元

项　　目	直接材料	直接人工	制造费用	合计
月初在产品成本	7 200	5 800	3 000	16 000
本月本步骤发生生产费用	22 800	16 280	9 000	48 080
生产费用合计	30 000	22 080	12 000	64 080
本月完工半成品数量	400	400	400	
月末在产品数量	200	200	200	
月末在产品完工程度	100%	40%	40%	
月末在产品约当产量	200	80	80	
约当总产量	600	480	480	
费用分配率（元/件）	50	46	25	
应计入产成品成本的份额	20 000	18 400	10 000	48 400
月末在产品成本	10 000	3 680	2 000	15 680

表 10-14 中，应计入产成品成本的份额计算如下：

应计入产成品的直接材料费用 = 400 × 50 = 20 000（元）

应计入产成品的直接人工费用 = 400 × 46 = 18 400（元）

应计入产成品的制造费用 = 400 × 25 = 10 000（元）

表 10－15　　　　　　**第二车间产品成本计算单**

半成品名称：B 部件　　　　完工产品：1 200 件　　在产品：100 件　　完工程度：60%

2018 年 1 月　　　　　　　　单位：元

项　　目	直接材料	直接人工	制造费用	合计
月初在产品成本	8 500	6 000	2 500	17 000
本月本步骤发生生产费用	30 500	12 900	12 620	56 020
生产费用合计	39 000	18 900	15 120	73 020
本月完工半成品数量	1 200	1 200	1 200	
月末在产品数量	100	100	100	
月末在产品完工程度	100%	60%	60%	
月末在产品约当产量	100	60	60	
约当总产量	1 300	1 260	1 260	
费用分配率（元/件）	30	15	12	
应计入产成品成本的份额	36 000	18 000	14 400	68 400
月末在产品成本	3 000	900	720	4 620

表 10－15 中，应计入产成品成本的份额计算如下：

应计入产成品的直接材料费用 $=400\times3\times30=36\ 000$（元）

应计入产成品的直接人工费用 $=400\times3\times15=18\ 000$（元）

应计入产成品的制造费用 $=400\times3\times12=14\ 400$（元）

表 10－16　　　　　　**第三车间产品成本计算单**

产成品名称：甲产品　　　　完工产品：400 件　　在产品：150 件　　完工程度：80%

2018 年 1 月　　　　　　　　单位：元

项　　目	直接材料	直接人工	制造费用	合计
月初在产品成本		6 000	2 000	8 000
本月本步骤发生生产费用		17 400	13 600	31 000
生产费用合计		23 400	15 600	39 000
本月完工产品数量		400	400	
月末在产品数量		150	150	
月末在产品完工程度		80%	80%	
月末在产品约当产量		120	120	
约当总产量		520	520	
费用分配率（元/件）		45	30	
应计入产成品成本的份额		18 000	12 000	30 000
月末在产品成本		5 400	3 600	9 000

表 10－16 中，应计入产成品成本的份额计算如下：

应计入产成品的直接人工费用＝400×45＝18 000（元）

应计入产成品的制造费用＝400×30＝12 000（元）

3. 根据各生产步骤生产成本计算单编制产品成本汇总计算表

产品成本汇总计算表如表 10－17 所示。

表 10－17　　　　产品成本汇总计算表

产品名称：甲产品　　产量：400 件　　2018 年 1 月　　　　单位：元

项　目	直接材料	直接人工	制造费用	合计
第一步骤计入产成品成本的份额	20 000	18 400	10 000	48 400
第二步骤计入产成品成本的份额	36 000	18 000	14 400	68 400
第三步骤计入产成品成本的份额		18 000	12 000	30 000
总成本	56 000	54 400	36 400	146 800
单位成本（元/件）	140	136	91	367

根据产品成本汇总计算表和产成品入库单，结转完工产品成本，会计分录如下：

借：库存商品——甲产品　　　　　　　　　　146 800

　贷：基本生产成本——第一步骤　　　　　　　　48 400

　　　　　　　　——第二步骤　　　　　　　　68 400

　　　　　　　　——第三步骤　　　　　　　　30 000

（二）连续式多步骤生产

【例 10－5】天佑工厂大量生产甲产品，设有第一、第二、第三三个基本生产车间，甲产品需顺序经过三个车间逐步加工，其中，第一车间生产的产品为甲产品的 A 半成品，A 半成品完工后全部直接交给第二车间继续加工为甲产品的 B 半成品，B 半成品完工后全部直接交给第三车间继续加工为甲产品产成品，甲产品完工后全部交产成品仓库。原材料在生产开始时一次投入，一件甲产品耗用一件 B 半成品，一件 B 半成品耗用一件 A 半成品。该厂根据实际情况，采用平行结转分步法计算甲产品成本，并采用约当产量法分配每步骤应计入完工产品（半成品）和在产品成本。2018 年 1 月天佑工厂三个车间的月初在产品成本和本月发生的生产费用、本月各步骤产量记录见表 10－18、表 10－19。

表 10－18　　　　生产费用资料

产品：甲产品　　　　2018 年 1 月　　　　单位：元

项　目	第一车间（A 半成品）	第二车间（B 半成品）	第三车间（甲产成品）
月初在产品成本	11 100	8 250	18 050
其中：直接材料	5 500		
直接人工	3 850	5 000	9 000

续表

项　目	第一车间（A 半成品）	第二车间（B 半成品）	第三车间（甲产成品）
制造费用	1 750	3 250	9 050
本月发生生产费用	30 000	26 850	13 300
其中：直接材料	19 500		
直接人工	6 500	18 400	7 500
制造费用	4 000	8 450	5 800

表 10－19　　**产量记录**

产品：甲产品　　2018 年 1 月　　单位：件

项　目	第一车间（A 半成品）	第二车间（B 半成品）	第三车间（甲产成品）
月初在产品	50	40	20
本月投产或上步骤转入	140	150	160
本月完工转入下步骤	150	160	150
月末在产品	40	30	30
月末在产品完工程度	50%	50%	50%

根据上述资料，产品成本计算程序如下。

1. 开设产品生产成本明细账（或成本计算单）

以甲产品及其所经过的生产步骤为成本核算对象设置第一步骤 A 半成品、第二步骤 B 半成品、第三步骤甲产品的产品生产成本明细账（或成本计算单）。

2. 计算第一、第二、第三步骤生产成本应计入产成品的份额

第一、第二、第三步骤生产成本计算单分别如表 10－20 ~ 表 10－22 所示。

表 10－20　　**第一车间产品成本计算单**

半成品名称：A 半成品　　完工产品：150 件　　在产品：40 件　　完工程度：50%

2018 年 1 月　　单位：元

项　目		直接材料	直接人工	制造费用	合计
月初在产品成本		5 500	3 850	1 750	11 100
本月本步骤发生生产费用		19 500	6 500	4 000	30 000
生产费用合计		25 000	10 350	5 750	41 100
本月完工产成品数量		150	150	150	
广义在产品约当产量	本步骤在产品约当产量	40	20	20	
	后续步骤在产品数量	60	60	60	
	广义在产品约当产量	100	80	80	

续表

项　　目	直接材料	直接人工	制造费用	合计
约当总产量	250	230	230	
费用分配率（元/件）	100	45	25	
应计入产成品成本的份额	15 000	6 750	3 750	25 500
月末在产品成本	10 000	3 600	2 000	15 600

表 10－20 中，有关数据计算如下：

本步骤在产品直接材料约当产量＝40×100%＝40（件）

本步骤在产品直接人工、制造费用约当产量＝40×50%＝20（件）

后续步骤在产品数量＝（第二步骤在产品数量）30＋（第三步骤在产品数量）30＝60（件）

应计入产成品的直接材料费用＝150×100＝15 000（元）

应计入产成品的直接人工费用＝150×45＝6 750（元）

应计入产成品的制造费用＝150×25＝3 750（元）

表 10－21　　　　　　**第二车间产品成本计算单**

半成品名称：B 半成品　　　　完工产品：160 件　　在产品：30 件　　完工程度：50%

2018 年 1 月　　　　　　　　单位：元

项　　目		直接材料	直接人工	制造费用	合计
月初在产品成本			5 000	3 250	8 250
本月本步骤发生生产费用			18 400	8 450	26 850
生产费用合计			23 400	11 700	35 100
本月完工产成品数量			150	150	
广义在产品约当产量	本步骤在产品约当产量		15	15	
	后续步骤在产品数量		30	30	
	广义在产品约当产量		45	45	
约当总产量			195	195	
费用分配率（元/件）			120	60	
应计入产成品成本的份额			18 000	9 000	27 000
月末在产品成本			5 400	2 700	8 100

表 10－21 中，有关数据计算如下：

本步骤在产品直接人工、制造费用约当产量＝30×50%＝15（件）

后续步骤在产品数量＝（第三步骤在产品数量）30（件）

应计入产成品的直接人工费用＝150×120＝18 000（元）

应计入产成品的制造费用＝150×60＝9 000（元）

表 10－22　　　　**第三车间产品成本计算单**

产品名称：甲产品　　　完工产品：150 件　　在产品：30 件　　完工程度：50%

2018 年 1 月　　　　单位：元

项　　目		直接材料	直接人工	制造费用	合计
月初在产品成本			9 000	9 050	18 050
本月本步骤发生生产费用			7 500	5 800	13 300
生产费用合计			16 500	14 850	31 350
本月完工产成品数量			150	150	
广义在产品约当产量	本步骤在产品约当产量		15	15	
	后续步骤在产品数量				
	广义在产品约当产量		15	15	
约当总产量			165	165	
费用分配率（元/件）			100	90	
应计入产成品成本的份额			15 000	13 500	28 500
月末在产品成本			1 500	1 350	2 850

表 10－22 中，有关数据计算如下：

本步骤在产品直接人工、制造费用约当产量＝30×50%＝15（件）

应计入产成品的直接人工费用＝150×100＝15 000（元）

应计入产成品的制造费用＝150×90＝13 500（元）

3. 根据各生产步骤生产成本计算单编制产品成本汇总计算表（表 10－23）

表 10－23　　　　**产品成本汇总计算表**

产品名称：甲产品　　产量：150 件　　2018 年 1 月　　　单位：元

项　　目	直接材料	直接人工	制造费用	合计
第一步骤计入产成品成本的份额	15 000	6 750	3 750	25 500
第二步骤计入产成品成本的份额		18 000	9 000	27 000
第三步骤计入产成品成本的份额		15 000	13 500	28 500
总成本	15 000	39 750	26 250	81 000
单位成本（元/件）	100	265	175	540

根据产品成本汇总计算表和产成品入库单，结转完工产品成本，会计分录如下：

借：库存商品——甲产品　　　　　　　　81 000

　　贷：基本生产成本——第一步骤　　　25 500

　　　　　　　　　　——第二步骤　　　27 000

　　　　　　　　　　——第三步骤　　　28 500

要点总结

产品成本计算的分步法是以产品生产步骤和产品品种为成本计算对象，来归集和分配生产费用、计算产品成本的一种方法。

分步法用于大量、大批、多步骤生产，并且管理上要求按生产步骤计算每个步骤的产品成本的企业。根据各个企业生产工艺过程的特点和成本管理的要求不同，对各生产步骤成本的计算和结转有逐步结转和平行结转两种方法，相应地，产品成本计算的分步法也就分为逐步结转分步法和平行结转分步法。逐步结转分步法按照半成品成本在下一步骤成本计算单中反映的方式不同，又可分为逐步综合结转分步法和逐步分项结转分步法。

逐步结转分步法下综合结转半成品成本时，各步骤耗用上一步骤的半成品成本，以“半成品”（或“直接材料”）项目综合反映在下一步骤产品生产成本明细账（或成本计算单），这样计算出的产品成本不能按原始成本项目反映成本资料。为了正确反映产品成本的构成，并进行成本对比和分析，就需要将产成品成本中的“半成品”项目的成本进行成本还原。成本还原是指将完工产品所耗“半成品”的综合成本逐步分解，还原成“直接材料”“直接人工”和“制造费用”等原始的成本项目，从而求得按其原始成本项目反映的产品成本资料。

平行结转分步法是指各生产步骤不计算半成品成本，只计算本步骤发生的生产费用及其应计入产成品成本的“份额”，将各步骤的“份额”平行汇总，计算出产成品成本的一种方法。所谓“份额”就是指各生产步骤中的成本费用应计入完工产成品的成本数额。

逐步结转分步法与平行结转分步法，二者主要区别如表 10－24 所示。

表 10－24　逐步结转分步法与平行结转分步法比较表

区别点	逐步结转分步法	平行结转分步法
适用范围不同	主要适用于连续式多步骤生产企业	主要适用于装配式多步骤生产企业
半成品成本结转方式不同	每月计算半成品成本，半成品实物转移，成本随之转移	一般不计算半成品成本，半成品实物转移，成本不随之转移
产成品成本计算方法不同	按生产步骤逐步计算并结转半成品成本，直到最后计算出产成品成本	将各生产步骤中应计入相同产成品成本的份额平行汇总，以求得产成品成本
在产品的含义不同	在产品是指狭义的在产品	在产品是指广义的在产品
各步骤能否同时计算产成品成本	不能，需要顺序转移逐步累计，直到最后一个步骤才能计算出产成品成本	各步骤能同时计算产品成本，平行汇总计算产成品成本
是否需要进行成本还原	逐步综合结转分步法需要；逐步分项结转分步法不需要	不需要

复习思考题

1. 比较狭义在产品和广义在产品的含义。
2. 为什么要进行成本还原？如何进行成本还原？
3. 逐步结转分步法与平行结转分步法有何区别？

第十一章 产品成本计算的辅助方法

学习目标

通过本章的学习，要求学生掌握产品成本计算的分类法；掌握产品成本计算的定额法；熟悉分类法的特点和适用范围。

第一节 分类法

一、分类法及其特点

在实际工作中，除了前述品种法、分批法和分步法三种产品成本计算的基本方法外，还采用一些其他的成本计算方法。例如，在产品品种、规格繁多的企业，如果按照产品品种或规格汇集生产费用，分别计算各种规格产品的成本，其计算工作十分繁重，为了简化成本计算工作，对于产品可按一定标准进行分类的生产企业，为简化成本计算工作可采用分类法。

分类法是将不同品种、规格的产品按某种标准归类，以产品的类别作为成本计算对象，归集生产费用，计算各类完工产品总成本，再按一定的标准分配计算类内各种产品成本的一种成本计算方法。采用分类法时，产品分类一定要恰当，不能把耗用原料和加工过程大的产品归为一类，类内各种产品成本划分的标准必须与生产费用发生的原因密切联系在一起。分类法的关键是生产费用在类别内部之间的分配方法，一般可以采用系数法进行分配。

（一）分类法的特点

1. 成本计算对象

分类法以产品的类别作为成本计算对象，开设成本计算单，归集该类产品的生产费用。直接费用直接计入，各类产品共同耗用的费用，采用一定的分配标准分配计入，汇总计算出该类产品总成本。

2. 成本计算期

成本计算期由产品成本计算的基本方法决定。如果是大量、大批生产，分类法结合品种法或分步法进行成本计算，则应定期在月末进行成本计算；如果与分批法结合运用，成本计算期就不定期，要与产品生产周期一致。

3. 生产费用在完工产品和在产品之间的分配

当其与品种法结合时，即把某类产品视为某一品种的产品；当其与分批法结合时，即把某类产品视为某一批产品等，所以类别产品之间生产费用在产品与完工产品的成本划分方法，要视其采用的基本方法而定。而类内各种产品之间分配费用时，各成本项目可以采用一个分配标准进行分配，也可以分成本项目，按不同的分配标准进行分配。

4. 分类法不能独立使用

分类法并不是一种独立的基本成本计算方法，它要根据类内产品的生产工艺与组织特点，与品种法、分批法、分步法结合使用。

（二）分类法适用范围

1. 产品的品种或规格繁多并可以对产品进行合理分类的企业

分类法可以在各种类型的生产中采用，只要产品品种规格繁多，并可以按照一定的标准进行分类的企业均可采用。例如，照明企业不同类别和瓦数的灯泡生产，电子元件企业不同类别和规格的电子元件的生产等。

2. 生产联产品的企业

有些工业企业，在生产过程中对同一种原料进行加工，可以生产出几种主要产品。例如，炼油厂从原油中可以同时提炼出汽油、煤油和柴油等几种主要产品。各种联产品几乎是同时生产出来的，联产品所负担的生产费用一般需要间接分配的方法计算确定，必须采用分类法计算各种产品的成本。

3. 生产副产品的企业

在主要产品的生产过程中，附带生产出的一些非主要产品，一般称为副产品，如在炼油过程中产生的渣油、石油焦的企业。

4. 采用原材料，经过相同的工艺过程加工出规格不同的产品的企业

如针织厂用棉纱生产出不同款式和规格的内衣等。

5. 除主要产品外，还生产一些零星产品的企业

这些零星产品在生产工艺以及原材料的消耗上并不一定相近，但它们的品种、规格多，数量少，费用比重小，为了简化核算，这些零星产品也可以归为一类，用分类法计算成本。

二、分类法成本计算程序

（1）合理确定产品类别，按产品类别设置产品成本计算单，计算出每类产品的实际总成本。

将产品结构、耗用材料和工艺技术过程基本相同的各种产品合并为一类，有几类产品设几份产品计算单；直接费用直接计入产品计算单，间接费用采用适当的方法计入产品成本计算单。

（2）选择合理标准分配成本，计算出类内各种产品的实际总成本和单位成本。

在选择分配标准时，应保证所选择的标准与产品成本变动密切相关的指标作为分配标准，如质量、体积、定额消耗量、计划成本、定额成本等。分配标准一经确定不应经常变动，以保证核算结果的可比性。

计算确定类内各种产品成本的方法通常有定额比例法和系数法两种。

三、类内产品成本的分配方法

（一）系数分配法

为了简化分配工作，在实际工作中，一般将分配标准折合成系数，按系数分配生产费用，这种方法称为系数分配法，又称标准产量法。

系数分配法的基本步骤是：

（1）选择标准产品。在同类产品中选择一种产量较大、生产较稳定或规格折中的产品为标准产品，把标准产品的系数定为“1”。

（2）计算确定类内各种产品的系数。将类内其他各种产品与标准产品比较，分别求出其他产品与标准产品的比例，即系数，计算公式为：

某产品系数＝该产品的分配标准/标准产品的分配标准

（3）计算出总系数。每一种产品的系数确定后，将类内各种产品的实际产量，分别乘以该种产品的系数，折算为总系数，总系数又称为标准产量，计算公式为：

总系数＝∑类内每种产品的实际产量×该产品的系数

（4）计算费用分配率，算出类内各种产品的成本。以总系数作为分配标准，计算出费用分配率后，即可计算出类内各种产品的实际总成本和单位成本，计算公式为：

费用分配率＝应分配成本总额/各种产品总系数之和

某种产品应分配费用＝该产品的总系数×费用分配率

【例 11－1】天佑工厂采用分类法计算成本，2018 年 1 月生产 A、B、C 三种产品，由于三种产品所耗用原材料和生产工艺相近，同属甲类产品。本月甲类产品发生直接材料费620 800元，直接人工费 148 000 元，制造费用 92 500 元。采用系数法计算类内各产品的完工产品成本。

以 B 产品为标准产品，计算类内各产品系数（表 11－1）：

表 11－1　　产品系数计算表

产品名称	产品产量①	原材料			工时		
		材料定额②	各产品系数③＝②÷15	总系数④＝①×③	定额工时⑤	各产品系数⑥＝⑤÷10	总系数⑦＝①×⑥
A 产品	300	27	1.8	540	15	1.5	450
B 产品	1 000	15	1.0	1 000	10	1.0	10 00
C 产品	500	12	0.8	400	8	0.8	400
甲类合计				1 940			1 850

A 产品原材料项目系数＝27÷15＝1.8

C 产品原材料项目系数＝12÷15＝0.8

A 产品加工费项目系数＝15÷10＝1.5

C 产品加工费项目系数＝8÷10＝0.8

计算类内各种产品的完工成本（表 11－2）：

表 11－2　　产品成本计算表

产品：甲类产品　　2018 年 1 月　　单位：元

项　　目	原材料费用总系数①	直接材料分配金额②＝①×分配率	定额工时总系数③	直接人工分配金额④＝③×分配率	制造费用分配金额⑤＝④×分配率	成本合计⑥＝③＋⑤＋②
费用分配率		320		80	50	
A 产品	540	172 800	450	36 000	22 500	231 300
B 产品	1 000	320 000	1 000	80 000	50 000	450 000
C 产品	400	128 000	400	32 000	20 000	180 000
M 类合计	1 940	620 800	1 850	148 000	92 500	681 300

计算过程如下：

直接材料分配率＝620 800÷1 940＝320

直接人工分配率＝148 000÷1 850＝80

制造费用分配率＝92 500÷1 850＝50

A 产品直接材料费＝540×320＝172 800（元）

A 产品直接人工费成本＝450×80＝36 000（元）

A 产品制造费用＝450×50＝22 500（元）

A 产品完工产品成本＝172 800＋36 000＋22 500＝231 300（元）

B 产品直接材料费＝1 000×320＝320 000（元）

B 产品直接人工费成本＝1 000×80＝80 000（元）

B 产品制造费用＝1 000×50＝50 000（元）

B 产品完工产品成本＝320 000＋80 000＋50 000＝450 000（元）

C 产品直接材料费＝400×320＝128 000（元）

C 产品直接人工费成本＝400×80＝32 000（元）

C 产品制造费用＝400×50＝20 000（元）

C 产品完工产品成本＝128 000＋32 000＋20 000＝180 000（元）

（二）定额比例法

定额比例法是在计算出类内产品的总成本后，按类内各种产品的定额比例进行分配，从而计算出类内每一种产品的成本的一种方法。这种方法一般适用于定额比较健全、稳定的企业。具体计算时，材料费用可采用材料的定额耗用量的比例进行分配，加工费用可采用定额工时的比例进行分配。定额比例法的计算步骤如下：

（1）计算类内各种产品各成本项目的定额成本或定额消耗量，分成本项目计算耗费分配率。其计算公式为：

$$某类产品某项费用分配率=\frac{该类完工产品该项费用总额}{该类内各种产品定额耗用量（定额工时）之和}$$

（2）分成本项目计算类内各种产品的实际成本。其计算公式为：

类内某种产品某项目的实际成本 = 该种产品该项目的定额耗用量（定额工时）×该项目分配率

四、联产品的成本计算

所谓联产品，是指企业在生产过程中，利用同一种原材料，经过同一个生产过程，同时生产出几种产品，并且这些产品都是企业的主要产品。联产品在生产过程中使用同样的原材料，并且又是在同一生产过程中生产出来的。联产品的生产特点是在生产开始时，各产品尚未分离，同一加工过程中对联产品的联合加工。生产过程进行到一定生产步骤，产品才会分离。在分离点以前发生的生产成本，称为联合成本。“分离点”，是指在联产品生产中，投入相同原料，经过同一生产过程，分离为各种联产品的时点。分离后的联产品，有的可以直接销售，有的还需进一步加工才可供销售。联产品成本的计算，通常分为两个阶段进行：一是联产品分离前发生的生产成本即联合成本，应将其归为一类计算其总成本，按一个成本核算对象设置一个成本明细账进行归集，然后将其在各联产品之间进行分配，分配计算联产品中每种产品的成本；二是分离后按各种产品分别设置明细账，归集其分离后所发生的加工成本。联产品虽然可以按类别归集费用，计算成本，但它同分类法是有区别的，即对分离后的继续加工成本，需要按照分离后产品的生产特点，选择适当的方法进行计算。因此，联产品的成本应该包括其所应负担的联合成本和分离后的继续加工成本。

联产品成本计算的一般程序为：

（1）将联产品作为成本核算对象，设置成本明细账。联产品的特点决定了联产品在分离之前，不可能按各种产品分别计算成本，只能把联产品作为成本核算对象。

（2）归集联产品成本，计算联合成本。联产品的在产品一般比较稳定，可不计算期初、期末在产品成本，本期发生的生产成本全部为联产品的完工产品成本。

（3）计算各种产品的成本。联产品的联合成本在分离点前，可按一定分配方法，如售价法、实物数量法等在各联产品之间进行分配，分别确定各种产品的成本。

以售价法举例。在售价法下，联合成本是按分离点上每种产品的销售价格比例进行分配的。采用这种方法，要求每种产品在分离点时的销售价格有可靠的计量。

【例 11－2】天佑生产 E 产品和 F 产品，E 产品和 F 产品为联产品。3 月份发生加工成本 1 200 万元。E 产品和 F 产品在分离点上的销售价格总额为 1 500 万元，其中 E 产品的销售价格总额为 900 万元，F 产品的销售价格总额为 600 万元。

采用售价法分配联合成本：

E 产品：1 200/（900 + 600）×900 = 720（万元）

F 产品：1 200/（900 + 600）×600 = 480（万元）

五、副产品的成本计算

副产品是在主要产品的生产过程中附带生产出来的非主要产品。副产品不是企业既定的生产目标，且价值一般较低，在企业产品销售收入中所占比重很小。基于以上特点，副产品的成本计算比联产品要简单。通常只要将副产品按照一定的标准作价，从分离前的联合成本中扣除即可。也就是说，可以采用与分类法相似的方法，将主副产品合为一类设立产品成本明细账，归集费用、计算成本；然后将副产品按照一定的方法计价，从总成本中扣除，以扣除后的成本作为主产品的成本。只有在副产品的比重较大，价值也较高的情况下，为了正确计算主、副产品的成本，才将主、副产品视同联产品，采用联产品的成本计算方法计算成本。

（1）副产品不计算成本。即当副产品经济价值极小时，副产品不负担分离点前发生的任何成本，全部生产费用均为主产品成本。该法计算简便，但会高估主产品的成本。

（2）副产品按固定或计划单位成本计价。即副产品与主产品分离后，按副产品产出的数量和固定或计划单位成本计算其成本，并从联合成本中扣除。当副产品成本中原材料所占的比重较大，或者是副产品成本占联合成本的比重较小时，应将其成本从主产品生产成本明细账“原材料”成本项目中扣除；当副产品各个成本项目的比重相差不大，或者副产品在联合成本中占有一定比重时，应将其成本按比例从联合成本明细账的各个成本项目中扣除。

（3）副产品按销售价格扣除销售费用、销售税金后的余额计价，或者按售价减去按正常利润率计算的销售利润后的余额计价。副产品成本可以从联合成本明细账“原材料”成本项目中扣除，也可以按比例从联合成本明细账的各个成本项目中扣除。该法使用于副产品价值较高的情况，计算较为简便，但在副产品市价波动较大时，其成本将大受影响，进而影响到主产品成本计算的正确性。

（4）联合成本在主副产品之间分配。这种方法主要是在副产品比重较大，且副产品经济价值较高时，为了正确核算主副产品成本而采用的一种方法。采用该方法时，应将主副产品视同联产品，采用一定标准在主副产品之间分配生产费用，并分别计算出各自的成本。

【例 11－3】天佑工厂生产甲产品的同时，还生产出乙副产品，本期共发生费用 50 000元，其中直接材料 25 000 元，直接人工 15 000 元，制造费用 10 000 元。生产甲产品 500 件，乙副产品 50 千克。乙副产品每千克售价 60 元，单位税金 5 元，单位销售费用 2 元和单位产品利润 3 元，假定副产品成本直接从材料成本项目中扣除。

（1）乙副产品成本＝50×（60－5－2－3）

＝2 500（元）

（2）主副产品成本计算。

主副产品成本计算表（表 11－3）：

表 11－3　　主副产品成本计算表

2018 年 6 月

产品名称	直接材料	直接人工	制造费用	合计
生产费用合计	25 000	15 000	10 000	50 000
乙副产品成本	2 500			2 500
甲产品总成本	22 500	15 000	10 000	47 500

第二节　定额法

一、定额法的含义及特点

定额法是为了及时核算和监督实际生产费用和产品成本脱离定额的差异，加强定额管理和成本控制而采用的一种产品成本计算的辅助方法。它是以产品的定额成本为基础，加减实际脱离现行定额的差异、材料成本差异和定额变动差异，从而计算出产品实际成本的方法。

定额法与一般核算方法不同的是，它不纯粹是一种成本核算方法，它是将成本核算与成本控制相结合的一种成本方法。它不仅能达到成本的事前和事后控制，关键是能做到成本的日常控制，从而更有效地发挥成本核算对于节约生产费用、降低产品成本的作用。

与前面讲述的成本计算方法相比，定额法具有如下几个主要特点：

（1）制定产品的各项消耗定额、费用定额和定额成本作为控制生产费用和降低产品成本的目标，对产品成本进行事前控制。

（2）在生产费用发生时，将符合定额的费用和脱离定额的差异分别核算，以加强对成本差异的日常核算、分析和控制。

（3）月末在定额成本的基础上加减各种成本差异，计算出产品的实际成本，为成本的定期分析和考核提供数据。定额法下，产品实际成本计算的基本公式为：

产品的实际成本 = 定额成本 ± 脱离定额差异 ± 定额变动差异 ± 材料成本差异

二、定额法计算方法

（一）定额成本的制定

制定产品的消耗定额、费用定额，并据以制定单位产品的定额成本，是采用定额法核算的起点。产品定额成本的制定过程也是对产品成本进行事前控制的过程。

企业定额成本的制定，可由计划、技术、会计等部门共同进行。制定的依据主要包括：产品的现行工艺流程；产品的材料、动力和工时消耗定额；材料和动力计划单价；计划工资率或计件工资单价；制造费用预算等。定额成本的制定一般是通过编制定额成本计算表进行的。定额成本计算表的编制与产品结构、所用零部件的多少有关。定额成本计算在实际工作中通常有两种方法可供选择：如果产品的零部件不多，可先根据零件原材料的消耗定额、工序计划和工时消耗定额、原材料的计划单价、计划小时工资率和计划小时费用率计算零件定额成本，然后再汇总计算部件和产品的定额成本；如果产品的零部件较多，为了简化成本计算工作，也可以不计算零件定额成本，而根据列有零件原材料消耗定额、工序计划和工时消耗定额的零件定额卡以及原材料的计划单价、计划小时工资率和计划小时费用率，计算部件定额成本，然后汇总计算产品定额成本，或者根据零部件的定额卡直接计算产品的定额成本。

定额成本表中各成本项目是根据现行定额和计划单位成本制定的。其计算公式为：

原材料费用定额 = 产品原材料消耗定额 × 原材料计划单价

生产工资费用定额 = 产品生产工时定额 × 计划小时工资率

制造费用定额 = 产品生产工时定额 × 计划小时费用率

其中，计划小时工资率、计划小时费用率可用下列公式计算：

$$计划小时工资率 = \frac{预计某车间全年生产工人工资总额}{预计该车间全年定额工时总数}$$

$$计划小时费用率 = \frac{预计某车间全年制造费用总额}{预计该车间全年定额工时总数}$$

将各项成本项目的费用定额相加就是单位产品的定额成本。计算公式如下：

单位产品定额成本 = 原材料费用定额 + 生产工资费用定额 + 制造费用定额

【例 11 - 4】天佑工厂生产甲产品的定额消耗资料为：单位产品消耗 A 材料 200 千克，A 材料的计划单价为 25 元/千克，消耗 B 材料 80 千克，B 材料计划单价为 30 元/千克，单位产品耗用生产工时 50 小时，计划小时工资率为 15 元/工时，计划小时制造费用 20 元/工时。该企业甲产品定额成本计算如下：

单位产品直接材料定额成本 = 200 × 25 + 80 × 30 = 7 400（元）

单位产品直接人工定额成本 = 50 × 15 = 750（元）

单位产品制造费用定额成本 = 50 × 20 = 1 000（元）

单位产品定额成本 = 7 400 + 750 + 1 000 = 9 150（元）

需要注意的是，从公式上来看，产品的定额成本与计划成本的计算基本没有差别，都是以产品各项费用的消耗定额和计划单价为依据加以确定的目标成本。但实际上，两者还是有区别的：计划成本下的定额是计划期内的平均消耗定额，在计划期内通常保持不变，而制定定额成本下的定额是现行定额，它会随着生产条件的变化而进行不断的修订。此外，计划成本是企业为了明确一个长期的成本控制努力方向而制定的成本目标，而定额成本则是企业自行制定的作为对当时产品成本进行控制和考核的依据。

（二）脱离定额差异的计算

脱离定额差异是指产品生产过程中各项实际发生的生产费用脱离现行定额或预算的差异。通过对脱离定额差异进行及时、正确的核算和分析，及时控制生产费用支出是定额法下进行日常控制的重要手段。因此，在发生生产费用时，应为符合定额的费用和脱离定额的差异，分别编制定额凭证和差异凭证，并在有关的费用分配表和明细账中分别予以登记。为了更好地控制成本，找出成本差异的原因，脱离定额差异的计算应分别按成本项目进行。

1. 原材料脱离定额差异的计算

原材料脱离定额差异（量差）的计算公式如下：

原材料脱离定额差异 = 原材料计划价格费用 − 原材料定额费用

= 实际消耗量 × 材料计划单价 − 定额消耗量 × 材料计划单价

= （实际消耗量 − 定额消耗量） × 材料计划单价

原材料脱离定额差异的计算方法一般有限额法、切割法和盘存法等。

（1）限额法。限额法是指原材料的领用实行限额领料制度，以控制领料的一种方法。在该制度下，凡符合定额的原材料应根据限额领料单领发，凡超过限额的领发或领用代用材料，又未办理追加限额手续的，则应另行填制差异凭证。差异凭证的签发必须经过一定的审批手续。代用材料的领用、废料的利用等还应经过技术部门的鉴定。代用材料超过或少于原规定材料的数量，才能作为定额差异。若车间月末还有余料，还应办理退料手续。退料单也应视为差异凭证，它与限额领料单中的原材料余额一样，都是脱离定额的节约差异。

限额法是控制领料的重要手段，但并不能完全控制用料，上述差异凭证所反映的差异往往只是领料差异，而不一定是用料差异。这是因为，投产的产品数量不一定等于规定的产品数量，所以领用原材料的数量也不一定等于原材料的实际消耗量，即期初、期末车间可能有余额。只有在产品投产数量等于规定的产品数量，而且车间没有余料或期初、期末车间余料相等的情况下，领料差异才是用料差异。

（2）切割法。为了核算用料差异，更好地控制用料，对于经过切割（下料）才能使用的材料，例如板材、棒材等，除了采用限额法以外，还应采用切割核算法。切割法定额差异的计算方法是把分割后材料的数量乘上定额，求得材料的定额耗用量，与材料实际耗用量相比，其差额就是定额差异。

（3）盘存法。对于不能切割的材料，除采用限额法控制其领料外，还可采用盘存法。盘存法就是按一定的间隔日数，对生产中余存材料进行盘点，根据材料领用数和盘点所确定的余额，算出一定时期的材料实际耗用量，以实际耗用量和这一时期内投产的数量乘上耗用定额所求得的定额耗用量相比较，算出材料的定额差异。其核算过程为：

①计算原材料定额耗用量。

原材料定额耗用量 = 本期投产产品数量 × 原材料消耗定额

本期投产产品数量 = 本期完工产品数量 + 期末在产品数量 − 期初在产品数量

②计算原材料实际耗用量。

原材料实际耗用量 = 期初余料 + 本期领料 − 期末余料

③确定原材料脱离定额差异。

原材料脱离定额差异 =（原材料实际耗用量 − 原材料定额耗用量）× 材料计划单价

【例 11－5】天佑工厂生产 A 产品，本月期初在产品 50 台，本月完工产品数量为 500 台，期末在产品数量为 100 台。原材料系开始是一次投入，单位产品材料消耗定额为 10 千克，材料计划价格为 2 元/千克。本月材料限额领料凭证登记数量为 5 000 千克，材料超限额领料凭证登记数量为 500 千克，期初车间有余料 300 千克，期末车间盘存余料为 200 千克。要求：计算本月产品的原材料定额费用及脱离定额差异。

A 产品本月投产数量 = 500 + 100 − 50 = 550（台）

原材料定额消耗量 = 550 × 10 = 5 500（千克）

原材料实际消耗量 = 5 000 + 500 + 300 − 200 = 5 600（千克）

原材料脱离定额差异 =（5 600 − 5 500）× 2 = 200（元）

不论采用哪一种方法核算原材料定额消耗量和脱离定额差异，都应分批或定期地将这些核算资料按照成本计算对象进行汇总，编制原材料定额费用和脱离定额差异汇总表，填明产品所耗各种原材料的定额耗用量、定额费用和脱离定额的差异，并分析说明发生差异的原因。

2. 人工费用脱离定额差异的计算

人工费用脱离定额差异的计算因工资形式不同而有所差异。在计件工资形式下，生产工人工资属于直接计入费用，其脱离定额差异的计算与原材料脱离定额差异的计算相似。将符合定额的工资在产量记录中得到反映，定额成本差异在发生时通过一定的手续反映在专设的工资差异凭证中。

在计时工资形式下，生产工人工资属于间接计入费用，影响其脱离定额差异的因素有两个：一是生产工时；二是小时工资率。其计算公式为：

产品生产工资脱离定额的差异＝该产品实际生产工资－该产品的定额生产工资

＝该产品实际生产工时×实际小时工资率－该产品实际完成的定额生产工时×计划小时工资率

$$实际小时工资率=\frac{某车间实际生产工人工资总额}{该车间实际生产工时总数}$$

$$计划小时工资率=\frac{某车间计划产量的定额生产工人工资总额}{该车间计划产量定额生产工时总数}$$

某产品实际完成的定额工时＝（该产品本月完工产品数量＋月末在产品约当产量－月初在产品约当产量）×单位产品工时定额

【例 11－6】天佑工厂生产甲产品，单位产品的工时定额为 5 小时，本月实际完工产品产量为 1 000 件，月末在产品数量为 200 件，完工程度为 80%；月初在产品数量为 100 件，完工程度为 60%。计划小时工资率为 4 元，实际的生产工时为 5 000 小时，实际小时工资率为 4.5 元。要求计算甲产品人工费用脱离定额差异。

甲产品人工费用脱离定额差异＝实际生产工资－定额生产工资

$=5\ 000\times4.5-(1\ 000+200\times80\%-100\times60\%)\times5\times4$

$=22\ 500-22\ 000=500$（元）

3. 制造费用脱离定额差异的计算

制造费用属于间接费用，其脱离定额差异不能在平时按照产品直接计算，只有在月末按照以下公式计算：

某产品的实际制造费用＝该产品实际生产工时×实际小时费用率

某产品制造费用的定额＝该产品定额生产工时×计划小时费用率

该产品制造费用脱离定额差异＝该产品的实际制造费用－该产品的定额制造费用

【例 11－7】天佑工厂本月实际发生的制造费用为 30 000 元，计划小时费用率为 5.8 元，单位产品定额工时为 10 小时，实际投产 500 件。要求：计算该产品制造费用脱离定额差异。

该产品制造费用脱离定额差异＝$30\ 000-500\times10\times5.8=1\ 000$（元）

4. 脱离定额差异在完工产品和期末在产品之间的分配

为了计算完工产品的实际成本，对于上述各项定额差异，应采取适当的方法在完工产品与期末在产品之间进行分配。如果在产品数量较少时，可以将定额差异全部计入完工产品成本。如果期末在产品数量较多，为了保证产品成本计算的准确性，定额差异一般就按照完工产品和在产品定额成本比例进行分配。

（三）材料成本差异的计算

在定额法下，为了有利于产品成本的分析和考核，原材料的定额费用和脱离定额差异都是按计划单价计算的，原材料脱离定额差异只是以计划单价反映的消耗量上的差异（量差），未包括价格因素。因此，月末计算产品的实际原材料费用时，需计算所耗原材料应分摊的成本差异，即所耗原材料的价格差异（价差）。其计算公式如下：

某产品应分配的原材料成本差异＝原材料实际消耗量×材料计划单价×材料成本差异率
＝（该产品原材料定额费用±原材料脱离定额差异）×材料成本差异率

【例11－8】天佑工厂2018年6月份甲产品所耗原材料定额成本为58 000元，脱离定额差异为节约3 000元，假定该企业材料成本差异率为超支2%，则：

甲产品应分配的材料成本差异＝（58 000－3 000）×2%＝1 100（元）

（四）定额变动差异的计算

由于生产技术和劳动生产率的提高，原来制定的消耗定额或生产耗费的计划价格在一定时期后需要修订，修订后而产生的新旧定额之间的差额就是定额变动差异。

定额成本的修订一般在月初、季初或年初定期进行，但在定额变动的月份，月初在产品的定额成本仍然按照旧的定额计算，而本月投入产品的定额成本以及完工产品的定额成本和月末在产品的定额成本都是按修订后的新定额计算的，因此需要按新定额计算月初在产品的定额变动差异，用以调整月初在产品的定额成本。

为了简化计算工作，月初在产品定额变动差异可以按定额变动系数进行计算，其公式如下：

月初在产品定额变动差异＝按旧定额计算的月初在产品费用×（1－定额变动系数）

$$定额变动系数=\frac{按新定额计算的单位产品费用}{按旧定额计算的单位产品费用}$$

【例11－9】天佑工厂月初在产品30件，假设该产品从4月1日起修订原材料消耗定额。旧的单位产品的材料定额费用为600元，修订后为588元。要求计算月初该产品定额变动差异。

$$定额变动系数=\frac{588}{600}=0.98$$

月初在产品定额变动差异＝600×30×（1－0.98）＝360（元）

月初在产品定额变动差异通常表现为月初在产品价值的降低，即贬值。此时，应从月初在产品定额费用中扣除该项差异，加入本月产品成本中；反之，则为月初在产品的增值的差异，应加入月初在产品定额费用中，同时从本月产品成本中扣除同等金额。

定额变动差异原则上应按定额成本的比例在完工产品和在产品之间进行分配，但如果差异不大或者产品生产周期小于1个月，亦可全部由完工产品成本负担。定额变动差异的计算是定额成本制度的一个重要组成部分，不论月初或月份内定额变动，都应按月计算定额变动影响数额。

三、定额法下实际成本计算举例

定额法下，产品实际成本的计算程序大致可以归纳如下：

（1）按所结合的成本计算的基本方法所确定的成本计算对象，如产品品种、批别、生产步骤等设置生产成本明细账（或成本计算单），账内按成本项目分别设置定额成本、脱离定额差异、材料成本差异和定额变动差异等专栏，其余明细账按所结合的基本方法的要求设置。

（2）根据产品的实际产量，并以现行消耗定额和费用定额为依据，制定产品的定额成本，作为降低产品成本、节约费用支出的目标。

（3）如果月初进行生产耗费的消耗定额或计划价格的修订，还要计算月初的定额变动差异，并据以调整月初在产品的定额成本。

（4）根据各个成本项目的脱离定额差异凭证，汇总计算产品的脱离定额差异，计入生产成本明细账（或成本计算单）。

（5）在定额法下，材料一般是按计划成本计算的，以便于对其消耗定额进行考核，故月末要根据本月的材料成本差异率，计算材料成本差异。

（6）月末，企业应将月初结转和本月发生的脱离定额差异和定额变动差异分别汇总，其中需要分配的差异，要按成本项目计算差异分配率，按照企业确定的成本计算方法，在完工产品和月末在产品之间进行分配。

（7）最后，根据上述内容，计算出产品的实际成本。在定额法下，一个完整的产品实际成本的计算公式可表示如下：

产品的实际成本 = 定额成本 ± 脱离定额差异 ± 定额变动差异 ± 材料成本差异

【例 11 - 10】天佑工厂 A 产品有关直接材料费用资料如下：

（1）月初在产品直接材料费用为 20 000 元，月初在产品直接材料脱离定额差异为 -600元。月初在产品定额费用调整降低 1 500 元，定额变动差异全部计入完工产品成本中。

（2）本月定额直接材料费用为 50 000 元，本月直接材料脱离定额差异为 2 500 元，本月材料成本差异率为 -2%，材料成本差异全部由完工产品负担。

（3）本月完工产品直接材料定额费用为 60 000 元。

要求：根据上述资料采用定额法计算完工产品和月末在产品的原材料成本 。

（1）月末在产品原材料定额费用：

= 月初在产品定额费用 + 月初在产品定额费用调整 + 本月定额费用 - 完工产品定额费用

= 20 000 - 1 500 + 50 000 - 60 000 = 8 500（元）

（2）原材料脱离定额差异合计：

= 月初在产品脱离定额的差异 + 本月脱离定额的差异

= -600 + 2 500 = 1 900（元）

$$原材料脱离定额差异率 = \frac{月初在产品原材料脱离定额差异 + 本月脱离定额差异}{完工产品原材料定额费用 + 月末在产品原材料定额费用}$$

$$= \frac{1\ 900}{60\ 000 + 8\ 500} = 2.77\%$$

完工产品应负担原材料脱离定额差异 = 60 000 × 2.77% = 1 622（元）

月末在产品应负担原材料脱离定额差异 = 1 900 - 1 622 = 278（元）

（3）本月所耗原材料应分配的材料成本差异：

=（本月所耗原材料定额费用 ±原材料脱离定额差异）×材料成本差异率

=（50 000 +2 500）×（−2%）= −1 050（元）

（4）本月完工甲产品原材料实际费用：

=完工产品原材料定额费用 +完工产品应负担原材料脱离定额差异 +原材料成本差异 +月初在产品定额变动差异

=60 000 +1 622 +（−1 050）+1 500

=62 072（元）

月末在产品原材料实际费用 =月末在产品原材料定额费用+月末在产品应负担原材料脱离定额差异

=8 500 +278 =8 778（元）

四、定额法的优缺点及应用条件

定额法提供了定额成本资料和成本差异资料。其优点是有利于加强日常的成本控制，便于进行产品成本的定期分析。通过各项差异的核算，有利于提高成本的定额管理和计划管理工作的水平，同时有利于解决各项差异在完工产品和月末在产品之间分配的问题。其缺点是与其他成本计算方法相比，成本核算的工作量较大，而且各项差异是按产品计算确定的，难以分清各部门的经济责任。因此，定额法适用于企业定额管理制度比较健全，定额管理基础较好，企业产品的生产已经定型，消耗定额比较稳定的企业。

要点总结

分类法相对于品种法、分批法和分步法三种基本的成本核算方法而言，是成本计算的一种辅助方法。分类法以产品的类别作为成本计算对象，按类归集生产费用，先计算各类完工产品成本，然后再按一定标准分配计算各类产品中各种产品的成本。分配类内各种产品的标准选择是根据产品的生产工艺特点来确定的，分配方法可采用定额比例法或系数分配法。

副产品是随主产品生产附带生产出来的，不是企业既定的生产目标，且价值一般较低，在企业产品销售收入中所占比重很小。副产品成本计算可以采用较简单的分配标准（方法）在与其主产品之间适当分配即可取得。

所谓联产品，是指企业在生产过程中，利用同一种原材料，经过同一个生产过程，同时生产出几种产品，并且这些产品都是企业的主要产品。联产品在生产过程中使用同样的原材料，并且又是在同一生产过程中生产出来的。联产品的生产特点是在生产开始时，各产品尚未分离，生产过程进行到一定生产步骤，产品才会分离。

定额成本法是以产品的定额成本为基础，加减实际脱离现行定额的差异、材料成本差异和定额变动差异，计算产品实际成本的一种方法。定额成本法不仅是一种成本核算的辅助方法，而且是一种直接进行成本管理的成本控制方法，适用于定额管理制度健全，消耗定额比较稳定的企业。

复习思考题

1. 简述分类法的概念及特点。
2. 简述分类法的计算程序。
3. 简述系数分配法的分配步骤。
4. 简述副产品成本计算的特点。
5. 简述定额成本法的概念及特点。
6. 简述定额法的计算程序。
7. 什么是定额成本？如何制定定额成本？
8. 什么是脱离定额差异？如何计算脱离定额差异？
9. 什么是定额变动差异？如何计算定额变动差异？
10. 简述分类法和定额法的优缺点。

第十二章 变动成本法、作业成本法和标准成本法

学习目标

通过本章的学习，明确变动成本法、作业成本法和标准成本法能够提供的成本信息以及这些成本信息在企业经营管理决策和成本控制中的作用。理解和掌握上述三种方法的基本内容和具体操作程序。

第一节 变动成本法

成本是为达到特定目的而消耗和放弃的资源，它是衡量企业经营管理水平高低和经济效益的一个重要指标。成本可以按不同的标准进行分类，以适应企业经营管理的不同需要。在制造业企业中，成本按其在生产中的职能分类可以分为生产成本和非生产成本两类。

生产成本又称制造成本，是指在生产过程中为制造产品而发生的成本，包括直接材料、直接人工和制造费用等项目。

非生产成本又称非制造成本，是指生产成本以外的成本，包括推销成本和行政管理成本，二者合称为期间费用。

一、成本按其性态分类

全部成本按其性态分类可以分为固定成本、变动成本两大类。下面分别讨论这些成本。

（一）固定成本

固定成本是指在一定的条件下，其总额不随业务量变化的那部分成本。它具有以下两个特点：

（1）在一定时期、一定产量范围内，固定成本总额（用 a 表示）的不变性。这一特点是其概念的再现，在平面直角坐标图上，固定成本线就是一条平行于 x 轴的直线，其总成本模型为 $y=a$，如图 12-1 所示。

（2）在一定时期、一定产量范围内，单位固定成本（以下用 a/x 表示）的反比例变动性。由于上一个特点，单位产品负担的固定成本必然随着业务量的变动成反比例变动，其单位成本模型为 $y=a/x$，反映在坐标图上是一条反比例曲线，如图 12-2 所示。

【例 12-1】A 企业为加工某种特殊零件，向租赁公司租入一台设备，每月租金 15 000元，租期 1 年。该设备每月最大加工能力为 1 000 个零件，2018 年上半年各月零件

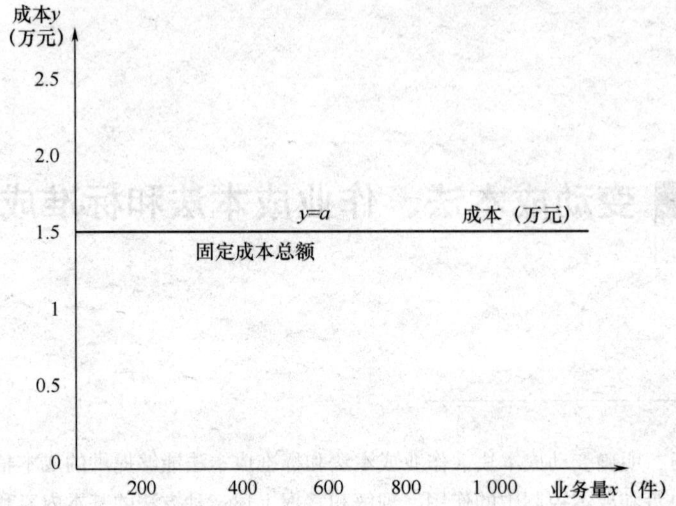

图 12－1　固定成本总额性态模型

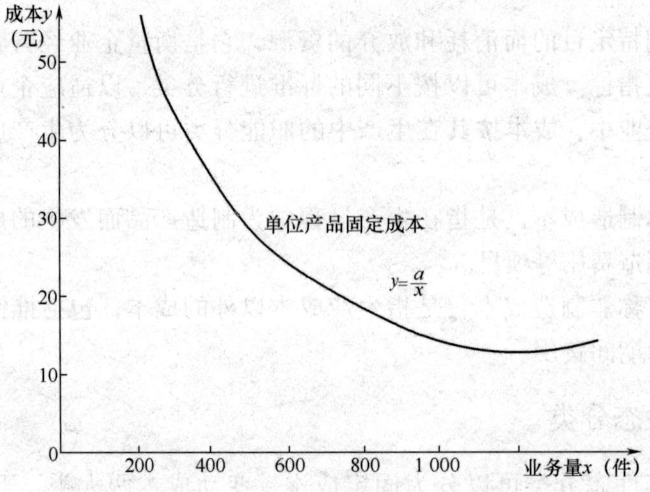

图 12－2　单位产品固定成本性态模型

加工量与租金资料如表 12－1 所示。

表 12－1　　零件加工量与租金资料表

月份	加工量/个	租金/元	每个零件负担的租金/元
1	400	15 000	37.5
2	600	15 000	25
3	625	15 000	24
4	750	15 000	20
5	800	15 000	18.75
6	1 000	15 000	15

根据上述资料，可将租金总额、单位租金及各月加工量的关系用图 12－1 和图 12－2 表示。从图中可以看出，该企业每月支付的租金总额与业务量毫无关系，而其单位租金却随着业务量的不断增长而呈现反比例变动的趋势。

固定成本一般包括下列内容：房屋设备租赁费、保险费、广告费、不动产税金、按使用年限法计提的固定资产折旧费、管理人员薪金等。在我国的工业企业中，生产成本中的固定成本主要指制造费用中不随产量变动的办公费、差旅费、折旧费、劳动保护费、管理人员工资、租赁费等，销售费用中不受销量影响的企业管理人员工资、广告费和折旧费，管理费用中不受产量或销量影响的企业管理人员工资、折旧费、租赁费、保险费、土地使用税等。

固定成本按其是否受管理当局短期决策行为的影响，又可进一步细分为约束性固定成本和酌量性固定成本两类。区分这两类成本的意义在于寻求降低固定成本的正确途径。

（二）变动成本

变动成本是指在一定的条件下，其总额随业务量成正比例变化的那部分成本。变动成本具有以下两个特点：

（1）在一定时期、一定产量范围内，变动成本总额（用 bx 表示）的正比例变动性。这一特点已在其定义中得以反映。将其反映在平面直角坐标图上，变动成本是一条以单位变动成本为斜率的直线。单位变动成本越大，即斜率越大，图上体现的直线坡度越陡。其总成本模型为：$y=bx$，如图 12－3 所示。

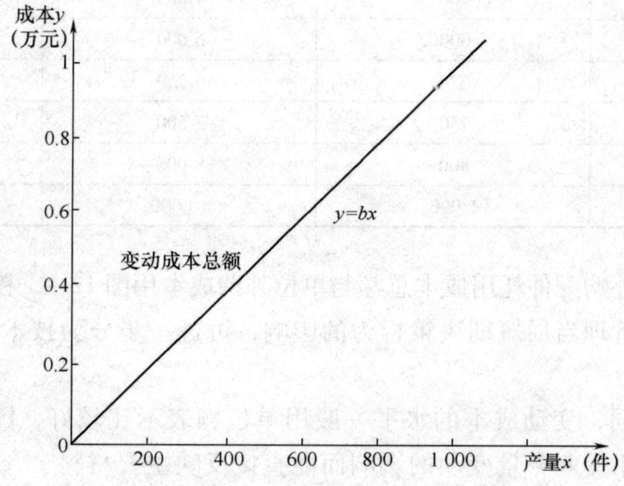

图 12－3　变动成本总额性态模型

（2）在一定时期、一定产量范围内，单位变动成本（用 b 表示）的不变性。由于变动成本总额的正比例变动性，决定了其单位变动成本不受业务量增减变动的影响而保持不变。将此特点反映在坐标图上，单位变动成本是一条平行于横轴的直线，因此单位变动成本的性态模型为：$y=b$，如图 12－4 所示。

变动成本的内容一般包括：直接材料、直接人工和制造费用中随产量成正比例变动的物料用品费、燃料费、动力费、外部加工费、按工作量法计提的折旧费等以及按销售

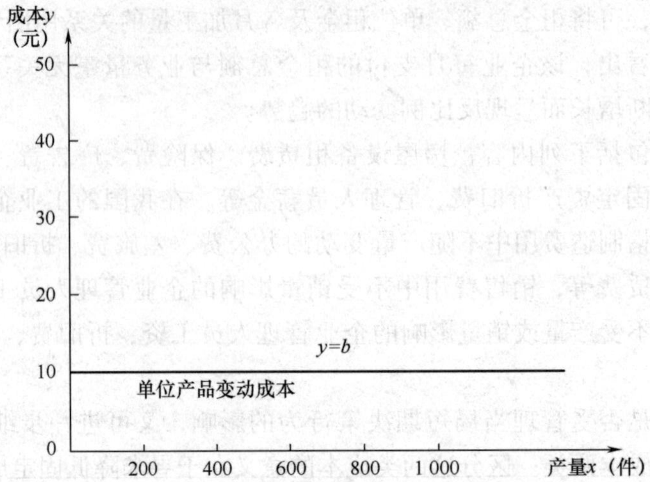

图 12－4　单位变动成本性态模型

量支付的销售佣金、装运费、包装费等。

【例 12－2】A 企业生产产品过程中需要外购某种配件，该配件购买成本为 10 元/件，2018 年上半年各月产品产量与该配件耗用成本的有关资料如表 12－2 所示。

表 12－2　　产品产量与外购配件耗用成本资料表

月份	产品产量/件	外购配件耗用/元	单位外购成本/元
1	400	4 000	10
2	600	6 000	10
3	625	6 250	10
4	750	7 500	10
5	800	8 000	10
6	1 000	10 000	10

根据资料，将外购配件耗用成本总额与单位外购成本用图 12－3 和图 12－4 表示。变动成本按其是否受管理当局短期决策行为的影响，可进一步分为技术性变动成本和酌量性变动成本。

与固定成本不同，变动成本的水平一般用单位额表示比较好，因为在一定范围内，单位变动生产成本不受业务量变动的影响而能直接反映主要材料、人工成本和变动性制造费用的消耗水平。总之，要节约变动生产成本就应从降低单位产品变动成本的消耗入手。

前面在介绍固定成本和变动成本的定义时，总要加上“在一定条件下”这个状语。这里的“条件”就是指“相关范围”。在成本会计中，把不会改变固定成本和变动成本性态的有关期间、业务量的特定变动范围称为广义的相关范围，把业务量因素的特定变动范围称为狭义的相关范围。正像我们前面指出的那样，研究固定成本、变动成本必须与一定的时期和一定的业务量范围相联系。只要在相关范围内，不管时间多久，业务量增减变动幅度多大，固定成本总额的不变性和变动成本总额的正比例变动性都将存在。但是如果超出这一范围，就不见得如此了，因为不论是从较长的时期看，还是从业务量的无限变动看，没有绝对不改变数额的成本，也不可能存在绝对正比例变动的成本。不仅固定成本和变动成本都只能存在于一定的相关范围内，而且每一类成本中的不同项目都可能具有不同的相关范围。

由于固定成本和变动成本相关范围的存在，使得各项成本的性态具有相对性、暂时性和可转化性的特点，因此不应该对成本性态作绝对地理解。

（三）混合成本

在固定成本和变动成本之外，还有一部分成本属于混合成本。混合成本是指介于固定成本和变动成本之间，即随业务量变动又不成正比例的那部分成本。在实际工作中，常常有许多成本项目属于这类成本，如电话费、维修费、辅助工人工资等。这是因为成本按其性态分类，采用了“是否变动”与“是否正比例变动”双重分类标志，不论哪个标志在前，分类的结果都必然会产生游离于固定成本和变动成本之间的混合成本。这表明混合成本的存在具有客观必然性。对于混合成本，必须用一定的方法将其分解为固定成本和变动成本两部分。

1. 混合成本的种类

混合成本与业务量之间的关系比较复杂，按照混合成本变动趋势的不同，又可分为阶梯式混合成本、标准式混合成本、低坡式混合成本和曲线式混合成本四类。

（1）阶梯式混合成本。阶梯式混合成本又称步增混合成本或半固定成本。这类混合成本的特点是：在一定业务量范围内其成本不随业务量的变动而变动，类似固定成本，当业务量突破这一范围，成本就会跳跃上升，并在新的业务量变动范围内固定不变，直到出现另一新的跳跃为止。将此变化反映在坐标图上，其成本随业务量的增长呈现出阶梯状增长趋势。企业化验员、保养工、质检员、运货员等人员的工资就属于这类成本。

【例 12 -3】当每月 A 企业生产的 A 产品产量在 400 件以内时，需要两名化验员，每人每月工资 1 700 元，工资成本为 3 400 元。以后产量每月增加 200 件，就需在原有基础上增加一名化验员，则化验员的工资成本呈阶梯状上升，如图 12 -5 所示。

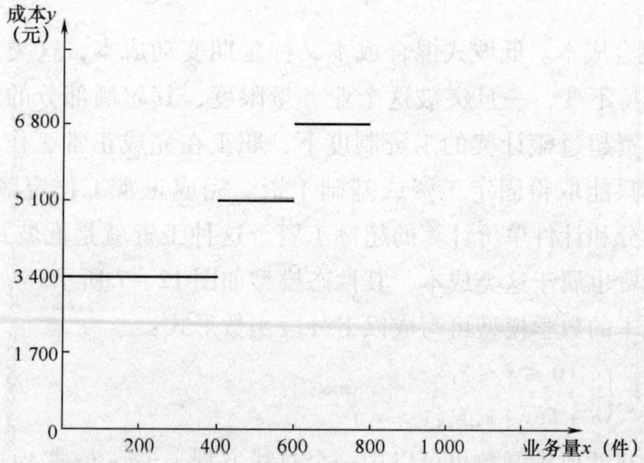

图 12 -5　半固定成本总额性态模型

阶梯式混合成本的数学模型可写成以下分段函数的形式：

$$y = f(x) = \begin{cases} a_1,(0 \leqslant x \leqslant x_1) \\ a_2,(x_1 < x \leqslant x_2) \\ a_3,(x_2 < x \leqslant x_3) \end{cases}$$

由于这种分段式的成本函数在进行数学处理时比较麻烦，可以设法用一个直线方程 $y = a + bx$ 来模拟它。

（2）标准式混合成本。这类混合成本是由明显的固定和变动两部分成本合成的，又称半变动成本。它的固定部分是不受业务量影响的基数成本；变动部分则是在基数成本的基础上随业务量的增长而成正比例增长的成本，其性态模型如图 12－6 所示。如企业的电话费用就是由按固定数额计收的月租费和通话时间及计价标准计算的通话费用两部分组成的，属于标准式混合成本；其他公用事业费用如水、电、煤气等费用，机器设备的维修保养费及销售人员的薪金也大多属于这类成本。

这种成本函数可以直接写成 $y = a + bx$。

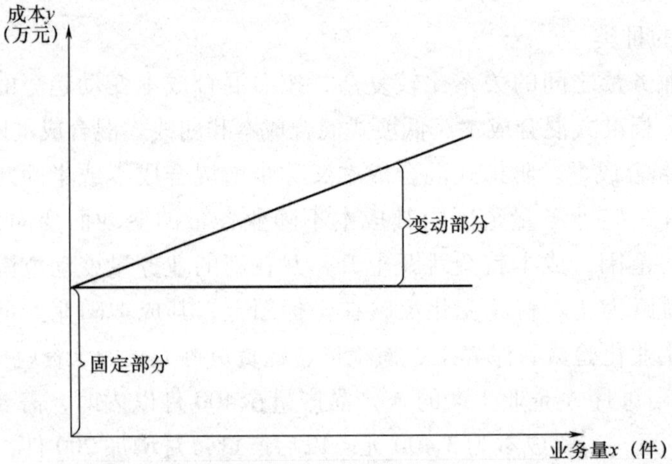

图 12－6　半变动成本性态模型

（3）低坡式混合成本。低坡式混合成本又称延期变动成本，这类成本在一定的业务量范围内其总额保持不变，一旦突破这个业务量限度，其超额部分的成本就相当于变动成本。如在固定工资超过额计奖的工资制度下，职工在完成正常工作定额之前，无论业务量完成多少，都只能取得固定工资或基础工资。完成正常工作定额之后超出的部分，会得到按超定额部分和计件单价计算的超额工资。这种工资就是低坡式混合成本。此外，加班工资、浮动工资也属于这类成本，其性态模型如图 12－7 所示。

低坡式混合成本的数学模型可写成以下分段函数形式：

$$y = f(x) = \begin{cases} a,(0 \leqslant x \leqslant x_1) \\ a + b(x - x_1),(x > x_1) \end{cases}$$

当然这种分段式的成本函数也可以用一个直线方程 $y = a + bx$ 来模拟它。

（4）曲线式混合成本。这类混合成本通常有一个初始量，一般不变，相当于固定成

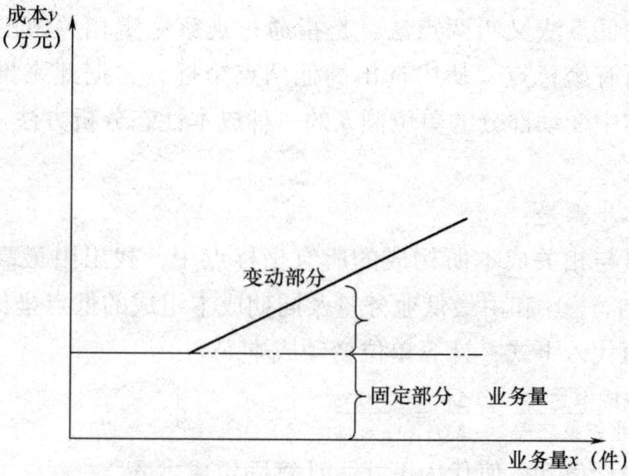

图 12－7　延期变动成本性态模型

本。在这个初始量的基础上，成本随业务量变动但并不存在线性关系，在坐标图上表现为一条抛物线。按照曲线斜率的不同变动趋势，这类混合成本可进一步分为递增型混合成本和递减型混合成本两种类型。

总之，无论哪一类混合成本都可以直接或间接地用一个直线方程 $y = a + bx$ 去模拟它（这里的 y 代表混合成本；b 代表混合成本中变动部分的单位额）。这就为成本性态分析中采用一定方法进行混合成本分解提供了数学依据。

2. 混合成本的分解方法

为了把企业全部成本划分为固定成本和变动成本两类，必须把混合成本分解并归入固定成本部分和变动成本部分。对混合成本进行分解，一般可采用以下几种方法：

（1）技术测定法。技术测定法又称工程技术法，是指利用经济工程项目财务评价的技术方法测定企业正常生产过程中投入与产出的关系，分析确定在实际业务量基础上其固定成本和变动成本水平，并揭示其变动规律的一种方法。

（2）直接分析法。直接分析法是指在掌握有关项目成本性态的基础上，在成本发生的当时，对每项成本的具体内容进行直接分析，使其分别归属于固定成本或变动成本的一种方法。此法在很大程度上属于定性分析，需要逐一对成本明细项目加以鉴定，因此又称个别确认法。掌握所有项目的成本性态是该法的关键。这要求事先已经了解决定成本性态构成的成本开支标准，或进行过本企业的成本性态分析以及可以借鉴其他同类企业成本性态分析的结论。

（3）历史数据分析法。历史数据分析法是指在占有若干期相关的成本 y 和业务量 x 历史资料的基础上，运用一定数学方法对其进行数据处理，从而确定常数 a 和 b 的数值，以完成混合成本分解的一种定量分析的方法。

该法要求企业资料齐全，成本数据与业务量的资料要同期配套，具备相关性，并以企业的历史成本与未来成本具有相似性为前提。因此，此法适用于生产条件较为稳定、成本水平波动不大以及有关历史资料比较完备的老企业。

历史数据分析法包括高低点法、散步图法和一元直线回归法。

①高低点法。高低点法又叫两点法，是指通过观察一定相关范围内的各期业务量与相关成本所构成的所有坐标点，从中选出高低两点坐标，并据此来推算混合成本中的固定部分 a 和混合成本中变动部分的单位额 b 的一种成本性态分析方法。此法的基本原理是解析几何中的两点法。

高低点法的具体步骤是：

从由各期业务量与相关成本所构成的所有坐标点中，找出由最高业务量及同期成本组成的高点坐标（x_1,y_1）和由最低业务量及同期成本组成的低点坐标（x_2,y_2）。

将高低点坐标值代入下式，计算单位变动成本 b。

$$b=\frac{\text{高低点成本之差}}{\text{高低点业务量之差}}=\frac{\Delta y}{\Delta x}=\frac{y_1-y_2}{x_1-x_2}$$

将低点或高点坐标值和 b 值代入下式，计算固定成本 a。

$$a=\text{低点成本}-b\times\text{低点业务量}=y_2-bx_2$$

$$\text{或}=\text{高点成本}-b\times\text{高点成本业务量}=y_1-bx_1$$

将 a、b 值代入 $y=a+bx$，即可写出一般成本性态模型。

【例 12－4】已知 A 企业 2018 年上半年乙产品产量与某项混合成本的资料如表 12－3 所示，要求用高低点法进行混合成本分解。

表 12－3　资料表

月份	产量 x/件	混合成本 y/元	月份	产量 x/件	混合成本 y/元
1	80	420	4	100	520
2	70	400	5	150	700
3	90	470	6	140	710

解：根据上述资料可断定，高点坐标为（150，700）；低点坐标（70，400）。

$$b=\frac{(700-400)\text{ 元}}{(150-70)\text{ 件}}=3.75\text{ 元/件}$$

$$a=(700-3.75\times150)\text{ 元}=137.5\text{ 元或 }a=(400-3.75\times70)\text{ 元}=137.5\text{ 元}$$

该项混合成本的性态模型为：$y=137.5+3.75x$，其中固定部分为 137.5 元，变动部分为 $3.75x$。

值得注意的是，选择高低点坐标应按自变量的高低为标准，而不是按因变量成本的高低来选择。因此，本例中第 6 期的成本虽然最高，但该期数据不能作为最高点坐标。

高低点法的优点在于简便易行，便于理解。其缺点是由于它只选择了诸多历史资料中的两组数据作为计算依据，使得建立起来的成本性态模型很可能不具有代表性，导致较大的计算误差。这种方法只适于成本变化趋势比较稳定的企业使用。

②散步图法。散步图法是指将若干期业务量和成本的历史数据标注在坐标图上，通过目测画一条尽可能接近所有坐标点的直线，并据此来推算 a 和 b 的一种混合成本分解方法，此法又称目测画线法。由于该法考虑所有相关历史数据，因此其计算结果比只要两

头不要中间的高低点法更为精确。

散步图法的具体步骤是：

将各期业务量与相应成本的历史资料作为点的坐标标注在平面直角坐标图上。

目测画一条直线，使其尽可能通过或接近所有坐标点。

在纵轴上读出该直线的截距值，即固定成本总额 a。

在直线上任取一点 p，假设其坐标值为（x_1, y_1），将它们代入下式计算单位变动成本 b：

$$b=\frac{y_1-a}{x_1}$$

将 a、b 值代入 $y=a+bx$，即可写出一般成本性态模型。

【例 12－5】仍以【例 12－4】所示的表 12－3 资料为例，要求用散步图法进行成本性态分析。

解：将 6 期的成本点坐标分别标在坐标图上，形成散步图，如图 12－8 所示。该直线的截距 $a=100$；在直线上任取一点 p，测出它的坐标为（100，520），则有：

$$b=\frac{(520-100)\text{元}}{100\text{件}}=4.2\text{元/件}$$

该项混合成本的性态模型为：$y=100+4.2x$。固定成本为 100 元，剩余部分为变动成本。

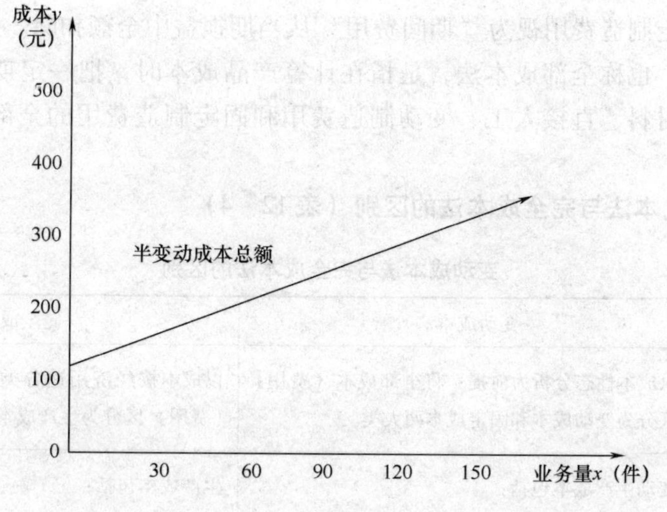

图 12－8 散步图

散步图法能够考虑所提供的全部历史资料，其图像可反映成本的变动趋势，比较形象直观，易于理解，较高低点法更为科学。但由于靠目测决定直线，因此容易造成人为的误差，不同的人会得出不同的结论，从而影响计算的客观性。

③一元直线回归法。一元直线回归法是指利用微分极值原理对若干全部业务量与成本的历史资料进行分析，并据此来推算 a 和 b 的一种混合成本分解方法。其原理是从散步图中可以找到一条与全部观测值误差的平方和最小的直线，这条直线在数学上称为回归

直线或回归方程：$y=a+bx$，按照数理统计的回归分析法可直接用公式计算出回归系数 a、b，这种方法又称最小平方方法。

一元直线回归法具体步骤是：

根据历史资料列表，求 n、$\sum x$、$\sum y$、$\sum xy$ 和 $\sum x^2$ 的值（表 12－3）。

按照下列公式求 a、b 值：

$$a=\frac{\sum y-b\sum x}{n} \text{或}=\frac{\sum x^2\sum y-\sum x\sum xy}{n\sum x^2-\left(\sum x\right)^2}$$

$$b=\frac{n\sum xy-\sum x\sum y}{n\sum x^2-\left(\sum x\right)^2}$$

将 a、b 值代入公式 $y=a+bx$，即可写出一般成本性态模型。

一元直线回归法利用了微分极值原理，因此计算结果比前两种方法更为准确，但计算工作量较大，比较麻烦。

二、利润计算方法

（一）变动成本法与完全成本法的概念

变动成本法，也称直接成本法（或部分成本法），其原理是在计算产品生产成本及存货时，只考虑生产过程中产品消耗的变动成本部分，包括直接材料、直接人工和变动制造费用，而把固定制造费用视为“期间费用”从当期损益中全额扣除。

完全成本法，也称全部成本法，是指在计算产品成本时，把一定期间内在生产过程中所消耗的直接材料、直接人工、变动制造费用和固定制造费用的全部成本都归纳到产品成本中去。

（二）变动成本法与完全成本法的区别（表 12－4）

表 12－4　变动成本法与完全成本法的区别

标　志		变动成本法	完全成本法
应用的前提条件不同		以成本性态分析为前提：将全部成本（费用）区分为变动成本和固定成本两大类	以成本按经济用途分类为前提：将全部成本（费用）区分为生产成本和非生产成本
成本的构成内容不同	产品成本	变动生产成本包括： ① 直接材料 ② 直接人工 ③ 变动性制造费用	生产成本包括： ① 直接材料 ② 直接人工 ③ 制造费用
	期间成本	变动非生产成本包括： ① 变动性销售费用 ② 变动性管理费用 ③ 变动性财务费用	非生产成本包括： ① 销售费用 ② 管理费用 ③ 财务费用

续表

标　志		变动成本法	完全成本法
成本的构成内容不同	期间成本	固定成本包括： ① 固定性制造费用 ② 固定性销售费用 ③ 固定性管理费用 ④ 固定性财务费用	
常用销货成本计算公式不同		销货成本 = 单位变动生产成本 * 本期销售量	销货成本 = 期初存货成本 + 本期发生的产品成本 − 期末存货成本
损益确定程序不同	主要公式	营业收入 − 变动成本 = 贡献毛益 贡献毛益 − 固定成本 = 营业利润	营业收入 − 营业成本 = 营业毛利 营业毛利 − 营业费用 = 营业利润
	利润表格式	贡献式利润表	传统式利润表
所提供信息的用途不同		主要满足内部管理的需要，利润与销售量之间有一定规律性联系	主要满足对外提供报表的需要，利润与销售量之间的联系缺乏规律性

（三）两种成本法营业利润差额的变动规律

两种成本计算法下，期末产成品和生产成本存货的成本数额是不一样的，采用变动成本法时，期末产成品和生产成本存货成本只包含变动生产成本（直接材料、直接人工、变动性制造费用），而不包括固定生产成本（固定性制造费用）。采用完全成本法时，由于产品成本中包含了全部生产成本，所以期末产品和生产成本存货中除包含变动生产成本外，还包含了固定生产成本，其金额必然高于变动成本法下的存货成本。

那么在营业利润的计算上是否有差异，差异出现是否有规律可循呢？我们先看一个例子：

【例 12－6】某企业生产甲产品，销售单价为 20 元/件，单位变动生产成本为 10 元，每期固定性制造费用为 10 000 元，单位变动非生产成本为 0.3 元，每期固定性销售、管理、财务费用为 4 100 元，2013—2018 年连续 6 年的产销量如表 12－5 所示。

表 12－5　　某企业 2013—2018 年产销量资料表　　单位：件

项目＼年份	2013 年	2014 年	2015 年	2016 年	2017 年	2018 年
期初存货量	0	1 000	1 250	1 000	1 000	900
本期生产量	4 000	5 000	4 000	5 000	4 000	2 500
本期销售量	3 000	4 750	4 250	5 000	4 100	2 500
期末存货量	1 000	1 250	1 000	1 000	900	900

假定：①每期投产产品均于当期完工，期末无产品；②各期成本水平不变；③各期售价不变；④存货按先进先出法计价。

下面分别用变动成本法和完全成本法计算各年利润见表 12－6 所示。

表 12－6　　　　　　　　利润表　　　　　　　　单位：元

期间 项目	2013 年	2014 年	2015 年	2016 年	2017 年	2018 年
完全成本法的利润计算						
营业收入（销售×单价）	3 000×20＝60 000	95 000	85 000	100 000	82 000	50 000
营业成本						
期初存货成本	0	12 500	15 000	12 500	12 000	11 250
加：本期生产成本	4 000×10＋10 000＝50 000	60 000	50 000	60 000	50 000	35 000
减：期末存货成本	$50\ 000\times\frac{1\ 000}{4\ 000}=12\ 500$	15 000	12 500	12 000	11 250	12 600
营业成本	0＋50 000－12 500＝37 500	57 500	52 500	60 500	50 750	33 650
营业毛利	60 000－375 000＝22 500	37 500	32 500	39 500	31 250	16 350
期间费用						
固定性销售、管理、财务费用	4 100	4 100	4 100	4 100	4 100	4 100
变动销售管理费用（销售量×单位变动非生产成本）	3000×0.3＝900	4 125	1 275	1 500	1 230	750
营业利润	22 500－（4 100＋900）＝17 500	31 975	27 125	33 900	25 920	11 500
变动成本法的利润计算						
营业收入（销售量×单价）	3 000×20＝60 000	95 000	85 000	100 000	82 000	50 000
变动成本（变动生产成本×销售量＋变动非生产成本×销售量）	（10＋0.3）×3 000＝30 900	48 925	43 775	51 500	42 230	25 750
贡献毛益	29 100	46 075	41 225	48 500	39 770	24 250
固定成本（固定生产成本＋固定非生产成本）	10 000＋4 100＝14 100	14 100	14 100	14 100	14 100	14 100
营业利润	29 100－14 100＝15 000	31 975	27 125	34 400	25 670	10 150

从表 12－6 中的数据可以看到，完全成本法下的营业利润可能大于、可能小于或者等于变动成本法下的营业利润，而且单纯从产销量等数据变化上难以发现规律，那么出现差额的原因到底是什么？

通过分析比较两种成本法下营业利润的计算公式，可以发现：

（1）在两种成本法下，销售收入是完全相同的，不会导致营业利润出现差额。

（2）在两种方法下销售费用、管理费用和财务费用只是在计入利润表的位置和补偿途径方面有形式上的区别，实际上都是作为期间费用加以扣除，所以也不会使两种成本法下分期营业利润出现差额。

（3）由于变动生产成本在不同的成本法下均构成产品成本的内容，没有什么区别，因而也不可能使分期营业利润出现差额。

（4）只有固定性制造费用这个项目在不同的成本法下处理方式不同。分析两种成本法下分期营业利润出现差额的根本原因，必须从分析固定性制造费用入手。

认真分析可以发现，两种成本法采用不同方式对固定性制造费用进行处理，即变动成本法将其作为期间费用处理，完全成本法将其作为产品成本处理，导致了两种成本法计入当期利润表（表12－6）的固定性制造费用的水平出现了差异，这种差异又具体表现为完全成本法下期末存货吸收的固定性生产成本与期初存货释放的固定性生产成本之间的差异。因为在变动成本法下，计入当期损益的是当期发生的全部固定性制造费用，其数额是固定的。而在完全成本法下，计入当期损益的固定性制造费用数额，不仅受到当期发生的全部固定性制造费用水平的影响，而且受到期初和期末存货固定性制造费用的影响。下面我们分别情况加以说明：

（1）若期末存货的固定性制造费用等于期初存货的固定性制造费用，则两种方法所扣除的固定性制造费用相等，因此，它们算出的税前净利也必然相等。

（2）若期末存货的固定性制造费用大于期初存货的固定性制造费用，则计算当期损益时，全部成本法所扣除的固定性制造费用小于变动成本法下扣除的制造性费用的总额，因此，按全部成本法下计算的税前净利大于按变动成本法下计算的税前净利。其相差额为（期末存货的单位固定性制造费用×期末存货量）－（期初存货的单位固定性制造费用×期初存货量）。

（3）若期末存货的固定性制造费用小于期初存货的固定性制造费用，则计算当期损益时，全部成本法所扣除的固定性制造费用大于变动成本法下扣除的制造性费用的总额，因此，按全部成本法下计算的税前净利小于按变动成本法下计算的税前净利。其相差额为（期初存货的单位固定性制造费用×期初存货量）－（期末存货的单位固定性制造费用×期末存货量）。

两种成本计算法计算的营业利润的差额可以用以下公式计算确定：

$$\text{完全成本法计算的营业利润} - \text{变动成本法计算的营业利润} = \text{完全成本法下期末存货吸收的固定性制造费用} - \text{完全成本法下期初存货释放的固定性制造费用}$$

第二节　作业成本法

一、作业成本法的理论基础

作业成本法（Activity－Based Costing，或称 Activity－Based Cost System，简称 ABC），是以作业为基础，通过对作业成本的确认、计量而计算产品生产成本的方法。

传统成本计算过程是将发生的直接材料、直接人工直接计入各产品生产成本，发生的制造费用先汇集到“制造费用”账户后，再按各产品消耗的人工工时或机器工时等的比例将制造费用分配给各产品，计入各产品生产成本。这种成本计算方式由于以产品消耗的某种数量作为成本发生的原因（成本动因），被称为数量基础成本计算。

作业成本计算下，成本动因被看作是作业。成本动因是引起成本发生的原因，是成本汇集和分配的依据。成本动因驱动成本，发生的成本应按成本动因进行分配。作业是企业提供产品或劳务过程中的各个工作程序或工作环节，如原材料处理、生产准备、折旧、检验、维护等。作业成本计算中，发生的成本按产品消耗的作业量进行分配。如引发检验成本的动因是“检验”这一作业，其成本就应按产品所消耗的检验作业量进行分配，由于检验作业量可用检验小时表示，检验成本分配的依据就是检验小时，当每次检验的时间较为稳定时，分配依据可进一步简化为检验次数。

产品生产过程由作业构成，产品生产过程中的消耗表现为作业消耗。企业的作业种类繁多，表现出不同的特性，有些作业使每一单位产品都受益，与产品量成比例变动，如机器的折旧及动力等；有些作业使一批产品受益，与产品的批数成比例变动，如为生产某批产品的材料处理、机器准备等；有些作业与某种产品相关而与产品产量及批数无关，如对每一种产品编制数控规划、材料清单等。产品生产消耗作业，作业消耗资源与成本，产品生产过程中的成本消耗首先表现为作业的成本消耗。维持作业所发生的消耗称为作业成本，产品生产成本由作业成本构成。作业成本计算的基本思路是，产品消耗作业，作业消耗成本，生产成本应根据其产生的原因汇集到作业，计算出作业成本，再按照产品生产所消耗的作业，将作业成本计入产品生产成本。按照这一思路，作业成本计算既可以计算出产品生产成本以满足损益计算的需要，同时又可以计算出作业成本以满足作业管理的需要。

按多个成本动因分配制造费用是作业成本计算与传统成本计算在计算程序上的最大差别。直接材料、直接人工成本在两种成本计算方式下都作为独立要素或作业成本进行汇集与分配。对于制造费用，作业成本计算实质上是将制造费用按作业划分为各个不同的组成部分，每一部分按与之相关的作业进行分配。在传统的成本计算方式下，制造费用的分配是建立在这样一种假设基础之上的，发生的制造费用与产品所消耗的人工工时或机器工时相关，并且全部产品比例于人工工时或机器工时，均衡地消耗企业的制造费用，各产品应该按所耗人工工时或机器工时的比例分摊的制造费用。由于作业成本计算下成本分配标准更多更具体，其计算的产品生产成本较按传统方式计算的成本更为准确，对决策更为有用。作业成本计算的产生和应用为成本控制理论与方法的进一步发展奠定了基础。

二、作业的类别

不同企业的作业在分类上存在较大的差别。一般而言，制造类企业的作业可以分为五个基本的类别：①进货作业，与采购业务相关的各项作业，如购进原材料的搬运、分类整理、储存等。②生产作业，与生产过程相关的作业，如加工、组装、检验、包装、设备维护等。③营销作业，与推介企业产品相关的作业，如报价、建立销售渠道、广告、促销等。④发货作业，与产品销售发出相关的作业，如存货库存、发运、订单处理等。⑤服务，为主要经营活动提供服务的各项作业，如安装、修理、设备调整等。另外，还包括计划、财务、会计、法律等管理作业，职员招聘、培训、开发等人力资源管理作业以及产品开发和工艺流程改进等技术开发作业。

对于制造企业，生产作业可以进一步划分为：①单位作业，使每一单位产品都能直接受益的作业，如直接材料、直接人工。这类作业在生产过程中不断发生，具有重复性，其所引发的成本大多是变动性的。②批别作业，与产品批次相关的作业，如为生产某批产品而进行的设备调整、订单处理等。这类作业与批次相关但与批量无关。③产品作业，为生产特定产品而进行的作业，如编制产品生产流程、产品数控规划、材料清单等。这类作业与产品品种相关，与产品批次及产品产量没有直接联系。④维持作业，为使各项生产条件保持正常工作状态而发生的作业。这类作业与特定部门相关而与产品种类和产品产量没有直接联系，如设备的日常维护保养等作业。

三、作业成本法的基本程序

（一）确认作业，划分作业中心

企业生产经营过程中的作业千差万别，大的作业下又包括许多小的作业。为了便于按作业中心汇集成本、披露成本信息，进行作业成本计算时，首先要确认产品生产过程中的主要作业，以主要作业为标志确定作业中心。例如为检验产品质量要进行取样、检验测试、报告结果等一系列具体的作业，在这些作业中，检验测试是主要作业，可以将其作为作业中心，将取样、报告、检验结果等并入“检验”这一作业中心。企业可以按照各项具体作业之间的相互关系将全部作业划分到不同的作业中心，如将与制造费用有关的作业划分为整备、检验、电费、维护等作业中心。对于资源昂贵、金额很大的作业、产品之间使用程度差异较大的作业以及形态与众不同的作业，应单独作为作业中心，给予特别注意。

根据管理的需要，作业中心可大可小，大者可以是部门、生产线和按其他标准划分的成本中心，小者可以是某项具体的作业。从成本计算角度，以部门、生产线和按其他标准划分的成本中心为基础划分作业中心为宜，如按部门（车间）、生产线划分整备、检验、维护等作业中心，使发生的整备、检验等成本在部门、生产线范围内汇集。另外，由于不同的作业引发不同的成本，在作业繁多时，为简化计算，可以将性质相近、所引发的成本能够用相同原因加以解释的不同作业或作业中心合并为同质作业，将它们的成本按同一成本动因进行分配。如设备的折旧与设备的维护是两类不同的作业，如果它们的成本都能用设备的运转小时或设备的产出量等解释其变动，就可以合并为同质作业，将折旧费与修理费合并进行分配。

（二）以作业中心为成本库汇集成本

企业发生的各项具体成本要先汇集到各成本库，然后再按一定的标准予以分配。每个成本库所代表的是它所在的那个成本中心所执行的作业。作业成本计算下，成本库按作业中心设置。如按“检验”作业设立成本库，则在取样、测试、报告等作业过程中发生的各项成本要先汇集到“检验”成本库中，再按各产品消耗的检验作业量的多少分配计入各产品生产成本。每个成本库所代表的是它那个作业中心的作业所引发的成本，其所汇集的成本可以用相同的成本动因进行解释。为减少成本的汇集与分配工作，同质作业的成本库可以合并为同质成本库，汇集同质作业引发的成本。按作业中心设立成本库汇集成本反映了作业量决定资源的耗用量、资源的耗用量与作业直接相关、成本应按作业进行汇集这一基本思想。

（三）将各个成本库的成本分配到最终产品

成本计算最终要计算出产品生产成本。作业成本计算下，产品生产成本由作业成本构成，各成本库汇集的作业成本要按各产品消耗的作业量的比例分配给各产品，计算确定各产品生产成本。

作业成本计算程序如图 12－9 所示。

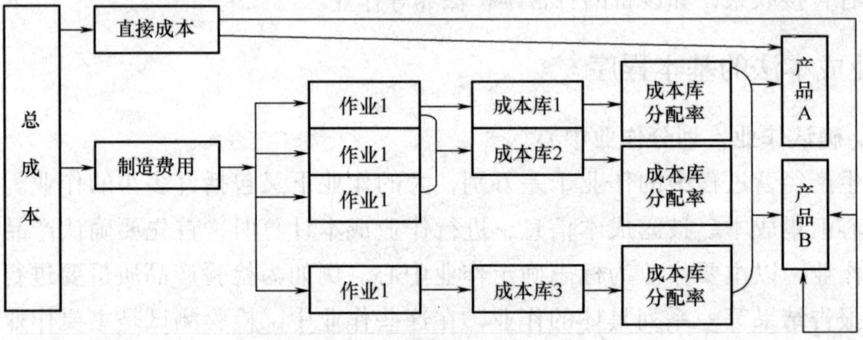

图 12－9　作业成本计算程序图

无论采用何种分配计算方法，各作业成本库的作业成本在成本计算对象之间分配时，都应通过确定成本动因分配率以计算各成本计算对象的物流作业成本。其分配计算公式如下：

$$成本动因分配率=\frac{某作业中心发生的作业成本}{该作业中心可提供的作业量}$$

四、作业成本计算的应用

（一）作业成本计算

作业成本计算的应用主要表现在两个方面：一是按照作业成本计算原理计算产品生产成本；二是利用作业成本计算提供的成本资料进行决策分析和成本控制等。按照作业成本计算原理计算产品生产成本仍然要考虑成本计算的基本方法，需要以单步法、分批法、分步法为基础进行成本计算。这里所介绍的是在单步法基础上的应用。

【例 12－7】某公司生产甲、乙两种产品，直接材料按各产品领料单直接计入各产品生产成本，直接人工成本按各产品直接人工小时分配。公司根据市场需要不断调整两种产品的生产安排，有时两种产品同时生产，有时优先生产某一种产品。同时，产品生产所用原材料的规格、等级也时常发生变化。在调整产品生产品种以及原材料的规格、等级发生变化时均需要对设备进行调整，设备调整成本随调整次数而变化。由于设备调整较为频繁，单设设备调整作业中心。两种产品生产所使用的设备基本类同，使用率较高且接近，故设备及厂房等固定资产按直线法计提折旧后，折旧费在各产品之间按机器工作小时分配。设备的日常维护由基本生产车间进行，设备的修理由修理车间进行，由于设备维护与修理作业性质相近，都是为保持机器设备的正常工作状态而发生的，故将它们合并为设备维护与修理同质作业，简称为设备维修，基本生产车间发生的维护成本与分摊的由辅助生产车间（修理车间）结转而来的修理成本，汇集到基本生产车间的设备维修同质成本库。由于两种产品生产所使用的设备类同及设备使用率接近，设备维护与修理成本也按产品的机器工作小时分配。产品质量检验成本与检验次数相关而与检验的产品品种没有太大的关系，故检验成本按产品检验次数分配。动力消耗作为独立作业按机器小时分配。另外，还有生产制图、管理等许多具体作业，实际工作中应该分别设置相关的作业中心。本例中，为节省篇幅，不一一列举这些作业的详细资料，将它们概括为“其他作业”加以说明，并假定其他作业与产品人工小时相关。2018 年 10 月份，该公司与产品生产相关的作业与成本资料如下：

（1）产量及作业资料见表 12－7。

表 12－7　　产量及作业资料

项　目	甲产品	乙产品	合计
产量/件	5 000	2 000	7 000
直接人工小时	20 000	10 000	30 000
机器小时	16 000	9 000	25 000
检验次数	25	35	60
设备调整次数	20	30	50

（2）成本资料见表 12－8。

表 12－8　　成本费用资料

项　目	甲产品	乙产品	合计
直接材料	60 000	20 000	80 000
直接人工			75 000
制造费用			170 000
其中：设备调整			30 000
检验成本			21 000
折旧费			36 000
维修费			9 000
动力成本			50 000
其他作业			24 000
成本总计			325 000

上述资料中，设备维护与修理被合并为同质作业，成本汇集在设备维修成本库，该成本库的成本一部分是基本生产车间为使设备保持正常工作状态而发生的日常维护成本，一部分是发生的修理成本。修理成本发生时汇集在辅助生产车间，期末分配辅助生产成本时，应由基本生产车间承担的部分，分配结转到基本生产车间的设备维修成本库中。其他各项作业的成本发生时计入相应的成本库。

根据上述资料，有关成本分配与甲、乙产品生成成本计算如下：

（1）分配直接人工：

$$甲产品直接人工=\frac{75\ 000}{20\ 000+10\ 000}\times 20\ 000=50\ 000（元）$$

$$乙产品直接人工=\frac{75\ 000}{20\ 000+10\ 000}\times 10\ 000=25\ 000（元）$$

（2）将各项作业的成本在甲、乙产品之间分配，分配结果见表 12－9。

表 12－9

项　　目	费用总额	分配率		甲产品		乙产品	
		成本动因	分配率	成本动因	分摊成本	成本动因	分摊成本
第 1 成本库：设备调整	30 000	50	600	20	12 000	30	18 000
第 2 成本库：检验成本	21 000	60	350	25	8 750	35	12 250
第 3 成本库：折旧费	36 000	25 000	1.44	16 000	23 040	9 000	12 960
第 4 成本库：维修费	9 000	25 000	0.36	16 000	5 760	9 000	3 240
第 5 成本库：动力成本	50 000	25 000	2	16 000	32 000	9 000	18 000
第 6 成本库：其他成本	24 000	30 000	0.8	20 000	16 000	10 000	8 000
合计	170 000				97 550		72 450

产品生产成本计算结果如表 12－10 所示。

表 12－10　　产品生产成本计算表

项　目	甲产品	乙产品
直接材料	60 000	20 000
直接人工	50 000	25 000
制造费用	97 550	72 450
其中：第 1 成本库	12 000	18 000
第 2 成本库	8 750	12 250
第 3 成本库	23 040	12 960
第 4 成本库	5 760	3 240
第 5 成本库	32 000	18 000
第 6 成本库	16 000	8 000
总成本	204 550	117 450
总产量（件）	5 000	2 000
单位成本	41.51	58.73

如果按传统方法计算，假定制造费用按人工小时分配，甲乙产品生产成本为：

$$甲产品制造费用=\frac{170\ 000}{20\ 000+10\ 000}\times 20\ 000=113\ 333（元）$$

$$乙产品制造费用=\frac{170\ 000}{20\ 000+10\ 000}\times 10\ 000=56\ 667\ (元)$$

$$甲产品总成本=60\ 000+50\ 000+113\ 333=223\ 333\ (元)$$

$$甲产品单位成本=\frac{223\ 333}{5\ 000}=44.67\ (元/件)$$

$$乙产品总成本=20\ 000+25\ 000+56\ 667=101\ 667\ (元)$$

$$乙产品单位成本=\frac{101\ 667}{2\ 000}=50.83\ (元/件)$$

按作业成本法计算的产品生产成本与按传统成本方法计算的成本会有所不同。作业成本法计算下，由于将制造费用按作业分成几个不同部分，每部分按不同的分配标准分配，其分配结果的准确性高于传统的按单一分配标准进行分配的方式。大量的经验调查表明，生产量大而技术量复杂程序低的产品，在传统的成本计算方式下，由于其消耗的人工工时比重大，分摊的制造费用数额较大，而在作业成本计算方式下，这类产品由于技术复杂程序低，其消耗的作业量相对较少，分摊的制造费用会相对降低。生产量小而技术复杂程序高的产品则刚好与上述情形相反。也就是，传统的成本计算方式低估了生产量小而技术复杂程序高的产品的成本，高估了生产量大而技术复杂程序低的产品的成本。依据这种成本资料进行决策的直接结果是，高估了生产量小而技术复杂程序高的产品的盈利能力，低估了生产量大而技术复杂程序低的产品的盈利能力。依据作业成本计算提供的成本资料进行决策，可以减少这种失误。

（二）作业成本资料的作用

成本会计的基本目标在传统上有三个：①计算产品或劳务成本，为计算损益、资产计价、编制财务报表提供资料；②为经营决策提供成本资料；③为经营规划及控制提供成本资料。作业成本计算的发展，冲击着成本会计的三项目标，使成本会计体系发生重大变化。

1. 作业成本计算可以提供相对准确的成本信息

传统成本计算方式下，产品生产成本除直接材料、直接人工外，其余成本都归入制造费用，然后再按各产品直接人工工时或机器工时等标准进行分配，形成各产品的制造费用成本。这种分配方式使全部制造费用按人工工时或机器工时平均，其结果是分配误差较大，使成本资料不能如实反映产品生产耗费的实际情况。作业成本计算方式下，大部分制造费用可以通过作业追踪到产品，作为直接成本处理，少数不能追踪到产品的制造费用被视为“综合成本”，采用缩小制造费用分配范围——由全厂统一分配改按成本库分配、增加分配标准——按引起制造费用发生的多种成本动因进行分配，其计算结果更接近产品的实际耗费情况，使成本资料相对准确。

2. 作业成本计算对传统的成本决策分析模式产生了巨大冲击

作业成本计算引起了成本会计决策模式与实务的重大变化，一方面扩展了许多原有决策方法与模式的用途；另一方面动摇了某些决策方法的基础。受作业成本计算影响较大的主要有普通成本计算、本量利分析、相关成本分析、现金流量分析等。

企业管理中，许多决策分析与控制方法借助于变动成本法提供资料，成本性态分析是基础。成本性态是指成本与业务量之间的相互依存关系。会计师按成本与产品数量的关系，将成本划分为固定成本和变动成本，将固定成本视作期间成本，将变动成本作为产品成本，并以此为基础考察成本性态。成本性态从数量上提示了成本与业务量之间的规律性联系，为企业利用成本资料进行预测、决策、规划、控制提供依据。

科学技术的发展以及管理观念与方法的变化，改变了成本发生的基础，改变了成本信息的需要，引发了成本性态分析的发展变化。在新制造环境下，原来意义上的固定成本比重增加，变动成本比重下降，以变动成本作为短期决策依据有可能引起决策失误。由于适时制，许多成本的性态发生改变，需要重新审视成本性态。制造单元的设置，使许多间接成本变为直接成本，而与数量无关成本动因的采用，使许多不随产量变动的间接成本可以方便地分摊到各产品，成本的可归属性增加，这些动摇着变动成本计算的基础。零库存目标的确定，使产成品存货降至最低限度，固定性制造费用是否分摊到产品生产成本对当期损益已不构成实质性的影响，在这种情况下，变动成本和固定性制造费用均具有期间成本性质，原变动成本法将成本划分为期间成本和产品成本（变动成本）的意义作用正在消失。简言之，在新制造环境下，变动成本法的重要性在日趋减弱，其原因主要有四个：一是在制造过程发生的总的成本中，变动成本的比重越来越小，其代表性在缩小，以变动成本作为产品生产成本，对产品生产成本构成情况的歪曲程度加大；二是固定成本的比重在不断增大，成本控制的重点在逐步转向固定成本，把各项固定成本按期间汇集处理已不能为控制日益增长的固定成本提供良策：三是作业成本动因的引入以及新制造环境的影响，使原来意义的固定成本的性态发生变化：四是作业成本计算进一步区分了与产量变动无关但与作业变动相关的成本，兼容了完全成本法与变动成本法的优点而避免了它们的不足。成本会计发展史上，用变动成本法否定完全成本法曾是成本会计的进步。在作业成本计算下，完全成本法与变动成本法的损益计算趋于一致，其不同仅在于成本的表达方式不同，完全成本法按成本功能分类，变动成本法按成本习性分类。完全成本法以前受到的非难有可能消失，其有可能再次引起成本会计师的兴趣而取代变动成本法。

变动成本法提供的成本资料是进行本量利分析、短期经营决策分析、相关成本分析等的基础。作业成本计算所提供的成本资料的变化动摇了这些决策分析方法所赖以存在的基础，将使这些分析方法发生巨大的变化。

3. 作业成本计算对成本规划与控制的影响

新制造环境及作业成本计算对传统的成本规划与控制方法形成巨大冲击，首当其冲的是标准成本法及其绩效报告，其次为弹性预算。传统上，标准成本制度为主要的成本控制方法。这种制度鼓励管理人员设法产生有利差异，而管理人员在标准成本的压力之下，为产生有利差异，往往违背目标一致性原则，产生反功能行为，造成企业组织的损失。如采购人员为产生有利的价格差异而购买低质材料，或采购大宗材料以获取数量折扣，造成废料、废次品或使库存材料增加；标准成本法对人工效率差异的计算分析，旨在鼓励提高生效效率以节约人工成本，但有可能促使生产部门大量生产以产生有利差异，造成存货过多。这些结果与全面质量管理及零库存目标背道而驰。生产人员为避免不利的材料数量差异，可能将废次品转入后一生产过程，导致废品损失的加大及生产中断；制造费用差异分析，有可能导致为产生有利差异而减少机器设备的维护，致使设备故障引起生产中断。这些情况不仅会使企业的成本增加，而且会破坏适时制的“适时生产”程序。

利用作业成本计算原理应用标准成本法为有效地解决这些问题提供了可能。作业成本计算的主要目的在于通过计算作业的成本，来确认作业是否缺乏效率以及是否存在浪费。以作业成本计算为基础应用标准成本法，由计算直接材料、直接人工及制造费用成本差异转向计算作业的成本差异。作业被分为不增加价值的成本和增加价值的成本。标准成本制度下，增加价值的作业的无效率成本也并入不增加价值的成本之中。不增加价值的作业的标准成本为零，其成本差异为其实际消耗与标准价值的乘积，增加价值的作业的无效率成本按实际消耗量与标准消耗量的差量与标准价格的乘积确认。计算公式如下：

增加价值的成本 = 成本动因标准消耗量 × 单位成本动因标准价格

不增加价值的成本 =（成本动因实际消耗量 − 成本动因标准消耗量）×
单位成本动因标准价格

作业成本控制的目的，就是要消除不增加价值的成本，提高增加价值的成本的使用效率和使用效益。按作业成本计算原理应用标准成本法，计算作业成本差异，可以避免传统的标准成本法的种种弊端。其具体计算应用参见标准成本法。

企业在设计并推行作业成本法时，应注意以下三点：

第一，认识作业成本法的本质与先行成本计算、管理方法的差异，设计作业成本系统要从企业自身的特点和独特需要出发。

第二，认识到作业成本法也存在局限性，主要是作业的确认和成本动因的选择并不总是客观的和可验证的，因此它不能满足所有成本信息需要的系统。

第三，作业成本法系统设计完成后，仍需要进行有效的监督和管理，并在实施中不断改进和完善，否则将前功尽弃。

随着作业成本法的日趋普及，人们关注消耗的资源是否产生了价值，努力削减不产生价值增值的作业，扩大能产生价值增值的作业，促进企业加强管理。在现代高科技时代、信息时代，作业成本法日益成为一种有效的成本核算、成本控制方法，对企业现代管理具有重大的现实意义。

（三）作业成本法的适用范围

作业成本法运用以来，企业从原本的热情追捧，到如今的冷静对待，反映出作业成本法的实施是需要一定的环境的，并不是所有的企业都适用作业成本法。运用作业成本法需要下列基本条件。

1. 作业成本法需要科学、高效的成本计算和生产管理系统

作业成本法采用多元化的制造费用分配标准，由此带来的庞大计算工作量如果没有现代电子计算技术的支持，是很难真正付诸实施的。

2. 作业成本法需要拥有强大的管理会计师队伍

作业成本法在运用时需要一批既掌握会计专业知识，又懂相应的管理知识及计算机应用技术的复合型会计人才，而且这是开展作业成本法的必要条件之一。

3. 企业内部作业中心必须相对独立

作业成本法需要企业内部每一个作业中心彼此之间相对独立，并能主动地提供所需要的准确数据资料。这就要求企业改变传统的生产方式，即大规模少品种批量生产方式，以使企业内部各作业中心之间的依赖性尽可能地减弱，便于找出该作业中心的成本动因。

从上面分析的结果来看，作业成本法主要适用于具有下列特征的企业。

（1）生产自动化程度较高的企业。

（2）制造费用占成本比例较高，且构成较复杂的企业。

（3）生产经营的作业环节较多的企业。

（4）会计电算化程度较高的企业。

（5）产品种类繁多的企业。

（6）各次生产运营数量相差很大、且生产成本较高的企业。

（7）随时间推移作业变化很大但会计系统相应变化较小的企业。

此外，作业成本法还适用于制造业以外的行业，如银行、商店、高校、医院等，这些行业也会发生与业务量非相关的较多间接费用，通过成本动因的分析，使这些费用与服务相联系，可更准确地提供所需要的成本信息。

（四）作业成本法的优势和局限性

作业成本法是一种较切合现代高新技术生产环境的成本计算方法，在该方法下，产品与产品实际消耗费用之间的相关性大大提高，使成本分配具有技术经济依据，消除了人为因素对成本计算的影响，纠正了传统制造成本法扭曲产品成本的现象，计算出来的产品成本更精确，较传统成本法更能为企业计划、控制和决策提供相对准确可靠的成本信息。

作业成本法在运用时仍然存在着以下局限。

1. 作业分类主观性强

运用作业成本法的前提就是要将企业的各个生产经营环节划分为一个个的作业。有时候一个部门就是一个作业，有时候几个部门共同成为一个作业，有时候一个部门就有若干个作业，而在最后一种情况下，通常会碰到这样一个问题，这个部门的工作都是由该部门的员工共同完成的，没有明确分工，因此分解时难以操作，但不分解又不行，因为这几个作业的成本动因不同。这使得作业成本的操作复杂化。事实上，许多时候作业的分解完全是凭着管理人员的意愿进行的，这使得作业的分类不客观。

2. 成本动因的选择缺乏科学依据

成本动因受多种因素的影响，且对于同一作业来说，其成本动因可能不止一个。虽然在选择成本动因时是按照重要性原则及成本效益原则等进行选择的，但仍然无法全面地反映作业分配的方方面面。

3. 对一些间接费用的分配仍然不能避免产量对产品成本的影响

间接费用一般是按照直线法进行分配的，即用间接费用总额除以成本动因量之和求出成本动因分配率，再按此分配率分别乘以各受益对象的成本动因量。这一计算方式并没有将成本动因与产品成本之间的真正关系体现出来，因此，计算结果并非完全准确。

4. 计算烦琐

作业成本法的计算原理，决定了若某个企业分解的作业过多，则在期末进行间接费用计算分配时，大量的汇集与分配过程可能会延误成本的计算工作，影响会计信息的及时性，且会增加企业的成本。

第三节　标准成本法

经济效益是企业的生命线，是企业有效性、科学性的反映。努力降低生产成本，尽力减少不必要的耗费，力争以较少的资产耗费获取最大限度的经济效益，使企业价值最大化，是企业管理的核心目标，也是成本会计最关注的中心环节。这仅靠会计人员提供准确的成本资料是不够的，必须要求会计人员提供更加准确的、全面的成本资料，消除不合理的、不必要的成本费用开支，努力做到低投入高产出。

"没有对比就没有发言权"，所以企业必须制定反映成本信息合理性、科学性的依据——标准成本。有了标准成本，产品投产后，只要控制生产耗费不超过标准成本，则说明生产耗费是合理的，工作是有成效的。若生产耗费超过了标准成本，就要查找原因，是否有利，是否合理，进而提出改进措施，强化企业内部管理。这就是标准成本法。

一、标准成本法的原理

标准成本法也称为标准成本会计。它是以预先制定的标准成本为基础，将标准成本与实际成本进行比较，核算和分析成本差异的一种产品成本计算方法，也是加强成本控制、评价企业经济业绩的一种成本控制制度。

1. 标准成本的种类

标准成本是运用技术测定等科学方法制定的有效经营条件下应该实现的成本，是根据产品的耗费标准和耗费的标准价格预先计算的产品成本。在实际生产管理过程中，可把标准成本分为以下几种：

（1）理想标准成本。这类标准成本是根据最少的耗用量、最低的价格水平和可能实现的最高生产能力的利用程度的条件而制定的，也就是在排除一切失误、浪费的基础上制定的，由于这类标准成本要求过高，往往给人产生一种"可望而不可及"的感觉，不考虑在生产中可能发生的如产品销路不佳、设备出现故障等不利因素的影响，如果用它们来计算成本的话，即使对最优秀的员工也并非易事。因此，这种标准成本在实际工作中很少采用。

（2）正常标准成本。这类标准成本是根据正常的耗用水平、正常的价格和正常的生产经营能力利用程度而制定的。也就是根据过去一段时期实际成本的平均值，剔除其中生产经营活动中的异常因素，并考虑今后的变动趋势而制定的。这种成本是建立在"发生的，想必是合理"的思想原则上产生的。在国内外经济形式稳定的条件下，可以使用基本标准成本。但由于它几年制定一次并保持不变，因此随着科学技术的日益发展，劳动生产率不断提高，基本标准成本将逐渐过时，难以在成本管理中发挥应有的作用。

（3）基本标准成本。它是指一经企业确定后，除非企业生产基本条件发生重大变化，一般不对其进行修订调整。

（4）现实标准成本。它是根据企业最可能发生的生产要素耗用量、生产要素价格和生产经营能力利用程度而制定的。由于这种标准成本考虑了那些理论上不应存在，但实际生产中一时还不能避免的某些不应有的低效、失误和超量消耗，因此它是一种经过努力可以达到的既先进又合理、最切实可行且接近实际的成本，因而常用来衡量控制产品成本，被西方国家广为采用。

（5）历史标准成本。它是以某产品以前各期的实际成本制定出来的一种标准成本。它又可以分为两种：过去实际平均成本和历史最低成本。

2. 标准成本法的作用

采用标准成本法的作用主要表现在以下几个方面：

（1）便于成本控制。在标准成本法下，预先制定企业在一定时期内应达到的成本标准，及时反映和分析成本差异及其原因，使成本计算和成本控制有机结合起来。由于成本差异是按原因反映，并按责任单位归集，它不仅能说明成本升降的原因，而且能直接说明成本升降是由哪些责任单位的工作好坏所致。这就为正确评价各个责任单位的工作成绩提供了可靠的依据，既加强了经济责任，又有利于成本控制。

（2）有利于增强员工的成本意识。预先制定的标准成本是员工工作努力的目标，也是衡量工作绩效的重要尺度，并且基层管理者亲自参与成本标准的制定，这些都会加强职工的成本意识。

（3）为企业决策提供依据。标准成本法中制定的标准成本，是通过科学的分析、预测得到的企业的成本目标，它剔除了很多不合理因素，因此不论是进行长期投资决策还是短期经营决策，尤其是在定价决策时，都是衡量经济效益的一个重要参考和依据。

（4）可以简化成本核算。一套完整的标准成本法通常伴有生产操作的标准化，这样就不需要对许多领料单和工作时间卡予以分类和汇总，因为标准数额已经记入汇总成本单。在生产通知单完工时，只需为差异额在标准工作单上做出分录。另外，在标准成本法下，将标准成本和成本差异分别列示，材料、生产成本、产成品和产品销售成本都可以按标准成本入账，成本差异数额较小时可作为期间费用处理，这样就使核算工作量大为减少，既可以及时提供成本资料，又可以使会计人员从繁重的核算工作中解脱出来。

（5）便于编制预算和考核。因为标准成本是一种预计成本，可以作为编制预算的依据，明确企业在预算期的目标。另外，标准成本是事先制定的，在正常生产经营条件下应当发生的成本，通过对实际成本背离标准成本的差异分析，可以评价各有关部门和工作人员的成绩，分清他们的管理责任，确定经济活动的效果，并进一步采取相应的改进措施。

3. 标准成本的制定

为保证标准成本的先进性、合理性和科学性，企业应组织产品设计人员，生产技术人员和相关管理人员等，根据企业现有的生产状况和生产能力，制定切实可行的标准成本。这是实施标准成本的一项重要的基础工作。产品成本是直接材料、直接人工和制造费用三个成本项目组成的，应按照这些项目的特点分别制定其标准成本，其基本形式是数量标准乘以价格标准得到的各有关项目的标准成本。

（1）直接材料标准成本的制定。制定直接材料的标准成本要考虑的两个基本因素是直接材料用量标准与直接材料价格标准。

直接材料用量标准的确定以正常生产条件下形成产品实体的材料数量与在正常范围内允许发生的损耗及不可避免的废品所耗费的材料数量为依据。

确定生产某一特定单位产品所耗用的材料数量，可根据产品的图纸等技术文件进行研究，还可以过去经验为根据科学地制定标准。在某些工业企业里，对材料数量标准的确定必须考虑关于废料、损耗和残料的数量。在对过去的记录进行分析时，可选择耗用材料的平均数作为标准：以某一期间相似各批产品的平均耗用量；或使用标准前最高、最低耗用量的平均数；也可以用以前关于材料用量的最节省数量。

材料的价格标准可以采用现行或预期价格标准，也可采用正常价格标准，前者是最合乎需要和最有效的标准，后者往往是材料的统计平均价格标准。当采用现行或预期价格标准时，要视有无长期购料合同、库存材料价格及市场预测等来确定，应包括运输途中损耗、挑选费等在内。另外，还应注意考虑以下几个方面：确定最佳采购批量获得的价格优惠；实现最低成本所采用的装运和储藏的最佳方法；使用商业信用可能节约的成本和降低的价格等因素。

某产品的直接材料标准成本应为该产品耗用的各种材料的用料标准与材料的标准价格的乘积，用公式表示就是：

某产品的直接材料用量标准成本 = ∑（某产品的某种材料用量标准 × 该种材料标准价格）

（2）直接人工标准成本的制定。直接人工标准成本包括直接人工用量标准和直接人工价格标准两方面。直接人工用量标准即直接人工标准工时；直接人工价格标准即工资率标准。

$$\text{某产品直接人工标准成本} = \text{该产品耗用的标准工时} \times \text{小时工资率标准}$$

小时工资率标准 = 预计支付直接人工标准工时/标准总工时

在制定人工标准成本时，首先要对产品生产过程加以研究，研究有哪些工艺。其次对有关企业的工资形式、制度进行研究，以便结合实际情况来制定标准。

标准工时的制定往往受工厂布局、生产计划、选购材料等因素的影响，它的制定通常采用下列程序的一个或几个来完成：

①过去工时的平均值。

②对预期正常情况下的制造程序进行实验测试。

③根据产品和制造过程中的过去经验和知识，进行一次合理的估计。

④对工作时间和动作进行研究并进行估计。

标准工资率往往受劳动力的平均经验、操作情况的变化、人工结构比例等因素的影响。

采用不同的薪金制度同样影响标准工资率的制定。采用计时工资制，工资率在当期较少变动，标准较易制定。采用计件工资制，可以将计件工资的数额作为产品直接人工成本。

（3）制造费用标准成本的制定。制造费用标准成本的制定也需考虑用量标准与费用率标准两项因素。

制造费用用量标准，即正常生产条件下生产单位产品所需的标准工作时间。制造费用费用率标准，即每标准工时所负担的制造费用，制造费用分配率的大小，取决于生产量标准和制造费用预算额，制造费用预算额又分为固定性制造费用预算和变动性制造费用预算两部分。费用率标准的计算公式如下：

$$\text{固定制造费用标准分配率} = \frac{\text{标准固定制造费用预算总额}}{\text{标准总工时}}$$

$$\text{变动制造费用标准分配率} = \frac{\text{标准变动制造费用预算总额}}{\text{标准总工时}}$$

制造费用标准成本，在全部成本法下，固定制造费用预算可参照历史资料并考虑预算期生产能力利用程度加以估算，相应的生产量标准通常应选择预算产量标准工时。在变动成本法下，固定制造费用属于期间成本，不存在分配率标准的问题。无论在哪种成本法下，变动制造费用分配率标准均可按上式计算，此外还可按历史资料考虑变动制造费用的变化趋势，从而估算确定。

标准成本一经确定就应编制标准成本卡。标准成本卡的内容与预算方法有关。在变动成本法下，标准成本卡只包括直接材料、直接人工和变动性制造费用三项内容。在全部成本法下，标准卡还要包括固定制造费用，由于西方国家的大多数企业在对外报告中仍使用全部成本法，所以，标准成本卡大都填写直接材料、直接人工、变动制造费用和固定制造费用四个项目的有关数字。

企业通常要为每一产品设置一张标准成本卡，并在该卡中分别列明各项成本的用量标准与价格标准，通过直接汇总的方法来求得单位产品的标准成本。

【例 12－8】2018 年年初某企业制定的甲产品的标准成本卡如表 12－11 所示。

表 12－11　　甲产品标准成本卡

项　目	单位标准	用量标准	标准成本
直接材料			
A 材料	50 元/千克	10 千克/件	500 元/件
B 材料	20 元/千克	30 千克/件	600 元/件
合计	—	—	1100 元/件
直接人工	1.5 元/小时	200 人工小时/件	300 元/件
变动制造费用		200 台时/件	
动力费	0.5 元/小时	200 台时/件	100 元/件
间接人工费	0.5 元/小时	200 人工小时/件	100 元/件
消耗材料	10 元/千克	12 千克/件	120 元/件
合计			320 元/件
固定制造费用	0.8 元/小时	200 台时/件	160 元/件
单位甲产品标准成本			1 880 元/件

二、标准成本差异的计算与分析

（一）标准成本差异的种类

成本差异是指实际成本与标准成本的差额，实际成本大于标准成本的差额，称为超支差异或不利差异，消除不利差异是成本控制的着力点；实际成本小于标准成本的差额，称为节约差异或有利差异，通过对差异的计算和分析，可以发现企业生产经营活动及其经营管理的业绩和问题，发现成本水平及其降低成本的潜力。只要实际价格大于标准价格或实际数量大于标准数量就会产生不利差异，反之，则会产生有利差异。成本差异是成本管理控制中的一项重要信息，及时计算和揭示成本差异并反馈给有关管理部门，才能了解生产过程中发生的超支或节约情况，企业可以通过深入地分析研究这些差异加以克服，并确定责任。成本差异主要包括直接材料成本差异、直接人工成本差异和制造费用差异三部分。其中制造费用差异又可分为变动制造费用差异和固定制造费用差异，计算公式如下：

成本差异 = 实际成本 − 标准成本

= 实际用量 × 实际单价 − 标准用量 × 标准单价

由于成本的大小是由资源的耗用量和单价两方面因素确定的，因而成本差异的分析从这两方面入手。其中数量差异是指实际的单位耗用量脱离标准单位耗用量所产生的成本差异，我们称为用量差异，或简称量差，用量差异在直接材料成本差异中称材料用量差异，在直接人工成本差异中称人工效率差异，在变动制造费用成本差异中称变动制造费用效率差异。价格差异是指实际价格脱离标准价格所产生的成本差异，或简称价差。价格差异在直接材料成本差异中称材料价格差异，在直接人工成本差异中称工资率差异，在变动制造费用成本差异中称变动制造费用预算差异。两者之和，即为总的成本差异。

用量差异的计算公式为：

量差 = 用量差异 × 标准单价

即：

量差 = （实际用量 − 标准用量）× 标准单价

价格差异的计算公式为：

价差 = 实际用量 × 价格差异

即：

价差 = 实际用量 ×（实际单价 − 标准单价）

当有了量差和价差，我们就可反过来求出总的成本差异。

成本差异 = 量差 + 价差

用图的方式可以更清晰地描述总差异与价格差异和数量差异的关系，如图 12 − 10 所示。

（二）预算差异与能量差异

固定制造费用成本差异可分为预算差异与能量差异，下面分别加以说明。

1. 预算差异

由于固定制造费用不随业务量的变动而变动，所以，只要实际发生的固定制造费用与固定制造费用预算额不同，就应该认为产生了固定制造费用成本差异。这种成本差异就是预算差异。

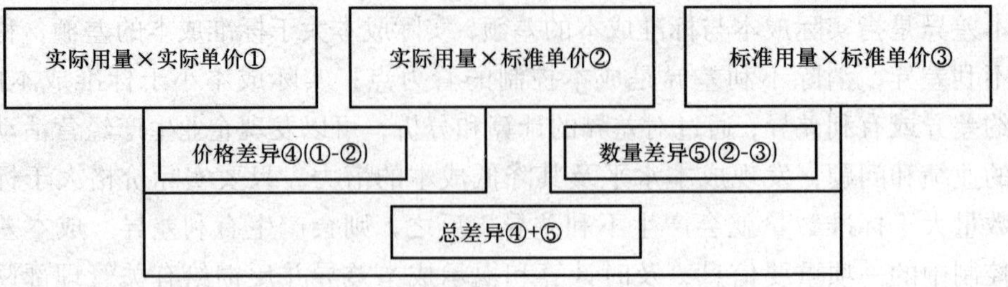

图 12－10　总差异与价格差异和数量差异

2. 能量差异

它是指预算产量标准工时与实际产量标准工时不同所产生的成本差异，可进一步分解为能力差异和效率差异。能力差异是指预算产量标准工时与实际产量实际工时不同所产生的成本差异。效率差异是指实际耗用总工时与实际产量应耗用的标准工时不同所产生的成本差异。

（三）成本差异的计算与分析

标准成本是分别按直接材料、直接人工和制造费用制定的，而制造费用又分为变动制造费用和固定制造费用，所以成本差异计算与分析也应从四个方面进行，根据成本差异的分类，分别计算与分析如下。

1. 直接材料成本差异的计算与分析

（1）直接材料成本差异的计算。它是指一定产品产量的直接材料实际成本与直接材料标准成本之间的差额。它可分解为直接材料用量差异和直接材料价格差异两部分。有关计算公式如下：

直接材料成本差异＝实际产量直接材料实际成本－实际产量直接材料标准成本

＝直接材料用量差异＋直接材料价格差异

直接材料用量差异＝直接材料标准价格×（实际产量直接材料实际用量－实际产量直接材料标准用量）

直接材料价格差异＝（直接材料实际价格 － 直接材料标准价格）×实际产量直接材料实际用量

【例 12－9】如【例 12－8】资料，假设某企业 2018 年 1 月份生产甲产品 100 件，实际耗用 A 材料 11 千克/件，A 材料实际单价为 48 元/千克。要求计算 A 材料成本差异。

A 材料成本差异＝100×11×48－100×10×50＝2 800（元）

进一步计算得到：

A 材料用量差异＝50×（100×11－100×10）＝5 000（元）

A 材料价格差异＝（48－50）×11×100＝－2 200（元）

显然，

A 材料成本差异＝A 材料用量差异＋A 材料价格差异

＝5 000＋（－2 200）

＝2 800（元）

（2）直接材料成本差异分析。计算出有关差异后，无论是有利差异还是不利差异，都应再去探究和深挖形成差异的原因。有利的因素，应积极发扬和鼓励；不利的因素，应努力加以改进、避免，明确责任归属。

一般地，直接材料用量差异主要由生产部门负责，如工人的技术熟练程度和责任心的强弱、加工设备的完好程度、产品质量控制制度、材料的质量和规格、材料的安全保管工作等。但有时也可能是采购部门的工作所引起的，如采购部门以较低的价格购进了质量较差的材料，由于不完全适合原定的生产需要，也会引起耗用量的增长，由此而形成的直接材料用量的不利差异，就应由采购部门负责。

影响直接材料价格变动的因素也是多方面的，应主要由采购部门负责，如市场环境、价格变动状况、材料采购方式、路费、批量和运输方式以及材料供应者的选择等。只要其中任何一个因素脱离了制定标准成本时的预定要求，都会影响价格差异。但某些差异可能是由采购工作所造成的，也可能是由生产上的原因引起的，如为适应生产上的要求，对某项材料进行小批量的紧急订货，并由陆运改为空运，因此而形成的不利差异，其责任应由生产部门负责。

2. 直接人工成本差异的计算与分析

（1）直接人工成本差异的计算。直接人工成本差异是指一定产品产量的直接人工实际成本与直接人工标准成本之间的差额。它可分解为直接人工效率差异与直接人工工资率差异两部分。直接人工效率差异即为通用公式的用量差异，有关计算公式如下：

直接人工成本差异 = 实际产量直接人工实际成本 − 实际产量直接人工标准成本

= 直接人工工资率差异 + 直接人工效率差异

其中

直接人工工资率差异 =（实际工资率 − 标准工资率）× 实际工时

直接人工效率差异 =（实际工时 − 标准工时）× 标准工资率

【例 12 − 10】如【例 12 − 8】资料，假设某企业 2018 年 1 月份生产甲产品 100 件，实际工时用量 20 500 小时，实际工资率为 1.4 元/小时。要求计算直接人工成本差异。

直接人工成本差异 = 20 500 × 1.4 − 100 × 200 × 1.5 = −1 300（元）

其中：

直接人工工资率差异 =（1.4 − 1.5）× 20 500 = −2 050（元）

直接人工效率差异 = 1.5 ×（20 500 − 100 × 200）= 750（元）

显然，

直接人工成本差异 = 直接人工效率差异 + 直接人工工资率差异

= 750 +（−2 050）

= −1 300（元）

（2）直接人工成本差异分析。直接人工工资率通常较少变动，主要影响原因是工人工资结构和工资水平变动，如将技术熟练、工资级别较高的工人安排在不需要高技术的工作岗位上，职工人员增减、职工技术职称的升降、加班或雇工等，都会出现工资率差异，其责任主要在劳动人事部门和生产管理部门。

直接人工效率差异即直接人工工时用量差异，影响因素包括：工人的劳动生产率、加工设备的完好程度、劳动力供应情况、材料半成品供应保证程度、材质规格等。如果是由于生产部门安排不周，把技术不熟练的工人安排去做复杂的活，必然会造成实际工时超过标准工时，这应由生产部门负责；但如果由于采购了不适用的材料，加工时花了较多的工时，或由于生产工艺过程的改变，需延长或缩短加工时间等，这些都不是生产部门所能控制的因素，应由采购部门等承担责任。

3. 变动制造费用成本差异的计算与分析

（1）变动制造费用成本差异的计算。变动制造费用成本差异是指一定产品产量的实际变动制造费用与标准变动制造费用之间的差额。它又可分解为变动制造费用预算差异和变动制造费用效率差异两部分。其中，效率差异即为变动制造费用的用量差异，预算差异即为变动制造费用的价格差异。有关公式如下：

变动制造费用成本差异 = 实际产量实际变动制造费用 − 实际产量标准变动制造费用

= 变动制造费用预算差异 + 变动制造费用效率差异

其中：

变动制造费用预算差异 =（变动制造费用实际分配率 − 变动制造费用标准分配率）× 实际产量实际工时

变动制造费用效率差异 = 变动制造费用标准分配率 ×（实际产量实际工时 − 实际产量标准工时）

【例 12 − 11】如【例 12 − 8】资料，假设某企业 2018 年 1 月份生产甲产品 100 件，实际工时 20 500 小时，实际动力费分配率是 0.48 元/小时。要求计算动力费成本差异。

动力费用差异 = 20 500 × 0.48 − 100 × 200 × 0.5 = −160（元）

进一步计算得：

动力费预算差异 =（0.48 − 0.50）× 20 500 = −410（元）

动力费效率差异 = 0.5 ×（20 500 − 100 × 200）= 250（元）

显然：

动力费成本差异 = 动力费预算差异 + 动力费效率差异

= −410 + 250

= −160（元）

变动制造费用成本差异计算可以按其费用项目分别计算再汇总，也可以按各项费用合并计算。但为便于成本差异分析，一般要按费用项目具体计算成本差异，其他项目成本差异计算同理。

（2）变动制造费用差异分析。变动制造费用效率差异反映产品生产过程中工时利用效率问题，因而，其发生原因与直接人工效率差异发生原因基本一致。变动制造费用预算差异反映制造费用开支的升降，应结合变动制造费用具体构成项目和企业财务制度作更深入的分析，以查清费用超支或节约的原因，并明确责任。

4. 固定制造费用成本差异的计算与分析

（1）固定制造费用成本差异的计算。固定制造费用与变动制造费用不同，它主要是同生产能力的形式及正常维护相联系，具体在相关范围内固定不变的性质，因此，对于固定制造费用，通常编制固定预算而非弹性预算。按全部成本法制定标准成本时，标准的固定费用分配率是按下式进行计算的：

$$标准固定制造费用分配率=\frac{固定制造费用预算总额}{预算产量标准总工时}$$

固定制造费用成本差异是指在实际产量下固定制造费用实际发生总额与其标准发生总额之间的差额，用公式表示如下：

固定制造费用成本差异＝实际产量实际固定制造费用－实际产量标准固定制造费用
＝固定制造费用实际分配率×实际产量实际工时－
固定制造费用标准分配率×实际产量标准工时

固定制造费用总差异的分解具体有两种方法：一种是二因素分析法；另一种是三因素法。

1）二因素分析法。二因素分析法是将固定性制造费用差异分解为预算差异和能量差异两部分，预算差异是指实际金额与预算金额之间的差额。由于固定性制造费用在相关范围内不随业务量的变动而变动，因而不考虑业务量的变动，而以原来的预算数作为标准。其计算公式分别是：

固定制造费用预算差异＝实际产量实际固定制造费用（即实际总额）－
预算产量标准固定制造费用（即预算总额）

能量差异是指固定制造费用预算与固定制造费用标准成本的差额，即实际业务量的标准工时与生产能量的差额用标准分配率计算的金额。其计算公式如下：

固定制造费用能量差异＝固定制造费用预算－固定制造费用标准成本
＝固定制造费用标准分配率×生产能量－固定制造费用标准分配率×
实际产量标准工时
＝固定制造费用标准分配率×（预算产量标准工时－实际产量标准工时）

2）三因素分析法。三因素分析法要求将固定制造费用成本总差异分解为预算差异、能力差异和效率差异三种，预算差异的计算与二因素分析法相同。不同的是将二因素分析法中的“能量差异”进一步分为两部分：一部分是实际工时未达到标准能量而形成的能力差异；另一部分是实际工时脱离标准工时而形成的效率差异。其公式如下：

固定制造费用预算差异＝实际产量实际固定制造费用－预算产量标准固定制造费用
固定制造费用能力差异＝固定制造费用预算－实际工时×固定制造费用标准分配率
＝固定制造费用标准分配率×（预算产量标准工时－实际产量实际工时）
固定制造费用效率差异＝实际工时×固定制造费用标准分配率－实际产量实际工时×
固定制造费用标准分配率
＝固定制造费用标准分配率×（实际产量实际工时－实际产量）

固定制造费用的差异计算公式中的各项指标计算归纳总结，如表12－12所示。

表12－12　固定制造费用差异计算公式表

项　目	产　量	工　时	分配率
固定制造费用实际总额＝①×②×③	①实际产量	②实际工时/件	③实际分配率
固定制造费用预算总额＝④×⑤×⑥	④预算产量	⑤标准工时/件	⑥标准分配率
标准固定制造费用总额＝①×⑤×⑥	①实际产量	⑤标准工时/件	⑥标准分配率

【例 12－12】如【例 12－8】资料，假设某企业 2018 年 1 月份生产甲产品 100 件，实际工时 20 500 小时。预算产量 110 件，固定制造费用预算总额 17 600 元，固定制造费用实际支付 17 000 元。要求分别用二因素分析法和三因素分析法计算固定制造费用成本差异。

（1）二因素分析法：

固定制造费用成本差异＝17 000－100×160＝1 000（元）

其中：

固定制造费用预算差异＝17 000－110×200×0.8＝－600（元）

固定制造费用能量差异 ＝ 0.8×（110×200－100×200）＝1 600（元）

显然：

固定制造费用成本差异＝固定制造费用预算差异＋固定制造费用能量差异

＝－600＋1 600

＝1 000（元）

（2）三因素分析法：

固定制造费用成本差异＝17 000－100×160＝1 000（元）

其中：

固定制造费用预算差异＝17 000－110×200×0.8＝－600（元）

固定制造费用能力差异＝0.8×（110×200－20 500）＝1 200（元）

固定制造费用效率差异 ＝ 0.8×（20 500－100×200）＝400（元）

显然，在二因素分析法中，

固定制造费用能量差异＝固定制造费用能力差异＝固定制造费用效率差异

＝1 200＋400

＝1 600（元）

三因素分析法中：

固定制造费用成本差异＝固定制造费用预算差异＋固定制造费用能力差异＋固定制造费用效率差异

＝－600＋1 200＋400

＝1 000（元）

三因素分析法中的能力差异（1 200）元与效率差异（400 元）之和为 1 600 元，与二因素分析法中的“能量差异”数额相同。采用三因素分析法，能够更好地说明生产能力利用程度和生产效率高低所导致的成本差异情况，并且便于分清责任：能力差异的责任一般在于管理部门，而效率差异的责任则往往在于生产部门。

由以上分析可以看出，该企业甲产品的固定制造费用超支 1 600 元主要是由生产能力利用不足，实际产量小于计划产量所致。固定制造费用超支，不管是预算差异还是能量差异，一般都由有关的管理部门负责。

二因素分析法较简单，但从上述计算公式可以看出，其没有反映和分析生产效率对固定性制造费用成本差异的影响。计算差异时，使用的都是标准工时，它说明的是按标准工时反映的生产能力利用情况。如果实际产量标准工时和计划产量标准工时一致，则能量差异为零，但实际产量工时可能与其标准工时存在差异，而生产能力的实际利用情况更取决于实际工时而非标准工时。实际工时与标准工时的差异，属于效率高低问题。因此固定性制造费用成本差异分析更多的采用将能量差异划分为能力差异和效率差异的三因素分析法。

（2）固定制造费用差异分析。对固定制造费用预算差异来说，其产生的原因可能是，资源价格的变动，如工资率增加或减少、税收变动等；某些酌量性固定成本，如职工培训费、差旅费等因管理上的新决策而有所增减；资源的数量比预算增加或减少，如增加或减少职工以及部门领导有的怕完不成预算而延缓酌量性成本的支出，有的怕实际支出过少会削减下期经费预算，而增加不必要的开支等。所有这些，应分具体情况采取相应的对策。

对固定制造费用能量差异，从理论上说，只反映计划生产能量的利用程度，一般不能说明固定制造费用的超支或节约，故西方有些会计学家主张只用工时或机器小时表示。若预算产量标准总工时等于实际产量应耗标准总工时，即反映该公司的生产能量已得到充分利用。若预算产量标准总工时大于实际产量应耗标准总工时，即说明该公司的生产能量未被充分利用，应进一步查明原因，以便确定由谁负责；反之，若实际产量应耗标准总工时大于预算产量标准总工时，即表示公司的计划生产能量已得到超额利用，应总结经验，巩固成绩。

三、标准成本差异的账务处理

成本差异可为成本控制和考核提供必要的信息，管理人员在对差异进行分析的基础上，应分清并落实责任，采取相应的有效措施。对成本差异进行账务处理，也是标准成本制度的重要环节，故采用标准成本法进行账务处理时，对产品的标准成本与成本差异应分别进行核算。

成本差异核算使用的账户既可以按大的成本项目设置，又可以按具体成本差异的内容设置。在全部成本法下，成本项目设置的核算成本差异的会计科目包括："直接材料成本差异"科目、"直接人工成本差异"科目、"变动制造费用成本差异"科目和"固定制造费用成本差异"科目，每个科目下再按差异形式的原因分设明细科目。在变动成本法下，可以不设置"固定制造费用成本差异"科目。

按具体差异设置的科目应包括：对材料成本差异，应设置"材料价格差异"和"材料用量差异"两个账户；对直接人工差异，应设置"直接人工效率差异"和"直接人工工资率差异"两个账户；对变动制造费用差异，应设置"变动制造费用预算差异"和"变动制造费用效率差异"两个账户；对固定制造费用，应设置"固定制造费用预算差异"和"固定制造费用能量差异"两个账户（或"固定制造费用预算差异""固定制造费用能力差异"和"固定制造费用效率差异"三个账户）等。

每月月末根据各种成本差异账户的借贷方余额，编制"成本差异汇总表"。另将各种成本差异相互轧抵后的净额列入当月利润表，作为"销售成本"或"销售毛利"的调整项目，以便将利润表上原列的标准数转换成实际数。

在年终决算时，如成本差异净额数字不大，可全部转入当月销售成本；若差异净额较大，或库存产品较多时，原则上应将差异净额按比例分配进入“生产成本”和“产成品”账户，以便正确计算当年损益，并将有关存货账户的年终余额从原来的标准成本调整为实际成本。但在实际工作中，由于“生产成本”和“产成品”的期末余额一般不会太大，为了简化核算手续，仍可将成本差异额转入本期“销售成本”或“销售毛利”，不再进行分配。

仍据【例 12－8】资料，某企业制造甲产品的标准成本如表 12－10 所示，其本月实际发生业务综合以上各例如下：

（1）生产甲产品 100 件，已完工入库，定价 2 100 元。

（2）购进 A 材料 1 100 千克，单价 48 元；B 材料 3 000 千克，单价 20 元；全月共领用 A 材料 1 100 千克，B 材料 3 000 千克。

（3）直接人工的实际工时用量 20 500 小时，每小时工资率为 1.4 元。

（4）变动制造费用中动力费用 9 840 元，间接人工 10 000 元，间接材料 12 000 元，共计 31 840 元。

（5）固定制造费用实际发生 17 000 元。

销售费用实际发生 8 000 元，其中变动销售 5 000 元，固定销售费用 3 000 元，财务及管理费用 4 000 元（全部为固定费用）。

有关业务的账务处理如下：

①购入直接材料：

借：原材料　　112 800

　　贷：银行存款　　112 800

②耗用直接材料：

借：生产成本　　110 000

　　直接材料用量差异　　5 000

　　贷：原材料　　112 800

　　　　直接材料价格差异　　2 200

③发生直接人工成本：

借：直接人工　　28 700

　　贷：应付工资　　28 700

④结转直接人工：

借：生产成本　　30 000

　　直接人工效率差异　　750

　　贷：直接人工　　28 700

　　　　直接人工工资差异　　2 050

⑤支付变动制造费用：

借：变动制造费用——动力费　　9 840

　　　　　　　　——间接人工　　10 000

　　　　　　　　——间接材料　　12 000

　　贷：银行存款　　31 840

⑥结转变动制造费用成本：

借：生产成本　　32 000
　　变动制造费用效率差异——动力费　　250
　　贷：变动制造费用预算差异——动力费　　410
　　　　变动制造费用　　31 840

⑦实际支付固定制造费用：

借：固定制造费用　　17 000
　　贷：银行存款　　17 000

⑧分别在二因素分析法和三因素分析法下，结转固定制造费用（按全部成本法）：

二因素分析法：

借：生产成本　　16 000
　　固定制造费用能量差异　　1 600
　　贷：固定制造费用预算差异　　600
　　　　固定制造费用　　17 000

三因素分析法：

借：生产成本　　16 000
　　固定制造费用能力差异　　1 200
　　固定制造费用效率差异　　400
　　贷：固定制造费用预算差异　　600
　　　　固定制造费用　　17 000

若按变动成本法则将固定制造费用转入期间费用：

⑨结转木月制成甲产品成本：

按全部成本法：

借：库存商品　　188 000
　　贷：生产成本　　188 000

按变动成本法：

借：库存商品　　172 000
　　贷：生产成本　　172 000

⑩出售甲产品100件，并收到货款210 000元：

借：银行存款　　210 000
　　贷：主营业务收入　　210 000

⑪结转销售甲产品100件的成本：

全部成本法：

借：主营业务成本　　188 000
　　贷：库存商品　　188 000

变动成本法：

借：主营业务成本　　172 000
　　贷：库存商品　　172 000

月末编制成本差异汇总表，如表12－13所示。

表 12－13　　某企业成本差异汇总表

成本差异账户名称	借方余额	贷方余额
1 直接材料价格差异		2 200
2 直接材料用量差异	5 000	
3 工资率差异		2 050
4 人工效率差异	750	
5 变动制造费用开支差异	250	
6 变动制造费用效率差异		410
7 固定制造费用预算差异		600
8 固定制造费用能量差异	1 600	
成本差异账户名称	借方余额	贷方余额
其中：固定制造费用能力差异	1 200	
固定制造费用效率差异	400	
合　计	7 600	5 260
成本差异净额	2 340	

根据上述资料，分别按全部成本法和变动成本法为该企业编制利润表 12－14。

表 12－14　　企业利润表

2018 年 1 月　　单位：元

摘要（按全部成本法）	金　额
销售收入（100×2 100）	210 000
销售成本	
期初存货	0
加：本期生产成本（1 880×100）	188 000
减：期末存货	0
加：成本差异净额	2 340
销售成本总额	190 340
销售毛利	19 660
减：营业费用	
销售费用	8 000
财务及管理费用	4 000
营业费用总额	12 000
税前净利	7 660
摘要（按变动成本法）	**金　额**
销售收入（100×2 100）	210 000
变动成本	
变动生产成本（100×1720）	172 000
变动非生产成本	

续表

摘要（按变动成本法）	金　额
变动销售费用	5 000
变动非生产成本总额	5 000
贡献毛益总额	33 000
减：期间成本	
固定制造费用（100 × 160）	16 000
固定销售费用	3 000
固定财务及管理费用	4 000
期间成本总额	23 000
税前净利（标准）	10 000
减：成本差异净额	2 340
税前净利（实际）	7 660

由于该企业本月期初期末均无存货，使得按全部成本法与按变动成本法计算的税前净利相等。

要点总结

本章主要阐述了变动成本的基本理论：即成本按其与业务量之间的依存关系，可以分为固定成本与变动成本两大类。在实际工作中，为了将成本划分为固定成本与变动成本，需要对混合成本采用一定的方法进行分解。变动成本法与完全成本法计算利润是有区别的。作业成本法是以作业量为成本分配基础，以作业为成本计算的基本对象，旨在为企业管理提供相关、准确的成本信息的一种成本计算方法。作业成本法的特点主要表现在制造费用分配上。作业成本法下制造费用的核算分为两步：第一步，将制造费用计入作业基础成本库；第二步，得出和使用一系列作业成本动因分配率，将作业基础成本库归集的费用一一分配给各种产品。作业成本法与传统制造成本法的区别主要在于：传统制造法是按照单一标准将间接成本和辅助成本分配给产品或劳务负担，而作业成本法则将生产经营过程分解为若干个作业，并分别设置为作业库，然后找出每个作业的成本动因，接着按照成本动因将归集于各作业库的间接成本和辅助成本分配给产品或劳务负担。因此，作业成本法分配的结果更精确一些。作业成本法既有优点，也有局限性。标准成本法是将成本计算与成本控制结合，包括制定标准成本、计算和分析差异、处理成本差异组成的完整系统。成本差异是指实际成本与标准成本之间的差额。

复习思考题

1. 什么是固定成本和变动成本，各有什么特点？
2. 什么是混合成本，如何分解？
3. 按变动成本理论与财务会计的完全成本计算法计算利润有什么不同？
4. 什么是贡献毛益、贡献毛益率、变动成本率？
5. 简述作业成本法产生的背景。

6. 简述作业成本法计算成本的程序。
7. 什么是成本动因？为什么说只有控制了成本动因，才是真正控制了成本？
8. 试说明企业的作业是如何分类的。
9. 试分析作业成本法能够提供更为准确的成本资料的原因。
10. 什么是标准成本？标准成本的分类有哪些？
11. 什么是标准成本制度？标准成本制度有何特点？
12. 标准成本差异计算的通用模式什么？

第十三章 成本报表与成本分析

学习目标

通过本章学习，了解并掌握企业编制成本报表的作用；了解成本报表的种类；熟悉成本报表的编制要求和编制方法；掌握成本分析的概念和内容、成本分析的方法及应用。

第一节 成本报表的作用与种类

一、成本报表的含义

成本报表是根据日常成本核算资料及其他有关资料编制的，反映企业一定时期内产品成本水平和费用支出情况的报告文件。正确、及时地编制成本报表，是成本会计的一项重要任务。

企业会计工作通过编制会计报表，提供会计信息，满足有关信息使用者对企业会计信息的需求。企业会计报表按服务对象不同可划分为对外报送的会计报表和为企业内部管理服务的内部会计报表。前者主要包括资产负债表、利润表和现金流量表等，它们构成了提供企业财务状况和经营成果信息的对外报告体系，也称财务报表；后者主要指成本报表和其他内部管理的报表。成本报表与财务报表同属于会计报表体系。

二、成本报表的作用

1. 反映企业报告期内产品成本水平

产品成本是反映企业生产技术经营成本成果的一项综合指标，企业在一定时期内的物质消耗、劳动效率、工艺水平、生产经营管理水平，都会直接或间接地在产品成本中综合地体现出来。通过编制成本报表能够及时地发现企业在生产、技术、质量、管理等方面取得的成绩和存在的问题，不断总结经验，提高企业经济效益。

2. 反映企业成本计划的完成情况

成本报表中所反映的各项产品成本指标，对掌握企业一定时期的成本水平，分析和考核产品成本计划情况及加强成本管理具有重要作用。

3. 为制定成本计划提供依据

计划年度的成本计划是在报告年度产品成本实际水平的基础上，结合报告年度成本计划执行情况，考虑计划年度中可能出现的有利因素和不利因素而制定的，所以本期报表所提供的资料，是制定下期成本计划的重要参考依据。各管理部门还可以根据成本报表的资料对未来时期的成本进行预测，为企业制定正确的经营决策及时提供相关而有用的数据。

4. 为企业的成本决策提供信息

对成本报表进行分析，可以发现成本管理工作中存在的问题，揭示成本差异对产品成本升降的影响程度，从而把注意力集中放在那些不正常的对成本有重要影响的关键性差异上，查明原因和责任，以便采取有针对性的措施，促使成本水平的不断降低，为企业挖掘降低成本的潜力指明方向。

三、成本报表的分类

成本报表属于内部报表，主要是为满足企业内部经营管理的需要而编制的，不对外公开。因此，成本报表的种类、格式、项目、编制方法和程序、编制日期、具体报送对象，国家都不作统一规定，而由企业根据自己生产经营和管理的需要自行决定。不仅企业之间各不相同，就是同一企业在不同时期也可能设置不同的内部成本报表。一般情况下，成本报表具有种类多、编报迅速、涉及面广、与企业生产工艺过程联系紧密等特点。

（一）按成本报表反映的内容分类

1. 反映产品成本情况的报表

这类报表有商品产品成本表，主要产品单位成本表等。这类报表主要反映报告期内企业各种产品的实际成本水平。通过本期实际成本与前期平均成本、本期计划成本对比，可以了解企业成本发展变化趋势和成本计划的完成情况，找出差距，发现薄弱环节，进一步采取有效措施，为挖掘降低成本内部潜力提供有效的资料。

2. 反映各种费用支出的报表

这类报表有制造费用明细表、管理费用明细表、销售费用明细表等。通过这类报表可以知道企业在一定时期内费用支出总额及其构成，了解费用支出的合理性，分析费用支出的变动趋势。通过各种费用支出报表，有利于企业和主管部门正确制定费用预算，控制费用支出，考核费用支出指标合理性，明确有关部门和人员的经济责任，防止随意扩大费用开支范围。

（二）按成本报表编制的时间分类

成本报表按编制的时间可分为年报、季报、月报。成本报表根据管理上的要求一般可按月、按季、按年编报。同时针对企业内部管理的特殊需要，也可以按旬、按周、按日甚至按工作班来编报，以满足日常临时或特殊任务管理的需要，使成本报表及时服务于生产经营的全过程。

第二节 成本报表的编制

一、成本报表编制概述

（一）成本报表的设置要求

成本报表一般根据企业的生产特点与管理需要自行设置，并可随着情况的变化对报表的种类、格式进行调整。在设置成本报表时应重点考虑以下几个方面。

1. 报表的专题性

专题性即指成本报表的设置要反映成本管理的某一方面需要，突出管理中的重点问题，要对成本形成影响大、费用发生集中的部门设置报表，使成本报表的编制能取得最好的效果。

2. 报表指标内容的实用性

成本报表指标的设置以适应企业内部管理的需要为基础。成本指标既可按完全成本反映，也可以按变动成本反映，还可以考虑将成本指标与生产工艺规程及各项消耗定额对照，以便从最原始的资料入手，分析成本升降的原因，挖掘降低产品成本的潜力。

3. 报表格式的针对性

成本报表格式的设计要能针对某一具体业务的特点及其存在的问题，重点突出，简明扼要。

（二）成本报表的编制要求

为了充分发挥成本报表在经济管理中的积极作用，企业应按照一定的要求正确编制各种成本报表。

1. 数字准确

数字准确，是指报表中的各项数据必须真实可靠，如实反映企业成本工作的实际情况，不能任意估计，更不允许弄虚作假、篡改数字。因此，企业在编制报表前，应将所有的经济业务登记入账，并核对各种账簿之间的记录，做到账账相符；清查财产、物资，做到账实相符。然后再依据有关账簿的记录编制报表。报表编制完毕后，还应检查各个报表中相关指标的数字是否一致。

2. 内容完整

内容完整，是指主要报表种类应齐全，应填列的报表指标和文字说明必须全面，表内项目和表外补充资料，不论根据账簿资料直接填列还是分析计算填列，都应当完整无缺，不得任意取舍。注意保持各成本报表计算口径一致，计算方法如有变动，应在附注中说明。对不定期报送的主要成本报表，还应有分析说明生产成本和费用升降情况、原因、措施的文字材料。

3. 编报及时

成本报表有些定期编制，有些不定期编制，无论是定期编制还是不定期编制，都要求及时编制，及时反馈。所谓编报及时是指根据企业管理部门的需要迅速提供各种成本报表。只有这样，才能及时地对企业成本完成情况进行检查和分析，从中发现问题，及时采取措施加以解决，以充分发挥成本报表的应有作用。要做到这一点，要求企业不仅要做好日常成本核算工作，还要注意整理、收集有关的历史成本资料等。

二、商品产品成本报表的编制

（一）商品产品成本报表的意义

商品产品成本报表是反映企业在报告期内生产的全部商品产品总成本和各种主要商品产品单位成本及总成本的报表。利用商品产品成本表，可以揭示企业为生产一定数量的产品所付出的成本是否达到了预期的要求，可以考核和分析企业商品产品成本计划执行情况以及可比商品产品成本降低计划的执行情况，对企业的成本管理工作进行一般评价。商品产品成本表是反映企业全部商品产品成本的报表，也是成本报表中最主要的报表。商品产品成本表一般按月编报。

（二）商品产品成本报表的结构

商品产品成本报表分为正表和补充资料两部分。正表格式如表 13－1 所示。正表项目栏的纵栏中首先分为可比产品与不可比产品两部分。可比产品是指上一年正式生产过，有上年度较完备成本资料的产品。由于可比产品需要同上年度实际成本进行比较，因此表中不仅要反映本期的计划成本和实际成本，还要反映按上年实际平均单位成本计算的总成本。不可比产品是指上一年没有正式生产过，没有上年度成本资料的产品。对于不可比产品，由于没有上年度实际单位成本资料，所以只反映本年度的计划成本和实际成本。将可比产品成本与不可比产品成本加总，可以求得全部商品产品生产的制造成本。正表项目栏的横栏中，分别反映各种产品的实际产量、单位成本、本月总成本和本年累计总成本，分别以上年实际平均单位成本、本年计划单位成本和本月实际单位成本为标准计算实际产量总成本，以便将本年实际与上年实际和本年计划进行比较，正确评价企业成本工作的业绩。补充资料则是按年填报可比产品成本降低额、降低率、产值成本率的累计实际数与计划数以及按现行价格计算的产品产值等，以方便对报表资料进行分析和利用。

（三）商品成本报表编制方法

（1）“产品名称”栏按企业规定的主要商品产品的品种分别列示，每项注明各该品种的名称、规格和计量单位。

（2）“实际产量”分为本月数和本年累计数两栏，分别反映本月和从本年 1 月 1 日起至报表编制月月末止各种主要商品的实际产量，应根据成本计算单或产品成本明细账的记录计算填列。

（3）“单位成本”栏数字按上年度本报表资料、本期成本计划资料、本期实际成本资料和本年累计成本资料分别计算填列。

（4）“本月总成本”包括本月实际总成本、按上年实际平均单位成本计算的总成本和本年计划单位成本计算的总成本三项内容。其中，本月实际总成本按本月产品成本计算单的有关数字填列；后两项内容分别根据上年实际平均单位成本和本年计划单位成本乘以本月实际产量所得积数填列。

（5）“本年累计总成本”包括按上年实际平均单位成本计算、按本年计划单位成本计

表 13－1 月份商品产品成本表

2018 年 12 月

单位：元

产品名称	计量单位	实际产量		单位成本				本月总成本			本年累计总成本		
		本月	本年累计	上年实际平均	本年计划	本月实际	本年累计实际平均	按上年实际平均单位成本计算	按本年计划单位成本计算	本月实际	按上年实际平均单位成本计算	按本年计划单位成本计算	本年实际
		①	②	③	④	⑤＝⑨/①	⑥＝⑫/②	⑦＝①×③	⑧＝①×④	⑨	⑩＝②×③	⑪＝①×③	⑫
可比产品合计								43 050	40 600	37 025	476 200	448 400	417 000
其中：甲	件	30	320	1 010	970	880	900	30 300	29 100	26 400	323 200	310 400	288 000
乙	件	25	300	510	460	425	430	12 750	11 500	10 625	153 000	138 000	129 000
不可比产品合计									10 800	10 440		102 000	100 300
其中：丙	件	18	170		600	580	590		10 800	10 440		102 000	100 300
产品成本合计									51 400	47 465		550 400	517 300

补充材料：1. 可比产品成本降低额 59 200 元。

2. 可比产品成本降低率 12.43%。

3. 计划成本降低额 33 100 元。

4. 计划成本降低率 6%。

算和本年实际总成本三栏。应按自年初至本月末止的本年累计产量分别乘以上年实际平均单位成本、本年计划单位成本和本年累计实际平均单位成本的积填列。

（6）补充资料中，可根据计划、统计和会计等有关资料计算后填列。其中，可比产品的成本降低额和可比产品的成本降低率，可以按下列公式计算后填列。

$$\text{可比产品成本降低额}=\text{按上年实际平均单位成本计算的可比产品成本}-\text{本年可比产品实际总成本}$$

$$\text{可比产品成本降低率}=\frac{\text{可比产品成本降低额}}{\text{按上年实际平均单位成本计算的可比产品成本}}\times 100\%$$

根据表 13－1 的资料计算如下：

可比产品成本降低额＝476 200－417 000＝59 200（元）

可比产品成本降低率＝59 200÷476 200×100%＝12.43%

三、主要产品单位成本报表的编制

（一）主要产品单位成本报表的意义

主要产品单位成本表是反映企业在报告期内生产的各种主要产品单位成本构成情况和各项主要技术经济指标报告情况的报表。该表按主要产品分别编制，它是对商品产品成本表的有关单位成本作进一步补充说明的报表。

利用主要商品产品成本表，可以具体了解各种主要产品单位成本的结构和水平，并按成本项目考核和分析各种主要产品单位成本计划的执行情况，分析单位成本构成变化及趋势，以便进一步寻找产生差距的原因，力求挖掘降低单位产品成本的潜力，提高企业的经济效益。该表通常每月编制。

（二）主要产品单位成本表的结构

主要产品单位成本表的结构可分为两部分：第一部分为本表的基本部分，是分别按每一种主要产品进行编制的，表中除反映产品名称、规格、计量单位、产量、售价之外，主要是按成本项目反映单位成本的构成和水平及各项主要技术经济指标；第二部分为本表的补充资料，反映上年和本年的几项经济指标，为分析、考核提供简便的资料。

主要产品单位成本表的格式，如表 13－2 所示。

表 13－2　　主要产品单位成本表　　单位：元

产品名称	规格	计量单位	产量		直接材料					直接人工					制造费用					产品单位成本				
			本月实际	本年累计实际	历史先进水平	上年实际平均	本年计划	本月实际	本年累计实际平均	历史先进水平	上年实际平均	本年计划	本月实际	本年累计实际平均	历史先进水平	上年实际平均	本年计划	本月实际	本年累计实际平均	历史先进水平	上年实际平均	本年计划	本月实际	本年累计实际平均
1	2	3	4	5	6	7	8	9	10	11	12	13	14	15	16	17	18	19	20	21	22	23	24	25
甲		件	30	320	60	70	66	61	62	10	13	12	10	11	12	18	19	16	17	82	101	97	87	90
乙		件	20	200	79	82	81	80	81	32	35	34	34	34	19	21	20	20	20	130	138	135	134	135
丙		件	18	150	40	43	42	41	41	68	72	70	70	71	18	20	20	21	20	126	135	132	132	132

本报表的特点是按产品的成本项目分别反映产品单位成本及各成本项目的历史先进水平、上年实际平均、本年计划、本月实际和本年累计实际平均的成本资料。

编制主要产品单位成本表是为了考核各种主要产品单位成本计划的执行情况；了解单位成本的构成；分析各个成本项目的变化及其原因，以便找出差距，挖掘潜力，降低成本。

（三）主要产品单位成本报表的编制方法

（1）基本部分的产品名称、规格、计量单位、产量，根据有关产品成本计算单填列。

（2）各成本项目的历史先进水平的数字，根据企业的成本历史资料填列。

（3）各成本项目的上年实际平均单位成本的数字，根据上年度的成本资料填列。

（4）各成本项目的本年计划单位成本的数字，根据本年计划资料填列。

（5）各成本项目的本期实际单位成本的数字，根据实际成本资料填列。

（6）各成本项目的本年累计实际平均单位成本的数字，根据本年各项目总成本除以累计产量后的商数填列。

四、制造费用明细表的编制

（一）制造费用明细表的意义

制造费用明细表是反映工业企业在报告期内发生的制造费用及其构成情况的报表。由于辅助生产车间的制造费用已通过辅助生产费用的分配转入基本生产车间的制造费用和管理费用等有关的成本费用账户，因而本表只反映基本生产车间的制造费用，不包括辅助生产车间制造费用，以免重复。

利用制造费用明细表所提供的资料，可以考核制造费用计划的执行情况，分析各项费用的构成情况和增减变动原因，以便进一步采取措施，节约开支，降低费用。

制造费用明细表一般按月编制。

（二）制造费用明细表的结构

制造费用明细表的结构是按规定的制造费用项目，分别反映“本年计划”“上年同期实际数”“本月实际”和“本年累计实际数”的数据，使报表使用者可以通过表中的数据进行对比分析，了解制造费用的构成与变动情况，以便加强对制造费用的管理。

制造费用明细表的格式和内容，如表 13－3 所示。

表 13－3　　制造费用明细表

项　目	行次	上年实际	本年计划	本年实际
工资	1	15 000	13 500	18 500
职工福利费	2	2 000	1 890	2 590
折旧费	3	20 000	20 000	22 500
修理费	4	11 000	12 900	10 850
办公费	5	1 400	1 800	1 360
水电费	6	7 000	7 000	7 200

续表

项　目	行次	上年实际	本年计划	本年实际
机物料消耗	7	6 500	6 600	6 360
劳动保护费	8	30 000	30 000	27 900
季节性停工损失	9	—	—	—
保险费	10	—	—	—
其他	11	—	—	—
合计		92 900	93 690	97 360

（三）制造费用明细表的编制方法

“本年计划数”栏的各项数字，根据制造费用预算中的有关项目数字填列。

“上年实际数”栏的各项数字，应根据上年本表的“本年累计实际数”填列。如果表内所列费用项目和上年度的费用项目在名称或内容上不相一致的，应对上年的各项数字按照表内规定的项目进行调整。

“本月实际数”各项数字，应根据制造费用明细账上本月发生数填列。

“本年累计实际数”各项数字，填列自年初起至编报月末止的累计实际数，应根据“制造费用明细账”的记录计算填列，或根据本月实际数加上期本表的本年累计实际数填列。

期间费用明细表的格式和编制方法与制造费用明细表基本相同，这里不再重复。

第三节　成本分析

一、成本分析概述

（一）成本分析的意义

成本分析是为了满足企业各管理层次了解成本状况及进行经营决策的需要，以成本核算资料为基础，结合其他有关的核算、计划和统计资料，采用一定的方法解剖成本变动的原因、经营管理问题及业绩的管理活动。

通过成本分析，可以考核企业成本计划的执行情况，评价企业过去的成本管理工作；可以揭示问题和差距，促使企业挖掘降低成本的潜力，寻求降低成本的途径和方法；可以认识和掌握成本变动的规律，从中总结成本管理的经验和教训，提高企业经营管理水平；可以为企业编制成本管理计划、预算和进行经营决策提供依据；可以检查企业成本管理行为的合理、合法性，从而促进企业更好地贯彻执行有关成本管理的法规和制度；可以划清成本管理的经济责任，了解各项成本管理责任制度是否健全，促进企业完善成本管理责任。

（二）成本分析的方法

成本分析方法是进行成本分析的重要手段，运用得当将对成本分析的整个过程带来有利影响。

1. 比较分析法

比较分析法是将分析期的实际数同某些选定的基准数进行对比来揭示实际数与基准数之间的差异，借以了解成本管理中的成绩和问题的一种分析方法。

比较的基数由于分析的目的不同而有所不同，一般有计划数、定额数、前期实际数、以往年度同期实际数以及本企业的历史先进水平和国内外同行业的先进水平等。

将实际数与计划数或定额数对比，可以揭示计划或定额的执行情况，但在分析时还应检查计划或定额本身是否既先进又切实可行，因为实际数与计划数或定额数之间的差异，除了实际工作的原因以外，还可能由于计划或定额太保守或不切实际；将本期实际数与前期实际数或以往年度同期实际数对比，可以考究成本的发展变化情况；将本期实际数与本企业的历史先进水平对比，将本企业实际数与国内外同行业的先进水平对比，可以发现与先进水平之间的差距，从而学习先进，赶上和超过先进。

在运用比较分析时，必须注意指标的内容、计划标准、时间长短和计算方法的可比性，考虑所处的环境等客观条件。

【例 13－1】某实业有限责任公司对生产的 A 产品单位消耗材料进行分析，编制产品材料消耗对比表，如表 13－4 所示。

表 13－4　产品材料消耗比较分析表

产品名称：A 产品　　20××年 12 月 31 日　　单位：元

指　标	上年实际	本　年		先进企业实际	差　异		
		计划	实际		比计划	比上年	比先进
材料消耗	60	59	56	50	－3	－4	+6

由表 13－4 可知，A 产品的材料消耗量本年实际比计划、比上年实际都有所降低，但与先进水平相比还有较大差距，说明在降低材料消耗方面企业还有很大潜力可挖。

2. 比率分析法

比率分析法是通过计算各项指标之间的相对数，即比率，借以考察成本活动的相对效益的一种分析方法。比率分析法主要有相关指标比率分析法和结构比率分析法两种。

相关指标比率分析法是通过计算两个性质不同但又相关的指标的比率并将实际数与计划数（或前期实际数）进行对比分析的一种方法。例如，将成本指标与反映生产、销售等生产经营成果的产值、销售收入、利润指标相比求出的产值成本率、销售成本率、成本利润率，并将实际数与基数进行比较，就可以反映企业经济效益的好坏。

结构比率分析法是通过计算某项指标的各组成部分占总体的比重进行数量分析的方法。例如，将构成产品成本的各个成本项目同产品成本总额相比，计算其占成本的比重，确定成本的构成比率，通过这种分析，反映产品成本的构成情况。将不同时期的成本构成比率相比较，就可以观察产品成本构成的变动，掌握经济活动情况及其对产品成本的影响。

3. 因素分析法

因素分析法是将某一综合性指标分解为若干相互联系的因素，并分别计算、分析每个因素对综合性指标影响程度的分析方法。因素分析法按其综合指标中各构成因素的相互关系，又可分为简单因素分析和复杂因素分析。简单因素分析指综合指标的各构成因素之间没有直接的关系，分析某一因素的变动对综合指标的影响时，排除其他因素不至于造成错误的分析结果。复杂因素分析指综合指标的各构成因素之间有一定的连带关系，分析某一因素的变动对综合指标变动的影响时，排除了其他任何一个因素，都将会造成错误的分析结果。在此情况下通常可以用连环替代法或差额计算法进行分析。

连环替代法是从数值上测定各个相互联系因素对有关经济指标的差异影响程度的一种分析方法。其基本分析程序为：

第一，确定分析指标由哪几个因素组成，并确定各个因素与指标的关系，如加减关系、乘除关系等，用计算公式加以表述。

第二，按照公式以基数为基础加以计算，得出结果。

第三，按照公式中所列因素的同一顺序，逐次以各因素的实际数替换其基数，每次替换后实际数就被保留下来。有几个因素就替换几次，直到所有因素都变成实际数为止。每次替换后都求出新的计算结果。

第四，每次替换后的所得结果，与其相邻的前一次计算结果相比较，两者的差额就是某一因素变动对综合指标变动的影响程度。

第五，计算各因素变动影响差额的代数和。这个代数和应等于被分析指标实际数与基数的总差异额。

假定某成本指标N受A、B、C三因素影响，关系式为$N=ABC$。因此，其计划成本与实际成本指标可以分别列示如下：

计划成本 $N_0 = A_0 \times B_0 \times C_0$

实际成本 $N_1 = A_1 \times B_1 \times C_1$

差异额 $G = N_1 - N_0$

计算程序是：

第一次替代，假定A变，B、C保持计划成本不变，则$N_2 = A_1 \times B_0 \times C_0$，

$N_2 - N_0$就表示A因素变动的影响。

第二次替代，假定B变，A已变，C保持不变，则$N_3 = A_1 \times B_1 \times C_0$，

$N_3 - N_2$就表示B因素变动的影响。

第三次替代，假定C变，A、B已变，则实际成本$N_1 = A_1 \times B_1 \times C_1$，

$N_1 - N_3$就表示C因素变动的影响。

最后，将A、B、C三个因素变动的影响额相加：

$$(N_2 - N_0) + (N_3 - N_2) + (N_1 - N_3) = N_1 - N_0 = G$$

现举例说明连环替代法的运用，资料见表 13－5。

材料费用的实际数超过计划数 620 元（4 620－4 000），形成这一差异的因素有产品产量、单位产品材料消耗量、材料单价。运用连环替代法，就可以确定各因素变化对其差异的影响额，计算过程如下：

计划指标：$100\times8\times5=4\ 000$（元）

$+400$元，由于产量增加

第一次替代：$110\times8\times5=4\ 400$（元）

-550元，由于材料节约

第二次替代：$110\times7\times5=3\ 850$（元）

$+770$元，由于单价提高

第三次替代：$110\times7\times6=4\ 620$（元）

合计：620元。

表13-5　　材料费用分析资料表

项　目	计划数	实际数
产品产量/件	100	110
单位产品材料消耗量/千克	8	7
材料单价/元	5	6
材料费用/元	4 000	4 620

差额计算法是连环替代法的一种简化形式，它是利用各个因素的实际数与基数之间函数的差额，直接计算各个因素对综合指标差异的影响数值的一种技术方法。它所应用的原理和连环替代法相同，只是在计算程序上不同。其特点是根据已确定的影响某项综合经济指标的各个因素及其替换顺序，逐个将各因素的实际数与基数之差，乘以函数关系式中排列在该因素前面各因素实际数和排在该因素后面各个因素的基数，所得乘积就是该因素变动对综合经济指标的影响程度。用公式表示为：

A因素变动发生的影响

$$(A_1-A_0)\times B_0\times C_0=N_2-N_0$$

B因素变动发生的影响

$$A_1\times(B_1-B_0)\times C_0=N_3-N_2$$

C因素变动发生的影响

$$(N_2-N_0)+(N_3-N_2)+(N_1-N_3)=N_1-N_0=G$$

二、商品产品成本报表分析

商品产品成本表的分析就是要揭示商品产品总成本计划的完成情况，找出影响成木升降的因素，确定各个因素对成本计划完成情况的影响程度，为进一步挖掘降低成本的潜力，寻求降低成本途径指明方向。商品产品成本表的分析主要包括商品产品成本计划完成情况分析和可比产品成本降低任务完成情况的分析。

（一）商品产品成本计划完成情况分析

商品产品成本计划完成情况分析，主要分析本期全部产品的实际总成本较计划总成本的升降情况，分析和研究升降的原因，为进一步寻求降低成本的途径和措施提供线索。在实际工作中，分析商品产品总成本计划完成情况，可以从产品类别和成本项目两个方面进行。

1. 按产品类别分析全部产品成本计划完成情况

按产品类别分析全部产品成本计划完成情况，可以确定全部产品的实际成本脱离计划成本的差异，查明产生差异主要是由哪几种产品造成的，以便分产品采取措施，挖掘降低成本的潜力。

（1）将全部产品的实际总成本与计划总成本进行对比，确定实际总成本比计划总成本的成本降低额与成本降低率。

$$成本降低额 = 计划总成本 - 实际总成本$$
$$= \sum [实际产量 \times (计划单位成本 - 实际单位成本)]$$

$$成本降低率 = \frac{成本降低额}{\sum (实际产量 \times 计划单位成本)} \times 100\%$$

（2）按产品类别分析考核可比产品和不可比产品成本计划完成情况，分别计算可比产品和不可比产品的成本降低额和降低率。

$$可比产品成本降低额 = 可比产品计划总成本 - 可比产品实际总成本$$

$$不可比产品成本降低额 = 不可比产品计划总成本 - 不可比产品实际总成本$$

$$可比产品成本降低率 = \frac{可比产品成本降低额}{可比产品计划总成本} \times 100\%$$

$$不可比产品成本降低率 = \frac{不可比产品成本降低额}{不可比产品计划总成本} \times 100\%$$

现以全汉公司为例进行商品产品成本的分析，见表 13 - 6。

表 13 - 6　　商品产品成本表

编制单位：全汉公司 2018 年度　　单位：万元

产品名称	计量单位	实际产量		单位成本			计划总成本（计划产量）		本年总成本（实际产量）		
		计划	实际	上年实际	本年计划	本月实际	按上年实际平均单位成本计算	按本年计划单位成本计算	按上年实际平均单位成本计算	按本年计划单位成本计算	按本年实际单位成本计算
		1	2	3	4	5	6	7	8	9	10
一、可比产品											
甲产品	件	140	140	23.68	23	22.32	3 315.2	3 220	3 315.2	3 220	3 124.8
乙产品	件	90	100	50.54	50.52	54.76	4 548.6	4 546.8	5 054	5 052	5 476
小 计							7 863.8	7 766.8	8 369.2	8 272	8 600.8
二、不可比产品											
丙产品	件	70	280		1.74			121.8		487.2	490
全部商品产品成本								7 888.6		8 759.2	9 090.8

根据表 13 - 6 资料编制分析表，详见表 13 - 7。

表 13－7　　商品产品生产成本分析表　　单位：万元

产品名称	计划总成本	实际总成本	降低额	降低率/%
一、可比产品				
其中：甲产品	3 220	3 124.8	+95.2	+2.96
乙产品	5 052	5 476	－424	－8.39
二、不可比产品				
其中：丙产品	487.2	490	－2.8	－0.57
	8 759.2	9 090.8	331.6	－3.79

从表 13－7 可以看出，该企业全部商品产品总成本实际比计划增加了 331.6 万元，上升了 3.79%，说明了企业全部商品产品成本完成得相当不好。除甲产品的成本有一定下降外，乙产品和丙产品的成本都较计划上升，特别是乙产品较计划上升了 424 万元，上升了 8.39%，为此，应进一步分析乙产品成本上升的主要原因。

2. 按成本项目分析全部产品成本计划完成情况

这种分析是将全部商品产品的总成本按成本项目汇总，以实际总成本的成本项目构成与计划总成本的成本项目构成进行对比，确定每个成本项目的降低额和降低率。现以全汉公司为例进行分析，详见表 13－8。

表 13－8　　商品产品成本分析表　　单位：万元

成本项目	商品产品成本		降低指标	
	计划	实际	降低额	降低率（%）
直接材料	4 554.78	5 039.80	－485.02	－10.65
直接人工	2 277.39	2 250.40	+26.99	+1.19
制造费用	1 927.03	1 800.60	+126.43	+6.56
生产成本合计	8 759.20	9 090.80	－311.60	－3.79

从表 13－8 可以看出，该公司总成本实际比计划上升了 331.6 万元，上升了 3.79%，但从三个成本项目中可以看出直接工资实际比计划下降了 1.19%，制造费用下降了 6.56%，但直接材料比计划上升了 485.02 万元，上升了 10.65%，说明总成本比计划上升是由于直接材料成本上升所致，为此，下一步应重点分析直接材料上升的原因。

（二）可比产品成本降低任务完成情况的分析

可比产品成本降低任务，是指本年度可比产品计划总成本与按上年实际单位成本计算的产品总成本进行对比所要求达到的降低额和降低率。可比产品成本降低任务完成情况分析，就是将可比产品的实际总成本比上年实际总成本的降低额和降低率与成本计划中确定的降低额和降低率进行对比，以检查可比产品成本降低任务的完成情况，分析各项因素的影响程度，提出改进措施。当实际的成本降低额和降低率等于或大于后者，说明完成或超额完成了任务，反之，则说明没有完成。

1. 可比产品成本降低计划完成情况分析

可比产品成本降低计划是以上年实际平均单位成本为依据确定的，具体包括降低额和降低率两个指标。可比产品成本降低计划完成情况分析，就是将可比产品的实际降低额（按实际产量计算）、降低率与计划降低额（按计划产量计算）和降低率进行比较，来检查是否完成成本降低任务。

现根据表 13－6 资料计算降低额和降低率，并填入可比产品成本降低计划分析表，详见表 13－9。

表 13－9　　可比产品成本降低计划完成情况分析表　　单位：万元

可比产品名称	计划成本降低任务		实际成本降低情况	
	降低额	降低率（%）	降低额	降低率（%）
甲	95.2	2.87	190.4	5.74
乙	1.8	0.04	－422	－8.35
合计	97	1.23	231.6	－2.77

表中有关数据计算如下：

$$\text{计划降低额} = \sum[\text{计划产量} \times (\text{上年实际单位成本} - \text{本年计划单位成本})]$$
$$= 140 \times (23.68 - 23) + 90 \times (50.54 - 50.52)$$
$$= 97(\text{万元})$$

$$\text{计划降低率} = \frac{\text{计划成本降低额}}{\sum(\text{计划产量} \times \text{上年实际单位成本})} \times 100\%$$
$$= \frac{97}{140 \times 23.68 + 90 \times 50.54} = 1.233\,5\%$$

$$\text{实际降低额} = \sum[\text{实际产量} \times (\text{上年实际单位成本} - \text{本年实际单位成本})]$$
$$= 140 \times (23.68 - 22.32) + 100 \times (50.54 - 54.76)$$
$$= -231.6(\text{万元})$$

$$\text{实际降低率} = \frac{\text{实际成本降低额}}{\sum(\text{实际产量} \times \text{上年实际单位成本})} \times 100\%$$
$$= \frac{-231.6}{140 \times 23.68 + 100 \times 50.54} = -2.77\%$$

从表 13－9 可知，该公司可比产品成本降低任务完成情况相当不好，实际成本降低额为－231.6 万元，不但未完成计划降低额，而且还有很大的上升。分品种来看，甲产品实际降低额、降低率超额完成了计划，但乙产品的实际降低额和降低率都未完成计划，成本还有较大的上升，应进一步分析其原因。

2. 可比产品成本降低计划完成情况的因素分析

影响可比产品成本降低计划完成情况的因素主要有产量、品种结构和单位成本。

（1）产量因素。产量变动必然会直接影响成本降低额。但当产品品种结构和产品单位成本不变时，产量变动不会影响成本降低率，因为当品种结构不变时，说明各种产品的产量计划完成率都相同，在计算成本降低率时，因分子、分母都具有相同的产量增减比例而不变。产品产量变动对成本降低额影响的计算公式如下：

$$\text{产量变动对成本降低额的影响}=\left[\sum(\text{实际产量}\times\text{上年实际单位成本})-\sum(\text{计划产量}\times\text{上年实际单位成本})\right]\times\text{计划成本降低率}$$

根据表 13－6 资料计算得：

$$\text{产量变动对成本降低额的影响}=[(140\times23.68+100\times50.54)-(140\times23.68+90\times50.54)]\times1.2335\%=6.23(\text{万元})$$

（2）产品品种结构因素。由于各种产品成本降低率不同，当产品产量不是同比例增长时，就会使降低额和降低率同时发生变动。如果提高成本降低率大的产品在全部可比产品中的比重，就会使成本降低额绝对值增大，并使成本降低率相对值增大；相反，则会减少成本降低额的绝对额和降低率的相对值。产品品种结构变动对成本降低额和降低率的影响计算公式为：

$$\text{产品品种结构变动对成本降低额的影响}=\sum(\text{实际产量}\times\text{上年实际单位成本})-\sum(\text{实际产量}\times\text{计划单位成本})-\sum(\text{实际产量}\times\text{上年实际单位成本})\times\text{计划成本降低率}$$

$$\text{产品品种结构变动对成本降低率的影响}=\frac{\text{品种结构变动对成本降低额的影响数}}{\sum(\text{实际产量}\times\text{上年实际单位成本})}\times100\%$$

根据表 13－6 资料计算得：

$$\text{产品品种结构变动对成本降低额的影响}=(140\times23.68+100\times50.54)-(140\times23+100\times50.52)-(140\times23.68+100\times50.54)\times1.2335\%=-6.03(\text{万元})$$

$$\text{产品品种结构变动对成本降低率的影响}=\frac{-6.03}{8369.2}\times100\%=-0.07\%$$

（3）单位成本因素。可比产品成本降低计划和实际完成情况，都是以上年单位成本为基础计算的。这样，各种产品单位成本实际比计划降低或升高，必然引起成本降低额和降低率实际比计划相应的升高或降低。产品单位成本的变动与成本降低额和降低率的变动呈反方向。计算公式为：

$$\text{产品单位成本变动对成本降低额的影响}=\sum[\text{实际产量}\times(\text{计划单位成本}-\text{实际单位成本})]$$

$$\text{产品单位成本变动对成本降低率的影响}=\frac{\text{单位成本变动对成本降低额的影响数}}{\sum(\text{实际产量}\times\text{上年实际单位成本})}\times100\%$$

根据表 13－6 资料计算如下：

$$\text{产品单位成本变动对成本降低额的影响}=140\times(23-22.32)+100\times(50.52-54.76)=-328.8(\text{万元})$$

$$\text{产品单位成本变动对成本降低率的影响}=\frac{-328.8}{8\,369.2}\times100\%=-3.93\%$$

从以上计算可知，该公司未完成成本降低任务的主要原因是单位成本上升所致，由于单位成本上升，使成本上升了 328.8 万元，因此，公司应进一步分析影响单位成本的因素。

三、主要产品单位成本分析

主要产品单位成本分析包括的内容是：主要产品单位成本计划完成情况分析，主要产品单位成本的成本项目分析，主要技术经济指标分析。

（一）主要产品单位成本计划完成情况分析

产品单位成本计划完成情况分析，应采用比较分析法，计算单位成本实际比计划、比上期、比历史先进水平的升降情况，然后着重对某些产品进一步按成本项目对比研究其成本变动情况，查明影响单位成本升降的原因。

从商品产品成本计划完成情况表（表 13 –5）和可比产品成本计划完成情况分析中可以看出乙产品单位成本实际比计划有较大的上升，可作为深入分析的重点。现以全汉公司为例，对乙产品单位成本进行分析，详见表 13 –10。

表 13 –10　　乙产品单位成本表　　单位：万元

成本项目	历史先进水平	上年实际平均	本年计划	本期实际	本年累计实际平均
直接材料	29.75	36.51	36.70	40.80	40.92
直接人工	6.96	7.8	7.8	7.81	7.81
制造费用	5.82	6.23	6.02	6.01	6.03
产品生产成本	42.53	50.54	50.52	54.71	54.76
主要技术经济指标	用量	用量	用量	用量	用量

从表 13 –10 可以看出，全汉公司乙产品的单位成本较计划、较上年、较历史先进水平都有上升，且上升幅度较大，乙产品的单位成本较计划上升了 4.24 万元，上升了 8.39%，较上年上升了 4.22 万元，上升了 8.35%，乙产品单位成本上升的主要原因是直接材料上升所致。因此公司应对材料上升的原因进行因素分析，看其是单位产品材料消耗量上升所致，还是材料采购价格上升或其他原因引起。

（二）主要产品单位成本的成本项目分析

为了进一步分析单位成本升降的原因，还必须按成本项目进行分析。

1. 直接材料费用的分析

从表 13 –10 可以看出乙产品的材料费用超过了本年计划、上年平均以及历史先进水平，因此应作为重点分析。

影响产品单位产品材料费用的因素有产量、单位产品的材料消耗和材料单价，可用因素分析法计算三个因素变动对直接材料费用的影响，具体分析可参见本章因素分析法中的例子。

在对直接材料进行综合分析之后，还必须进一步分析材料消耗量变动和价格变动的影响因素，只有这样，才能揭示直接材料发生差异的原因。

第一，影响直接材料消耗量的原因分析。

影响直接材料用量变动的原因较多，主要有：①产品设计的改进。在保证或提高产品功能的前提下，改进产品设计能够减少材料的消耗量。②材料质量的变化。质量高的材料，可以减少材料消耗量，反之，则会增加材料的消耗量。③加工操作技术的变化。加工操作技术高，可以充分利用材料的边角余料，从而减少材料消耗量。④代用材料的变化。以单位低廉的材料代替昂贵的材料，以国产材料代替进口材料，是减少材料用量、节约材料费用的有效措施。⑤加强材料管理，回收利用废料，避免材料损失浪费也能相对地减少材料用量。⑥材料的配比。

第二，影响直接材料价格变动的原因分析。

影响直接材料价格的原因主要有：①采购价格。②运输费用，如运输距离的远近、运输方式的不同。③运输途中的损耗。④采购部门的管理水平。⑤有关税金。⑥材料采购批量的大小等。

2. 直接工资分析

直接工资费用的分析必须结合工资制度来进行，因为工资制度的不同，会导致影响直接工资的因素不同。

在计件工资制度下，影响单位成本中工资费用的因素是计件单价；在计时工资制度下，产品单位成本中的费用受工时数和小时工资率变动的影响。现以全汉公司为例进行分析，有关资料见表 13－11。

表 13－11　工资分析资料表

项　目	计划	实际	差异
单位产品耗用工时	400	410	+10
小时工资单位/（元/小时）	0．60	0．50	-0．10
单位产品的工资费用/元	240	205	-35

根据表 13－11 的资料，可以计算单位产品工时数量变动和小时工资单位变动对工资费用的影响程度：

单位产品工时数量变动影响＝（实际工时数量－计划工时数量）×计划小时工资单价

＝（410－400）×0.6＝+6(元)

小时工资单价变动影响＝（实际小时工资单价－计划小时工资单价）×实际工时数量

＝（0.50－0.60）×410＝－41(元)

单位产品工资费用变动合计＝单位产品工时数量变动影响＋小时工资单价变动影响

＝6＋(－41)＝－35(元)

从上面计算中可以看出，甲产品单位成本中工资费用实际比计划降低 35 元，主要是由于小时工资单价降低的结果。

在以上分析的基础上，还应该进一步分析影响工时数量变动和生产工人工资总额变动的原因。

第一，影响工时变动的原因分析。

影响工时变动的原因主要有：①生产组织，企业生产调度合理对提高劳动生产率减少工时有很大的影响。②材料的质量和规格。③生产工艺和操作方法。④生产工作质量。⑤设备性能和保养。⑥工人技术熟练程度和劳动态度。

第二，影响生产工人工资总额变动的原因分析。

生产工人工资总额的高低直接影响小时工资率的高低，影响生产工人工资变动的原因主要有：①企业的工资制度、奖励制度。②企业产品的特点。③企业的物质技术条件、企业工人的素质、企业的管理水平等。

3. 制造费用分析

产品单位成本中制造费用的分析，通常与计时工资制度下直接人工费用的分析类似，先要分析单位产品所耗工时变动和每小时制造费用变动两个因素对制造费用变动的影响，然后查明这两个因素变动的具体原因。

对影响每小时制造费用的原因分析，主要是通过分析制造费用总额对比实际数和计划数来进行。现以全汉公司为例，说明制造费用总额的分析，见表13－12。

表13－12　　制造费用明细表

编制单位：全汉公司2018年　　单位：万元

项目	本年实际	本年计划	降低额	降低率
1. 工资	586.03	571.89		
2. 职工福利费	82.04	80.06		
3. 折旧费	80.42	30.80		
4. 修理费	38.97	28.97		
5. 办公费	50.51	40.72		
6. 水电费	282.89	261.72		
7. 机物料消耗	60.18	68.92		
8. 劳动保护费	22.51	20.4		
9. 租赁费	25.81	34.64		
10. 差旅费				
11. 保险费	7.24	7.02		
12. 其他	42.48	40.81		
制造费用合计	1279.08	1185.95	－93.13	－7.85%

从表13－12可以看出，全汉公司制造费用本年较上年增长了9 313万元，增长了78%，对此应结合产量的增长加以分析，看其是否合理。此外，从各费用项目来看，公司各项费用都有一定的上升。其中，人工费、办公费、水电费和修理费等所占数额较大，公司应重点加以关注。

（三）主要技术经济指标分析

技术经济指标是指从各种生产资源利用情况和产品质量等方面反映生产技术水平的各种指标的总称，不同企业由于生产技术特点不同，用来考核的技术经济指标也各不相同。企业各项技术经济指标完成的好坏，直接或间接地影响产品成本。因此把成本分析深入到技术领域，一方面能克服技术人员不问经济、财会人员不问技术的这种技术与经济的脱离现象；另一方面也能具体查明影响成本升降的各种生产技术因素，促使企业技术部门进行技术攻关，改进不合理工艺及操作技术，从而解决降低成本的根本问题。

对技术经济指标进行分析，主要是从产品数量与质量的变化角度，对与产品成本有关的主要经济技术指标变动情况进行分析，以便从生产、技术领域查明产品成本升降的内在原因，寻找用改善技术经济指标来降低产品成本的途径，达到提高成本管理水平的目的。

四、制造费用明细表分析

制造费用明细表的分析主要采用对比分析法。这是通过实际数与基数的对比来揭示实际数与基数之间的差异，借以了解经济活动的成绩和问题的一种分析方法。

在采用对比分析法进行分析时，通常先将本月实际数与上年同期实际数进行对比，揭示本月实际与上年同期实际之间的增减变化。在表中列有本月计划数的情况下，则应先与计划数进行对比，以便分析和考核制造费用月度计划的执行结果。在将本年累计实际数与本年计划数进行对比时，数据不是来自12月份的制造费用明细表，这两者的差异只反映年度内某一期间计划执行的情况，据以发出信号，提醒人们应该注意的问题。例如利用4月份的制造费用明细表数据进行对比，发现企业本年度制造费用累计实际数已经接近、达到甚至超过本年计划的半数时，就应注意节约以后各月的费用，以免全年的实际数超过计划数。如果数据来自12月份的制造费用明细表，则本年累计实际数和本年计划数的差异，就是全年费用计划执行的结果。为了具体分析制造费用增减变动和计划执行好坏的情况及原因，上述对比分析应该按照费用项目进行。由于制造费用的项目很多，可以选择变化较大、差异较大或者费用比重较大的项目有重点地进行分析。

各项制造费用的性质和用途不同，评价各项费用超支或节约时应该联系费用的性质和用途进行具体分析，不能简单地将一切超支都看成是不合理和不利的，也不能简单地将一切节约都看成是合理和有利的。例如，修理费和劳动保护费的节约，可以导致缺少必要的劳动保护措施，影响安全生产，只有在保证机器设备的维修质量和正常运转，保证安全生产的条件下节约修理费和劳动保护费才是合理的、有利的。又如，机物料消耗的超支也可能是由于追加了生产计划，增加了机物料消耗的结果，这样的超支也是合理的，不是成本管理的责任。

此外，在分项目进行制造费用分析时，还应特别注意“在产品盘亏和毁损”以及“停工损失”等非生产性的损失项目的分析，这些项目的发生额通常都是生产管理不善的结果。在分析“在产品盘亏和毁损”项目时，还应注意其中有无盘盈的抵消数。因为在产品盘盈的价值会冲减、掩盖一部分盘亏和毁损的损失。在产品盘盈也是由于生产经营管理不善或核算上的差错造成的，不是生产车间的工作成果。

要点总结

本章主要阐述了成本报表是通过表格的形式对企业发生的成本费用进行归纳和总结，为企业的内部管理提供所需的会计信息。通过成本报表为企业制定成本计划提供依据，反映成本计划的完成情况，为企业降低成本指出方向。编制成本报表时应做到数字准确、内容完整、编报及时。同时，在报表格式的设置和明细项目的设置方面应将会计制度的要求与企业的实际需要相结合，充分考虑成本报表的专题性、指标的实用性和报表格式的针对性。为了揭示企业为生产一定产品所付出成本是否达到预定的要求，通常需要编制商品产品成本报表、主要产品单位成本报表和制造费用明细表等。成本分析的方法通常有比较分析法、比率分析法、因素分析法等。通过比较分析可揭示成本的差异；通过因素分析可挖掘成本升降的原因。成本分析的内容包括全部商品产品成本计划完成情况分析、可比产品成本降低任务完成情况的分析、主要产品单位成本的分析。全部商品产品成本计划完成情况分析是从企业的全局上看其生产的所有产品实际成本是否达到计划水平，可以分别按产品种类、成本项目几个方面进行分析，为进一步的深入分析指明方向。可比产品成本降低计划完成情况分析主要是检查其计划降低指标是否完成，分析影响计划降低指标完成的原因。影响可比产品成本计划降低指标的原因主要有：产量因素、品种结构因素、单位成本因素，其中产量因素不影响降低率。主要产品单位成本的分析是成本分析工作的逐步深化。

复习思考题

1. 什么是成本报表？成本报表有哪些种类？
2. 成本报表的作用有哪些？
3. 按成本项目反映的产品成本报表的结构和作用是什么？如何编制？
4. 什么是成本分析？成本报表分析的方法主要有哪些？
5. 影响成本变动的因素有哪些？
6. 主要产品单位成本报表和产品生产成本报表的主要区别是什么？
7. 采用连环替代分析法，为什么要将各种影响因素按一定顺序进行排列？
8. 影响可比产品成本降低计划完成情况的因素有哪些？

参考文献

[1] 法律出版社法规中心．中华人民共和国会计法［M］．北京：法律出版社，2008.

[2] 中华人民共和国财政部．企业会计准则［M］．北京：中国财政经济出版社，2006.

[3] 中华人民共和国财政部．企业会计准则——应用指南［M］．北京：中国财政经济出版社，2006.

[4] 陈云．成本会计学［M］．第3版．上海：立信会计出版社，2011.

[5] 杨红玉．成本会计学［M］．上海：立信会计出版社，2009.

[6] 王富生，黎来芳．成本会计学［M］．北京：中国人民大学出版社，2009.

[7] 财政部会计资格评价中心．初级会计实务［M］．北京：中国财政经济出版社，2013.